21世纪高职高专精品教材

新编应用文写作
（第2版）

孙宝权　孙　战　主　编

清华大学出版社
北京交通大学出版社
·北京·

内 容 简 介

本书作为高等学校公共基础课适用教材,适合本科院校、高职高专"应用写作"课程使用。

全书共十章,分为九大类,包括党政公文、事务文书、经贸商务、宣传告启、讲话致辞、法律诉状、规章制度、礼仪函牍、条据便笺。所列范文128例,几乎囊括了当前在公务活动、私务活动中所需的各式各样应用文。一书在手,无论何事,均可直接照搬、引用,或作为摹写、仿作的模板。

本书不仅是一本教科书,也是一本工具书。不仅适合在校大学生使用,也适合机关单位、企事业工作人员及社会人士使用,也可作为公务员招考、事业单位招考、入编考试的备考用书。

本书封面贴有清华大学出版社防伪标签,无标签者不得销售。
版权所有,侵权必究。侵权举报电话:010-62782989 13501256678 13801310933

图书在版编目(CIP)数据

新编应用文写作/孙宝权,孙战主编. —2版. —北京:北京交通大学出版社:清华大学出版社,2021.11
(21世纪高职高专精品教材)
ISBN 978-7-5121-4580-1

Ⅰ.①新… Ⅱ.①孙… ②孙… Ⅲ.①汉语-应用文-写作 Ⅳ.①H152.3

中国版本图书馆CIP数据核字(2021)第208398号

新编应用文写作
XINBIAN YINGYONGWEN XIEZUO

责任编辑:郭东青
出版发行:清华大学出版社　　邮编:100084　电话:010-62776969　http://www.tup.com.cn
　　　　　北京交通大学出版社　邮编:100044　电话:010-51686414　http://www.bjtup.com.cn
印　刷　者:北京时代华都印刷有限公司
经　　销:全国新华书店
开　　本:185 mm×260 mm　印张:17.5　字数:439千字
版 印 次:2009年1月第1版　2021年11月第2版　2021年11月第1次印刷
印　　数:1~2 000册　定价:49.90元

本书如有质量问题,请向北京交通大学出版社质监组反映。对您的意见和批评,我们表示欢迎和感谢。
投诉电话:010-51686043,51686008;传真:010-62225406;E-mail:press@bjtu.edu.cn。

第 2 版前言

《新编应用文写作》是根据教育部关于制定"教材开发编写计划"的通知精神编写的。本书作为高等学校基础课适用教材,自 2005 年以来已使用了十几个春秋,其间做了两次修订,可谓成熟有年。这次推出第 2 版,从发凡起例,到整体架构及其具体文字,都体现出新时代新教材的特质,贯彻了中央办公厅、国务院办公厅关于公文处理工作的新规定,反映学科发展的新动态,展现教改新成果。

本书相比于其他应用写作教材,有如下鲜明特点:

第一,简单易懂的文体理论。以较少的语言文字,让学生获得最简单、最明确的写作理论指引,是本次修订的一个主要意图,换句话说,也就是压缩理论部分的篇幅。为此,本书在理论上,确立"以形成文体意识"为主要学习任务,略去写作思维操作、写作文体文化、写作审美控制等写作过程论,而对于应用文的主旨、材料、结构、语言与外在形式的规范性特征,则采用萃取精要、微言大义的论说,经验、感受、理解,所述理论导引,一目了然,这样,在把握理论要义的基础上,文体规范、文体感的感性直觉到达文体思维的理性高度,从而形成文体意识。且如毛泽东《实践论》所说"感觉到了的东西,我们不能立刻理解它,只有理解了的东西才更深刻地感觉它"。这"深刻地感觉"作为文体感,它让本书理论逻辑的玄妙变得通俗易懂,而实践训练的操作性程度也变得更高。

第二,全新实用的案例样本。更新全书案例,用 2020 年、2021 年的写作案例作样本,所列范文 128 例,是本次修订的最大改动。入选案例以实用为原则,根据文种的使用频率,合理裁量所选文种的实用性,突出"用得上""经常用""足够用",充分考虑本书作为公共基础课教材的适用面,在校大学生需要学习它、应用它,在职场中的社会人士也需要使用它,同时它还是公务员招考、事业单位招考、入编考试的应用文写作备考书,与大学生未来职业生涯的应用写作共同纳入训练系列。精选范文,既可用于教学,也可应公私事务之需而直接征引、援用,甚至照搬。应该说明的是,有些例文的制文机关或作者的级别很高,诸如中央政府的公文、省市领导的讲话等,这并不意味着将来必定要制作"级别较高"的公文,而是为了给学习者提供"权威样本",同时这些例文范式也能更好地充当仿作的"模板"。

第三,校考国考的海量题目。本书编写"思考与练习"372 题,充足的习题量,在目前各类写作教材中是极其少见的,这也是本书表现在写作课程实践性、训练性方面的一大亮点。这些习题，都是写作课标准化题型，可供老师出考题、学生平时作业、结业应考之用，同时也覆盖了省市级招考、国家级考试的写作题。值得一提的是，在操作性实践能力训练方面，本次修订将"范例评析"（原拟设课文标目）放入练习题中，这样，每章都有案例、例文文本练习，题目或为改错、或为仿写、或为评析，让学习者在写作模仿和操作性实践尝试中，改中学写，评中学写，不断积累。尤其增设了课文例文与写作思维操作性技术分析，编者亲自操刀，写作评论文章，为学习者提供样本，让本书内容更加实用。

第四，中规中矩的教材体例。全书整体上按照"基本理论—操作模型"的架构来设计，首章为基础理论，之后章节则为操作性技能训练。每节设为：知识目标、能力目标；课文；练习题。需要说明的是，作为应用写作课本中的"课文"，主要由文种知识、写作方法、枚举文例三个部分构成，它是教材的主体内容。本书原初设有情境导入、激发兴趣、任务驱动、范例评析、知识拓展，其乃"走板"之谓，因为课程文件编写，尤其是教科书编写有科学规范的要求，其"情境导入""激发兴趣""任务驱动"，显然是教师的教学方法，是在老师教案本上的设计，而不是学生课本上的名词术语。至于"知识拓展"，把此文种与彼文种对举、比较，是把握文种特征的一般方法，其固有知识点，是基本知识要领，而不当名目知识拓展。至于设计"范例评析"，则可称道为中规中矩的教材体例节目。

一个优秀的课程体系必须有高质量、高水平的教材做基础和支撑。本书的编写就是朝着这个方向做出了努力。力臻完美，则是编者最为热切的期待。参加本书第 1 版策划与指导、编写与修订工作的同志主要有：中国人民大学金德群教授、北京师范大学李晓青博士、中国社会科学院聂清教授、教育部中央教科所蒋国华教授、北京大学陈文庆博士和陈刚先生。第 2 版修订工作主要由孙宝权、孙战负责完成。

在本书写作过程中，中国社会出版社编审向飞同志多次提出宝贵意见，北京交通大学出版社编辑郭东青同志为修改提出了中肯意见，特表谢意。所参考的专家学者著作，恕不一一列出，在此谨致谢忱。书中疏漏、不足之处，希望各位专家、时贤以及广大师生予以指正。

有关反馈信息或索取相关配套教学资源，可与本书责任编辑联系，邮箱：764070006@qq.com。

作者

2021 年 6 月

前　言

近年来，我国高等教育呈多元发展的态势，高等职业教育的勃兴，为现代化建设培养了大量高素质技能型专门人才，对高等教育大众化作出了重要贡献，丰富了高等教育体系结构，形成了高等职业教育体系框架。随着我国走新型工业化道路、建设社会主义新农村和创新型国家对高技能人才要求的不断提高，高等职业教育既面临着极好的发展机遇，也面临着严峻的挑战。为进一步落实《国务院关于大力发展职业教育的决定》精神，以科学发展观为指导，促进高等职业教育健康发展，教育部发布了《关于全面提高高等职业教育教学质量的若干意见》，要求高等职业院校"加大课程建设与改革的力度，增强学生的职业能力"，"建立突出职业能力培养的课程标准"，"加强教材建设，重点建设好 3 000 种左右国家规划教材"。这本《新编应用文写作》就是根据教育部"教材开发编写计划"的有关文件精神编写出来的。

本书作为高职高专公共基础课适用教材，自 2005 年以来已使用了四年，这次修订从发凡起例，到整体面貌，再到体例架构及具体文字，都作出新的定位，故名之《新编应用文写作》，并交由清华大学出版社、北京交通大学出版社联合出版。

《新编应用文写作》力求"全"而"新"。入选教材的文种，几乎囊括了当前人们在公务活动和私务活动中所需应用的各式各样的应用文，分九大类（行政公文类、事务文书类、经贸商务类、告启知照类、讲话致辞类、法律诉状类、规章制度类、函牍电信类、条据便笺类）约列 150 例；教材的基础理论部分反映学科发展的最新动态，吸收教改、课改的最新成果，学理阐述言简意明，多采信最先进、最公允的观点，多考虑权威专家的论解，拒绝"过时论述"，所举例文更新了"版本"。比如引用的 2007、2008 年政府机关的公文实例。

《新编应用文写作》着重"适用"与"实用"。合理裁量所选文种的适用面、实用性及其实际使用价值，更加突出"用得上""用得着""经常使用"的文种，根据文种的适用范围、使用频率进行裁度、取舍，充分考虑本书作为高职高专适用教材的"广谱性"，它不仅是教科书，也是工具书；不只是大学生需要学习它、运用它，在职场中的社会人士同样也需要使用它。基于此，本书对于"命令""决议""指示"这样机构级别较高的文种则未入列。而事实是，即使是县、市级的专职秘书也绝少使用"命令"这一文种。

《新编应用文写作》讲究"案例致用"。缘事而文的应用写作，每文必有实事，每事必见于我们的事业、工作和生活。本书所选的文种实例，既可用于个案教学，也可应公私事务之需而直接征引、援用，甚或照搬。应该说明的是，有些例文的制文机关或作者的级别很高，比如中央政府的公文、省市领导的讲话等，这并不意味着我们将来就需要制作"级别较高"的公文，而是为了给学习者提供"权威样本"，同时这些例文范式也能更好地充当我们摹写仿作的"模板"。

一个优秀的课程体系必须有高质量、高水平的教材做基础和支撑。本书的编写就是朝着这个方向作出了努力。教育部对于高职高专教育规划教材建设，提出实施精品战略，重点抓好公共基础课、专业基础课和专业主干课教材的建设，特别注意选择一部分原来基础较好的优秀教材进行修订使其逐步形成精品教材。而力臻精品，则是本次修订最为热切的期待。参加本书的策划与指导、编写与修订工作的同志主要有：北京师范大学李晓青博士、中国人民大学金德群教授、教育部中央教科所蒋国华教授、中国社会科学院聂清博士、北京大学陈文庆博士和陈刚先生。

本书在编写过程中，参考了不少专家学者的著作，在此致以衷心的谢忱。中国社会出版社编审向飞同志多次提出宝贵意见，北京交通大学出版社编辑郭东青同志为修改提出过中肯意见，谨致谢意。书中必有疏漏、不足之处，敬希各地专家、同行以及广大师生予以指正。

孙宝权

2008年12月　于北京中关村

目 录
...CONTENTS...

第1章 应用文写作基础理论概述 ... 1
1.1 什么是应用文 ... 1
1.2 应用文的主旨和材料 ... 3
1.3 应用文的结构和语言 ... 7
1.4 应用文写作的步骤与方法 ... 13
1.5 应用文作者的修养 ... 16
本章思考与练习 ... 19

第2章 党政公文 ... 21
2.1 公文体式 ... 21
2.2 决定 ... 36
2.3 意见 ... 40
2.4 通告 ... 45
2.5 通知 ... 48
2.6 通报 ... 55
2.7 报告 ... 59
2.8 请示 ... 65
2.9 批复 ... 67
2.10 函 ... 71
2.11 纪要 ... 75
本章思考与练习 ... 79

第3章 事务文书 ... 83
3.1 计划 ... 83
3.2 总结 ... 88

- 3.3 调查报告 ········· 93
- 3.4 述职报告 ········· 99
- 3.5 简报 ········· 104
- 3.6 记录 ········· 109
- 本章思考与练习 ········· 115

第 4 章 经贸商务文书 ········· 119
- 4.1 意向书 ········· 119
- 4.2 协议书 ········· 123
- 4.3 经济合同 ········· 127
- 4.4 市场预测报告 ········· 133
- 4.5 经济活动分析报告 ········· 138
- 4.6 可行性研究报告 ········· 144
- 本章思考与练习 ········· 150

第 5 章 宣传告启 ········· 153
- 5.1 广告 ········· 153
- 5.2 启事 ········· 157
- 5.3 声明 ········· 161
- 5.4 海报 ········· 163
- 5.5 产品说明书 ········· 166
- 本章思考与练习 ········· 169

第 6 章 讲话致辞 ········· 172
- 6.1 讲话稿 ········· 172
- 6.2 开幕词 闭幕词 ········· 177
- 6.3 欢迎词 欢送词 答谢词 ········· 180
- 本章思考与练习 ········· 187

第 7 章 法律诉状 ········· 191
- 7.1 起诉状 ········· 191
- 7.2 上诉状 ········· 195
- 7.3 申诉状 ········· 199
- 7.4 答辩状 ········· 204
- 本章思考与练习 ········· 208

第8章 规章制度 ········ 210
- 8.1 规定 ········ 210
- 8.2 章程 ········ 214
- 8.3 制度 ········ 219
- 8.4 办法 ········ 222
- 8.5 规则 守则 准则 细则 ········ 226
- 本章思考与练习 ········ 230

第9章 礼仪函牍 ········ 233
- 9.1 贺信 ········ 233
- 9.2 手机祝词 ········ 235
- 9.3 感谢信 ········ 238
- 9.4 慰问信 ········ 240
- 9.5 求职信 ········ 242
- 9.6 介绍信 ········ 244
- 9.7 申请书 ········ 246
- 9.8 倡议书 ········ 249
- 9.9 建议书 ········ 252
- 9.10 请柬 ········ 254
- 9.11 邀请函 ········ 256
- 9.12 唁文 ········ 259
- 本章思考与练习 ········ 260

第10章 条据便笺 ········ 263
- 10.1 便条 ········ 263
- 10.2 凭据条 ········ 265
- 本章思考与练习 ········ 267

参考文献 ········ 269

第1章 应用文写作基础理论概述

1.1 什么是应用文

>>> **知识要点**

- 了解应用文的概念
- 了解应用文写作不同于文学创作的一般原理
- 掌握应用文的特点
- 重点掌握应用文的分类

>>> **能力要求**

- 认识应用文在人们工作和生活中的意义
- 辨析应用文和其他文种的区别

1.1.1 应用文的概念

应用文是指人们在工作、学习、生活中处理各种事务所使用的具有规范式样的文体。

应用文,又称实用文,它是党政机关、社会团体、企事业单位在政治、经济、科学、文化、教育等领域,办理事务、传递信息、解决问题、实施管理时所使用的各种文件,包括法定公文、事务文书、专门文书,比如通知、请示、纪要等;也包括某一个体在社会生活中,处理个人与他人、个体与社会的关系时所使用的文书,比如契约、信函、条据等。

应用文适用范围广,种类式样繁多,可以这样说,应用文是一切公务活动和一切私务活动所产生的各种文书、文件、公文的总称。

文书、文件、公文,这三个概念一般都是指公务文书。但在不同情况下使用,其含义有所区分。文书有时可以作为所有文件材料的总称,有时还可以指一种职业名称或岗位名称;文件可以指所有文件材料,而主要还是指机关、组织制发的有文件版头等固定格式的正式行文;公文有特指范围,指各机关单位进行公务活动而形成的文件材料。

应用文写作,是一种制作。人们都把文学作品的写作称为创作,文学作品的创作又被称为艺术创造。而应用文的写作就不一样了,它既不是文学创作,也不是艺术创造,实际上它只是一种制作,是一种操作语言文字有目的的程序化的成文制作。

应用写作学,是研究应用文写作规律的一门学科。主要包括应用文文体的研究,应用写作过程论的研究、基本知识、基本技能和技巧的研究。

应用写作课，是各类院校开设的一门综合性、实践性很强的基础课程。

1.1.2 应用文的特点

相对于文学性较强的文章来说，应用文不是艺术作品来供人欣赏的，而是与生活和工作实际密切相关、供人实践应用的。应用文的特征可概括为以下几点。

1. 实用性

应用文的主要使命是解决实际问题。例如，开会要发通知，经济活动要写分析报告，商务合作要写经济合同，有重要事项请求上级答复批准要写请示，法律诉讼要写起诉状、答辩状，礼仪活动要写请柬、贺信、发短信，等等，这些或办某件事，或解决某个问题，或进行某项活动都必须通过应用文来实现。

2. 针对性

应用文有明确的读者对象，是为解决特定的实际问题而写的。它不能凭空想象，更不可以虚构，它要真实地向某一特定群体或某一特定个体传递信息，这种特定性，决定了它在文种的选择、材料的取舍、结构的安排、语言的运用上，都必须准确对路。

3. 时效性

应用文的时效性主要是指它的及时性及它的作用时间的有限性。及时性，是说它要在一定时限内完成写作任务、制作成文，延期则会影响作用的发挥，甚至贻误工作；作用时间的有限性，是说它发生效用是有时间限制的，每一篇应用文只在一定时期内产生直接作用，等到目的实现了，其效用也就会随之消失，文本也就变成了档案材料。

4. 工具性

应用文形式的本质属性，当然还是文章，但就其写作的特性而言，应用文成文则完全是工具性操作。从文体本身来看，它的各类文种是工具，文本格式是工具，语言文字及其信息载体也是工具；而从应用实践来看，选用文种是工具性操作，使用格式符号、语言文字落实成文，也是工具性操作，待到实现写作意图、派上用场，则更加体现出应用文的工具意义。

5. 规范性

应用文的体式是固定的，它有一整套的规范格式。文本格式、制发程序都有特定要求，不同种类、不同文种的应用文，都有相应的格式和不同的制发流程，且相对稳定，在相当长时间内不会有变化。而在语言运用和表现手法上，也有比较严格的要求，所谓得体，就是从这个意义上讲的。

1.1.3 应用文的种类

应用文种类繁多，划分标准不一，一般来说，都是按"大类"来划分的，这里分出了六大类。

1. 党政机关公文类

比如命令、决议、指示、决定、报告、请示等。这类文种是党政机关的应用文，它是中共中央办公厅、国务院办公厅 2012 年 4 月 16 日印发的《党政机关公文处理工作条例》规定的法定 15 种法定公文，也是应用文的核心内容。

2. 事务文书类

这类文种主要是各级各类机关、社会团体、企事业单位在实施管理、处理日常公务中制作的文书，比如计划、总结、简报、调查报告等。

3. 经贸商务类

这类文种主要是各机关团体、企业、商户等经营单位在生产、分配、流通、营销领域中，依据国家有关法律和法规制作的经济类文书，比如各类合同、协议、广告等。

4. 法律诉状类

这类文种主要是政府机关、公检法、仲裁等机构和律师、诉讼当事人，根据法律程序和有关手续制作的具有法律意义的文书，比如起诉状、答辩状、申诉状等，还包括各种协定、备忘录等。

5. 科技文教类

这类文种主要是机关团体组织和个人撰写的专业性很强的文书，比如科技情报、科技动态、实验报告等，还包括历史文物简介、教学大纲等。

6. 公关礼仪类

这类文种主要是团体组织和个人在公关事务和有关活动中使用的文书，比如各种致辞、贺信、感谢信、演讲稿、求职信等。

本书的辟章分类主要是以"经常使用"为旨归，机构级别较高的文种，如"命令""决议""指示"等都没有归入本书写作范围。大体上我们把目前日常工作和生活中能够"用得上"的应用文都作为选讲文种，共分九大类，即党政公文类、事务文书类、经贸商务类、宣传告启类、讲话致辞类、法律诉状类、规章制度类、礼仪函牍类、条据便笺类。

1.2 应用文的主旨和材料

>>> 知识要点

- 了解应用文的主旨、材料的含义
- 掌握应用文主旨的确立与散文主题的形成的区别
- 掌握确立主旨和选择材料的原则

>>> 能力要求

- 能够确立应用文的主旨
- 学会正确地选择材料和使用材料

1.2.1 应用文主旨的定义

应用文的主旨，是体现应用文写作目的的中心思想，它是应用文的统帅和灵魂，它反映写作者的主要意图和基本观点。

"主旨"在这里可以把它作为"主题"的同义词来看待。主题，即文章的中心思想。"主题"一词取义于音乐作品的"主旋律"，就文艺作品而言，多称"主题思想"。

1.2.2 应用文主旨的作用

应用文主旨是应用文写作的立足点，写作全程围绕主旨而展开。其核心作用在于：
（1）主旨统摄材料，材料为主旨服务；
（2）主旨决定结构，结构为主旨而设；
（3）主旨决定语言风格，语言风格必须符合主旨要求。

1.2.3 应用文主旨的确立

应用文主旨的确立要求做到：正确、鲜明、单一。

1. 正确

指文章要客观地反映现实社会的实际情况，正确地运用党和国家的方针、政策解决广大人民群众所迫切要求解决的问题。

2. 鲜明

指作者以鲜明的立场和观点表明对客观事物的看法，在评判相应事实时，不绕弯子，不含糊其词，不模棱两可，持论带有明确的倾向性。

3. 单一

指一篇应用文只能实现一个写作意图、表达一个基本观点，除了很少的综合性大型报告外，一般要求一文一事、一题一议、一个中心思想贯穿全文。

1.2.4 应用文主旨的形成

应用文主旨的形成不同于文学创作，特别是公务文书，其表现为：
（1）受命于集体和领导，从领导和集体的意图出发，以确立文章主旨；
（2）产生于调查研究和客观事件，一切从实际出发，以确立文章主旨；
（3）提炼于工作和生活的积累，抽象概括形成概念，以确立文章主旨。

1.2.5 应用文主旨的表现方法

这里说的"表现方法"是指表述主旨的句子在文中所出现的位置。
（1）在标题中直接点明主旨；
（2）用主旨句揭示全文主旨；

(3) 用段旨句概括层次大意；

(4) 在篇末结语中点明主旨。

这里说的"主旨句""段旨句"是指根据表述的内容而提炼、概括出来的句子。

1.2.6　应用文材料的定义

应用文的材料，是指为了一定写作目的、实现写作意图而搜集、整理、截取并写入文章的一系列事实根据或理论依据。

应用文的材料，主要是能够运用到应用文写作当中的具体事实、客观现象、基本情况、数字、语录、科学原理、党和国家的方针政策法规等。

1.2.7　应用文材料的作用

材料对于应用文写作来讲，无论是理论材料，还是事实材料，都为使文章主旨的阐述"言之有理""言之有物""言之有据"，所以说：

(1) 材料是提出问题的依据；

(2) 材料是形成主旨的基础；

(3) 材料是表达观点的支撑；

(4) 材料是实现写作的保障。

1.2.8　应用文材料的分类

材料需要搜集整理，整理就必须给材料分类。把材料分为理论材料和事实材料，对于应用文写作来说有点笼统了。作为材料，它可以是党和国家颁布的政策、法令、法规、指示、决定等各种文件；它可以是本系统、本地区、本单位的基本情况、统计数据等各种信息；它可以是工作计划、工作总结、经验交流、问题研究、学术论文等各种资料。而要让这些材料在写作中派上用场，使其成为真正意义上的材料，就要进行比较合理的分类。这里介绍一种便于操作的"相对分类法"。

1. 直接材料和间接材料

所谓直接材料，就是第一手材料，这些材料来源于工作实践、社会实践、生活实践和调查研究，它带有实录性、实物性和亲历性，多为作者的直接获得；所谓间接材料，就是二手材料，这些材料多为"他山之石"，是作者从各种文字资料、图片资料、视频资料中间接获得的。

2. 正面材料和反面材料

所谓正面材料和反面材料，都是从材料本身内容来看的。前者多为贯彻执行党和国家的方针、政策、法令、法规的材料，先进人物和先进事迹的材料，正确反映客观事物并给人以鼓舞奋进的材料，实事求是反映现实生活、反映人民群众需求、促进各项工作的材料。与之相反的材料，则可视为反面材料。

3. 原始材料和加工材料

所谓原始材料，就是带有素材性的材料，这些材料的获得近于直接材料，且带有原初貌，具有一定的含金量，稍事加工，就是所谓加工材料，加工材料是从具体材料的分析中进行抽象的理论概括，这些材料偏于理性思维，写作中多为阐述提供理论依据。

1.2.9 应用文材料的选择和使用

应用文材料的选择、使用要遵循以下原则。

1. 真实

真实是指写入文章中的材料必须真实无疑，确凿无误，哪怕是一个细节也不能有差错。

2. 典型

典型是指选择、使用的材料必须具有代表性，能够深刻反映客观事物的本质和规律，能够产生巨大的说服力和广泛的影响力。

3. 新颖

新颖是指运用现实生活中的新生事物、崭新理论来说明和阐述事理，这样的材料能新人耳目，让人产生刷新记忆的感觉，从而增强文章的感染力、说服力，当然，追求新颖，也包括从旧材料中发掘新意。

4. 切题

切题是指选用的材料要扣住题旨，符合主旨的要求，服从表达中心思想的需要。切题的要诀，就是看材料是否紧贴主旨，贴切主旨的材料就选用，不贴切或者不大贴切的材料，哪怕再真实、再典型、再新颖也不能选用。

1.2.10 应用文材料的处理

应用文材料的处理可以分三步：选料，剪裁，缝合。

1. 选料

选料是指从各类材料中找出有价值的、能够完成主旨表达的材料。这主要是分析、发现材料本身的原始性、时效性、本质意义、引申意义。通过鉴别，决定哪些材料在写作时能够用得上，哪些材料应该放弃，哪些材料在写作时还要进一步加工润色。

2. 剪裁

剪裁是指从所选的材料中根据表达主旨的需要做出合理的截取。因为写作中所使用的材料是不平等的，有的能直接表现主旨，有的能间接表现主旨；有的说服力强，有的说服力不怎么强；有的有深度，有的不够深刻；这就要作者精心剪裁，剪裁的标准必须按照选料的原则进行。

3. 缝合

缝合是指组织安排材料，如做衣服一样，剪裁过后就是缝合，领口、袖口、前胸、后背要安置恰当。根据表达主旨的需要，选择不同类型的材料结合使用。理论材料使文章有深度，可以在讲道理中将人的感性认识上升到理性认识；事实材料的运用使理论与实际相联系，更具体地说明了理论材料。具体材料是点，概括材料是面，点面结合既有一定的情节内容，又能反映事物的普遍性。而在对事物的分析、说明、评价中，数字材料又最具有说服力。

1.3 应用文的结构和语言

>>> 知识要点

- 了解应用文结构、语言的含义
- 掌握应用文结构安排的原则
- 掌握应用文语言的特点

>>> 能力要求

- 认知应用文结构的基本模式
- 熟悉应用文语言的常用套式

1.3.1 应用文结构的定义

应用文的主旨决定了文章"写什么"，选择材料解决的是"用什么写"的问题，安排结构则是为了解决"怎么写"的问题。所以，应用文的结构是按照表现主旨的需要，将所选材料进行有条有理的组织安排，形成一个有机的统一体。换句话说，应用文结构就是应用文内容的组织方式和内部构造。

一篇好的应用文，特别是公文，能够充分反映客观事物的发展规律，揭示事物的内部联系。写出这样的应用文，文章的结构安排是关键。合理的结构，是作者表达写作意图的行文理路，它通过篇章布局呈现出符合逻辑的组织形式，运用这种组织形式来构造各式各样的文种，便形成了具有程式化的固定样本，所以，应用文即便文种各式各样，但结构理路却也趋于大同，即"提出问题—分析问题—解决问题""开头—主体—结尾""绪论—正文—结论"。其基本类型一般为："总—分""分—总""总—分—总"，另外还有并列式、递进式、条款式、一段式。

1.3.2 应用文结构的作用

（1）应用文的结构使文章主旨表达"言而有序"，也让选择的材料"各得其所"。
（2）应用文的结构使文种式样得到呈现，同时也固定了同类文种的文本格式。
（3）应用文写作只有找到恰当的结构形式，才能把主旨和材料组合起来，形成一个有机的整体。

1.3.3　应用文结构安排的原则

应用文的结构安排就等于给文章"定型",型如何定,型是否得体,这就要解决好谋篇布局的问题,所以应用文的结构安排需要遵循下列基本原则。

1. 要从写作意图出发,确定文章的结构形式

每一篇应用文的写作都是有明确目的的,都要表达作者的中心思想,结构就是为作者表达主旨服务的,也是为作者表达主旨而设置的,这是主旨对于结构提出的要求,排兵布阵当由统帅决定,结构形式当由灵魂左右,唯其如此,作者的写作意图、文章的中心思想才能得到很好的表达。

2. 要充分考虑到事物的内部联系,结构组织能够正确反映事物发展的客观规律

任何事物的发展都是有规律的,作为材料拟将写入文章中的事件也具有它的客观规律性,从而反映客观事物内在的、本质的、必然的联系,这就要求作者遵循马克思主义哲学原理,寻找、理清、把握事件材料的内部联系,认识到某一事物和其他事物之间的关系,使事件材料合理有序地安排到文章的结构布局之中。

3. 要处理好内容和结构的关系,根据不同文种的特点布局谋篇

内容决定形式,形式制约内容。这个辩证的道理在解决应用文结构问题时特别有用。应用文的文种各有各的式样,不同文种的式样各有自己的结构特点。这就要求作者在根据主旨内容确定文种式样之后,牢固掌握这一文种式样的结构特点,把文章所要表达的主旨内容做得"有模有样""像模像样",只有这样,才能充分发挥文章的效用。

4. 要做到文脉贯通,注意整体和谐

写好一篇应用文,特别是写好一篇行政公文,就是构建一种和谐。做到这一点,就是要把零散的、庞杂的材料通过精心安排组成有条有理的、有规律性的句群语段,最终形成系统的、完整和谐的文字统一体。这种和谐是文章内容通过结构自然流畅地表现出来的,详略得当,首尾圆合,上下贯通,通体匀称。

1.3.4　应用文语言的定义

应用文语言,就是适合用于写作应用文的书面语。或者说,是写入应用文中并符合应用文规格要求的文字符号。

语言是人类最重要的交际工具,它是人类思维的物质手段。有人说"世上有两样东西能治病,一是药物,二是语言"。这当然是指语言力量的神奇。而事实上,作为一种音义结合的符号系统的语言,它在社会的政治生活、经济文化生活、日常生活中,都是以充当人类交际和交流思想的工具这一特殊职能为社会服务的,人们表情达意、传递信息都要依靠这一工具得以实现。具有工具属性的应用文,语言便是它的第一要素,一篇应用文的思想内容和组织结构,最终都必须通过语言才能表达出来,使它成为有形的东西。

人类社会语言交际的基本形式有口语和书面语,口语是口头谈话用语,书面语是写文章使用的语言。口语和书面语虽然都可以用来表情达意,但由于使用形式的不同,二者有一定的区别,口语灵活随便,说话时可以根据不同对象、不同场合,并结合身体语言,或省略或

跳跃，只要对方明白就可以；书面语的要求比较严格，词句段章，严谨周密，讲究语法规范，所以作为书面语的应用文语言，就要比口语多有考究了。

1.3.5 应用文语言的特点

1. 规范化的书面语是应用文语言的主要特色

应用文的语言是规范化的书面语，遣词造句，严谨周密，表意准确无歧义，这样便可以充分发挥应用文的效能，特别是公文，正确使用书面语，准确理解文章主旨，不产生歧义，从而认真贯彻执行。公文写作有明确规定要使用语体文，因为语体文具有通俗易懂、语义确切等优点。因此，不宜使用口语，也不宜使用文学语言。

2. 程式化的语言套路是应用文语言的又一特色

应用文写作中使用的一些特定用语、惯用语、缩略语、引用语，是应用文这一文体特有的语言现象。这一现象出现在公文中的频度相当高。特定用语，绝大多数是沿袭文言文中的定型词语，少数是来自现代汉语中相沿成习的说法。这些词语言简意赅，表意准确，简洁明快，典雅庄重，其特定含义是人们所公认的。恰当地使用这些特定用语，对突出公文的严肃性与权威性具有一定的作用。惯用语是在一定民族语言中长期形成的习惯用语，它是口语中短小定型的语句，恰当地选用惯用语，可增强语言的生动性。缩略语是对一些内容特定的长句或专用名词进行简缩，它既节约了文字，便于使用，又准确表达了原意，易读易记。引用语是引用前人的现成语句来论证或说明文章中所要论述的问题，以增强文章的语言表现力。

3. 平实化的语言风格也是应用文语言的一个特色

应用文的工具属性决定了它必须以实用为旨归，无论是私务还是公务，都是为处理事务而制作文书，行政公文，更是为实施管理而制发文书，因此，应用文写作强调语言的准确、简明、庄重、得体。这就形成了它平实质朴的文风。用语平易，自然，朴素，实在，不言过其实，不哗众取宠，客观表述，实事求是，不追求华丽辞藻，不搞形象描绘，不玩含蓄深沉，体现严肃认真的态度和极端负责的精神，有利于实际问题的解决，有利于上级指示、方针、政策的照办、实施和贯彻执行。

1.3.6 应用文语言的要求

应用文写作在语言的运用上，应当做到：准确恰当、简明凝练、文本得体、庄重严谨、生动隽永。

1. 准确恰当

应用文的语言必须表述准确，要用最恰当的词语和句子来反映客观事物，表达作者思想。这是应用文语言的基本要求。

应用文语言的准确恰当，主要是在思路清晰的前提下，对字、词、句做出精心选择和反复推敲。用词要准确无误，造句要合乎语法，表述要符合逻辑。辨析词义，区别词的感情色彩，根据特定的语言环境，选用最恰当的词语。如果在公文写作中用词不当、生出歧义，或用语含混、前后矛盾，或概念不清、结论模糊，必然会带来理解上和执行上的困难，甚至造成混乱，失去公文的权威性与严肃性。

2. 简明凝练

简明凝练是指用最精省干练的文字表达尽可能多的内容，达到"文约而事丰"。简短明了，精练准确，这也是应用文写作的基本要求。

要把应用文写得简明凝练，作者首先要思维清晰，能抓住事物的本质、问题的关键，然后对事件材料进行提炼，接着再用简练的语言进行高度概括并准确表述。力戒空话、套话，达到冗字务尽、冗词务尽、冗句务尽，一是一，二是二，不含蓄，不委婉，不留想象余地，每个词语、每句话都必须有明确的含义，明白晓畅，直截了当，不拖沓，不用生僻的词语，以免让人吃不透，摸不准。

3. 文本得体

文章的"文本"一词主要是针对文字和措辞而言的。应用文写作要求文本得体，就是在措辞用语、遣词造句和语体风格上，要考虑到作者自己的身份，必须与阅读对象、受文单位、写作目的相适应，有时还要考虑到与客观环境和谐一致。

公文写作以准确表达为基础，促使受文对象产生与写作目的相一致的心理效应，或郑重严肃，或亲切温暖，或欢欣鼓舞，或震慑警醒。得体务必适应文体、适应特定文种，分清上下级关系，掌握好话语分寸，恰当运用专业用语。

4. 庄重严谨

应用文语言的庄重严谨，是指使用规范的书面语，不轻浮、不随便、不俗气、不夸饰，以体现行文的严肃性。

对公文写作来说，庄重是指公文用语必须讲究庄严、郑重。这是由公文的严肃性、法定权威性和行政约束力决定的。公文是处理公务的重要工具。使用庄重的语言，是公文制发机关应有的严正立场和严肃持重的态度在公文中的体现。对其他事务性文书来说，庄重严谨是指在运用准确、精练、条理、规范的书面语的基础上，还要注意使用典雅的语言。在公文写作中有时也要恰当地使用一些敬语。

5. 生动隽永

生动隽永是指话语言词具有活力、具有形象性，且意味深长，能感动人。这个要求似乎只是对文学作品而言的，因为文学作品要塑造人物形象、要抒情写意，就必须追求语言的生动隽永。而对于应用文写作来说，语言的生动隽永，在事务性、礼仪类、函牍类、电信类文书等诸多文种中也是非常讲究的。

应用文语言的生动隽永，不是刻意追求出来的，再好的词语、再美的句子，用错了地方，也不可能生动起来，更不可能产生回味无穷的效果。这正如一位学者所言："字、词本没有高低贵贱之分，用在恰当的地方，就会生动起来，用得不恰当，就有做作、卖弄之嫌，作者要培养自己驾驭语言的能力，于平淡中见神采，呈现语言本色之美。"

1.3.7 应用文的表达方式

应用文的表达方式是指作者在写作中运用语言文字反映客观事物和表述主观认识的方法

和手段。通常，文章的表达方式主要有五种：叙述、说明、议论、描写、抒情。由于文体性质和写作目的的不同，其表达方式也不尽相同。一般来说，应用文写作主要使用叙述、说明、议论三种表达方式，而较少采用描写、抒情的表达方式。这是由应用文作为实用文体的性质与功能决定的，也是应用文文体区别于文学文体的主要标志。

公文写作一般只能使用叙述、说明、议论三种表达方式，而又以说明为主。这是由公文的特殊使命决定的。因为公文主要是传达贯彻党和国家的方针政策，发布法规和规章，请示和答复问题，指导布置与商洽工作，报告情况与交流信息，一切从现实效用出发，讲究可操作性，而非审美传情。这是其他任何文体所不能担负的。因此，公文唯有以说明、叙述、议论为表达方式，而不宜使用描写和抒情的表达方式。

就具体文种而言，法定公文中报告、请示、通报等侧重于叙述；通告、公告等包括其他法律法规文件主要是说明。公务文书中工作总结、调查报告、会议纪要等通常是夹叙夹议；讲话稿等往往又以议论为主要表达方式。但是，在一些特别的应用文文种中，如广告文案、演讲稿、致辞等也会运用描写和抒情的表达方式。

现将叙述、说明、议论三种表达方式在公文写作中的运用分述如下。

1. 叙述

叙述是对人物的经历和事件的发展变化过程及场景空间的转换所做的叙说与交代。

叙述的功能就是写人和写事。而在公文写作中，一般不专门写人，而是以叙事为主。比如通知、通报、请示、报告、总结、会议纪要等都必须以叙事为基础。而计划性、规范性文件和指令性文件，则不采用叙事或较少采用叙事方式。

公文的叙事不同于记叙文的叙事，更不同于小说的叙事，它讲究如实叙述、清楚交代、概述为主、平铺直叙。这是因为：公文的叙事首先要真实，不在于具体记叙事实，而是通过对基本情况、个别事实的叙述来说明一定的问题，以达到阐明观点、反映情况、交流思想、解决问题的目的。公文的叙事必须简明，以概括叙述为主，以把事情交代清楚为度，不要做过多的描述。公文的叙事必须开门见山，采用顺叙的方法，按照事物的发生、发展的自然顺序进行叙述，努力做到让人一看标题或者一看开头，就知道讲的什么事情，并猜出它的结局。这也是公文写作中的叙事与文学创作中的叙事的最大不同点。

2. 说明

说明是指用简明扼要的文字，把事物的形状、性质、范围、特征、成因、关系、功能等客观、真实地解说清楚。

说明是公文写作中最基本、最主要，也是最常用的表达方式，在公文的语言文字中，运用说明表达方式的文字占有很大比重。诸如计划性、规范性文件和指令性文件及批复、指示、通知、通告等大多直接陈述领导机关的意见、要求与措施。其他如报告、请示中的条款行文也离不开说明。公文以外的其他告启知照类的应用文文种，比如海报、产品说明书等都采用以说明为主的表达方式。

说明表达方式还常与叙述、议论结合起来综合运用，比如在叙述时对人与事所做的必要介绍；为议论充当论据，或做必要的解说与阐释。

运用说明表达方式要善于抓住事物的特征，把握事物的本质；注意说明的顺序，避免逻辑混乱；实事求是，态度客观；话语平实，通俗易懂；简明扼要，言简意赅；数字准确，来源可靠；举例要有代表性并进行适当分析；下定义必须使用判断句；做比较要易于读者理解；分类别要有统一标准。

说明的主要方法如下。

（1）定义法。定义法说明是用下定义的方法来说明事物的性质和特征。

（2）注释法。注释法说明是对事物的性状、特征、成因等做简要的注释。

（3）比较法。比较法说明是运用同类事物或不同事物跟所要说明的事物做比较。

（4）数字法。数字法说明是用确切的数字来说明事物。

（5）举例法。举例法说明是列举典型事例来说明事物。

（6）分类法。分类法说明是根据事物的性状、成因、功用、关系等属性划分类别并分别说明。

此外，还有图示法、表格法、引用法、分析法等。

3. 议论

议论是通过列举事实材料和运用逻辑推理，表明对问题的观点和态度，阐发对事物的理解与认识。其实，议论就是议事说理并把道理说清楚。公文写作中的议论，是作者对客观事物或实际问题进行分析、评说，表明观点和态度、提出看法和措施，或针对错误倾向进行反驳。

议论有论点、论据、论证三个要素。论点是指作者所要阐明的思想观点，是对所论述的问题提出的见解、主张与态度；论据是用来证明论点的根据；论证是论点与论据之间逻辑关系的揭示。

论点、论据、论证三者之间的关系可以这样表述：论点是旗帜，鲜明地表示"要说什么"；论据是基础，回答的是"所以这样说的理由"；论证是沟通二者之间内在联系的桥梁，它让阐述的理由得以实现，并让受文者相信"这样说是可以成立的"。

关于公文写作中的论据，要强调以下内容。

一般议论文的论据只有两类，即事实论据和理论论据。但是，公文的论据有三类。一是事实论据，包括具体的事例、概括的事实、可靠的数据，这是公文论据的主要形式；二是理论论据，它是事实论据的概括形态，往往已经经过实践的检验和证明，它包括前人的经典著作和至理名言、民间谚语和俗语、科学的公理和定律等；三是政策法规论据，主要是党和国家的政策法规的文本、上级有关指示的精神。以政策法规为论据阐发事理，是公文写作的独特之处，由于政策法规论据本身所具有的严肃性、权威性和很强的说服力、约束力，从而更能增强公文的效力。

应当说明的是，议论这一表达方式在大多数的文种写作中，并不是主要表达方法，也较少单独使用，它往往从属于叙述和说明，间或性使用，以配合叙述和说明来实现作者写作意图的表达。这是因为公文中的议论，只是为了增强文章主旨表述的逻辑力量，给受文对象提供理解文件精神的依据。这也是议论这种表达方式运用在公文写作中的主要特点。

1.4 应用文写作的步骤与方法

>>> **知识要点**

• 掌握应用文写作的一般步骤和基本方法

>>> **能力要求**

• 初步学会拟写应用文的写作提纲
• 学会从多方面修改草稿

应用文写作从动笔到成文，大体分三步：起草—修改—定稿。每一步写作的方法会因写作目的与文种式样的不同而不同。这里拟（侧重）从公务文书写作的角度来谈谈，以期对于其他文种的应用文写作能够有所帮助。

1.4.1 起草

起草就是打草稿。对于文学创作来讲，作者在打草稿之前，有一个构思阶段，主旨往往飘忽不定。而应用文写作就不同了，动笔之前主旨就已经确定好了，这时作者要做的，就是领会既定的写作意图和发文主旨。一份公文写作，就是从这里开始的。

1. 要弄清发文主旨

公文的主旨，也就是公文的主题，它是公文的灵魂和统帅，它体现了机关领导意图和发文目的，因此在动笔之前，必须先弄清发文的主旨，如公文的中心思想和主要内容，从而确定所要采用的文种，确定发送范围和阅读对象，这样明确发文的具体要求。

以工作汇报为例，需要弄清的"细节"主要有：打算重点反映什么问题，主要成绩及存在的问题，下一步的打算。还有，是向上级汇报工作，还是向有关单位推广和介绍经验；是给领导、有关部门人员阅读，还是向全体人员进行传达；是写综合报告，还是写专题报告，或是写情况简报等。

2. 准备所需材料

材料对于写作就如行军作战的粮草，没有粮草或粮草准备不充分，就无法保证作战的胜利。一般来说，善战者都有库存"粮草"，以"备战备荒"，作者平时要注意积累资料。公文写作多为奉命行文，领导临时交代一个写作任务，时间紧，责任重，写作时，作者可以从已有的材料中选择可用的材料；也可以根据写作需要现用现搜集材料。

首先，从已有的材料中选择可用的材料。就是明确发文的主旨后，围绕发文主旨来阅读、研究有关的文件材料，把能够为表达主旨服务的材料挑选出来。比如，要拟写一份贯彻上级指示性文件的通知，首先就要对上级文件进行仔细阅读，认真研究，领会其精神实质，准确地体现其内容。

其次，根据写作需要现用现搜集材料。就是除了手头已有的材料之外，还要根据写作的需要，带着明确的、具体的目的再去搜集有关材料。用这种方法，见效快、利用率高，但也会因为时间、条件的制约，显得有些不凑手。

另外，有时还会遇到这样一种情况，材料选择、搜集都差不多了，可是还不能动笔，这往往是因为作者对客观事物的认识还不深刻，对有关文件的精神还没有吃透，这时就应该做一些调查研究工作了。比如，对于问题较为复杂、篇幅较长的工作计划、年度总结、规范性公文、政策性通知，等等，往往都需要在已有材料的基础上，再进行调查研究。毛泽东曾说过：调查研究是个好办法。调查研究是一个充分酝酿和进行构思的过程，不仅可使基本观点逐步深化和成熟，而且还可以收集到一些典型材料及有关的统计数据等，为文件的撰写打下一个比较坚实的基础。

当然，并不是拟写每一份公文都要进行这样的准备。比如拟写一份简短的通知或通告，一般就不需要专门做什么选择、搜集材料的工作，只要明确发文主旨，稍加考虑就可以动笔行文了。

3. 拟出写作提纲

对于一些篇幅比较长的公文来说，材料准备好之后，还要拟写一份写作提纲。

编写提纲就是有"理"有"序"地列出写作要点。在编拟提纲前一般要打好腹稿，理清思路，对公文的结构先有一个通盘的考虑、全面的安排。提纲要反映出文章的写作背景、结构轮廓、整体面貌，特别是要反映文章各部分之间的逻辑关系，从而构建出公文成形的蓝图。

对于提纲的初稿，还要做进一步调整、润色、修改。比如一些重要的领导性、指导性公文，在执笔人拟写出写作提纲初稿后，还需要征求有关人员的意见，必要时还要召开小型会议进行讨论，充分地听取多方面意见进行修改、补充，以使提纲更加完善。在此基础上开始文章的正式起草。

写作提纲的文字，可繁可简，这要根据公文篇幅长短的具体情况而定。比如，对于一些篇幅比较长，而且又非常重要的公文，就需要拟写出比较详细的提纲，正文要分成几个部分，每个部分要分几个层次，每个层次分成几个段落，每个段落要讲什么问题，每个问题要使用什么材料，等等。当然，也不是每一篇幅较长的公文都要有如此细致的提纲，有的也可以简单一些，而对于一些篇幅不太长的公文，大体上安排一下正文结构就可以了。

4. 开始正式起草

其实，到了正式动笔起草这一环节，与之相关的所有写作上的基本理论知识及其原则与要求等问题，都应该已经得到解决。诸如"中心要突出，主旨要单一""观点要正确，情况要确实""数据必须真实可靠""一文一事""选好和用好材料、注意剪裁、详略得当"，等等，这些问题如果还没有得到落实，或者还没有弄明白，那就说明作者还不具备正式动笔打草稿的条件，也还没有走到"正式起草"这一步。因此，再从理论上去阐述，就是多"词"一举了，这里从写作意识出发，只重申两点，以作强调。

第一要注意充分表现文章的中心思想。对已经领会的发文意图、目的、主题念念不忘，从笔下流出的每个词语、每句话，都要扣紧发文主旨。

第二要注意表述上的简洁明快。语言文字以"简练达意"为准则，把事情说清楚，把问题讲明白，干净利索，一气呵成，决不拖泥带水。

1.4.2 修改

修改，这里指在"初稿—定稿"的阶段过程中，对文章的主旨、材料、结构、语言等进行检查、修正、补充，发现不足，再作推敲、润色，以臻完美。

1．修改的意义

"文章是改出来的"这句俗话对公文写作来说，可谓"实话实说"。凡是好的公文都是改出来的，尤其是那些重要的、篇幅大的公文，无不经过几上几下，讨论审议，反复琢磨，有的甚至经过数十次修改才能完成。

客观地说，作者在写作初稿时，对于有些事物、有些问题的认识，不可能一次就达到正确、完善的境界，话语之"矢"，难免也会偏离"靶心"。又何况有时追求文气贯通，一气呵成；有时奉命作文，又受到时间限制。未尽妥帖之处，或有所失当之处，应该说是初稿普遍存在的问题。因此，初稿完成之后的修改，是公文写作最为重要的一个环节，只有重视修改，并在修改上狠下功夫，才能确保并提高公文质量。同时，修改不仅可以保证并提高公文的质量，而且还能提高作者的文字表述能力和写作水平，可以说，修改文章的过程，就是提高作者写作水平的过程。

2．修改的范围

应用文的四大要素是主旨、材料、结构和语言。对于公文初稿的修改也应该从这四个方面来考虑。

1) 关于四个方面的修改

（1）主旨。主旨修改主要是对文章的中心思想、基本观点进行全面审视：中心思想、基本观点是否正确、鲜明，看法、主张是否全面，提法是否妥当，论述是否集中，挖掘是否深刻，是否符合党和国家的方针政策和法律法规，是否符合客观实际以及所涉及部门的工作实际。

（2）材料。材料修改主要看材料是否真实可靠，是否最适合表现主旨。所用材料是否典型、充实，不足的予以补充，可有可无的删去，不合适的则予以更换，材料中涉及的人名、地名、时间、情节、现状、后果等有关数据，务必一一核实。

（3）结构。结构修改主要看总体结构是否符合主旨内容的要求。整体上是否严谨、匀称、完整，是否能够充分表现公文主旨，是否能为思想内容的表述服务，还要注意起承转合的调整、层次位置的改变，以及详略的更动等。

（4）语言。语言修改主要从语言的整体风格上看是否符合文种的表达需要。看语言是否达到准确、鲜明、精练、生动的要求，要字斟句酌，反复推敲，逐段、逐句、逐词、逐字地检查。

2) 关于四个方面以外的修改

（1）文种。检查所用的文种是否符合《条例》规定，从发文的意图出发、是否根据发文的目来确定的，看看文种是否符合具体情况、实际问题和所要表述的内容。

（2）标题。首先检查标题是否符合文种的要求，再看标题是否与文章内容相统一、标题是不是能够很好地揭示文章主旨并概括全文内容。

（3）标点符号。检查标点符号的运用是否正确，一切遵照中华人民共和国国家标准《标点符号用法》执行。

3. 修改的方法

修改的方法主要有：作者自己改，这是最常用的方法。而公文写作是代表单位来写的，通常都要领导来审阅，这也是一种修改方法。还有就是对于特别重要的公文，则采用专家修改、会议讨论修改的集体修改方法。

1.4.3 定稿

写作者应该抓住最后一稿的校对这一环节，对文稿进行最后的浏览，以确保万无一失。公文写作走到了"定稿"这一步，"写作"的任务可以宣告完成了。以后的环节，就不是"公文写作"，而是"公文处理"了。比如录排、校对、印发等。

1.5 应用文作者的修养

>>> 知识要点

◆ 理解应用文作者素质修养的基本要求

>>> 能力要求

◆ 懂得从多方面加强自身的修养

1.5.1 应用文作者应具有的修养

应用文作者的素质修养主要体现在以下三大方面。

1. 思想政治修养

首先，要有一定的政治理论水平。掌握马克思主义、毛泽东思想和中国特色社会主义理论体系，运用辩证唯物主义和历史唯物主义的立场、观点、方法去认识和解决问题。只有这样，才能具有正确的政治方向、坚定的政治立场、敏锐的政治洞察力和政治鉴别力，在政治上，站得高，看得远，同党中央保持一致。

其次，要有一定的政策理论水平。特别是公文写作是一项政策性、理论性都很强的工作，在一定程度上，公文写作就是执行政策、依靠政策、理解政策、表达政策的过程，写作人员必须要有较高的政策水平，并是政策的自觉维护者和执行者。还要有实事求是的精神，正确反映客观事物，并能把中央和上级的路线、方针、政策同本地区、本部门、本单位的实际很好地结合起来。

同时，还要严守纪律。坚决服从领导，自觉地维护和促进单位和部门的团结，决不能自以为是，阳奉阴违。公文写作必须符合机关领导集体的意图和愿望，必须具有很强的保密观念，严格遵守保密制度，不该说的话不说。

2. 业务能力修养

写作者要熟悉业务和机关工作情况。一个好的公文写作人员，应该熟悉本职业务，熟悉机关工作情况，并懂得相关的行政管理的知识，包括行政决策与执行、行政组织与领导、行政环境与行政职能等基本知识，从而能够写出合格的机关公文来。

写作者要有较好的文字功底。应用文写作归根到底取决于作者的表达，语言文字是公文的第一要素。扎实的文字功底是写好应用文，特别是公文的基本条件。公文写作或宣事说理，或表情达意，或反映情况，或解决问题，都要通过语言文字才能得以实现。

写作者要有较宽的知识面。一个人知识面，主要是从他已具备的专业知识、业务知识以外，来衡量其占有知识量的多少。就应用文作者而言，除了具备写作知识、业务知识外，还要具有一定的社会科学知识和自然科学知识，诸如历史知识、地理知识、科技知识、法律知识、人文知识、医疗知识、数理化知识等。所以"非学识兼到者，不能胜任而愉快也"。

3. 综合素质修养

谈到综合素质修养，当然包括前述的"思想政治修养"和"业务能力修养"。而这里要强调的是写作者的综合素质，尤其是人的思维品质，作者的理性思维（逻辑思维或抽象思维），应该能够揭示并把握事物的内在本质和一般规律，依据一定的系统知识，遵循特有的逻辑程序而进行的思维活动。在面对客观事实、解决现实问题时，应该能够正确地分析、综合、判断、推理、比较、抓住本质、鉴别是非曲直，通过抽象思维把理论知识和处理实际问题的能力联系起来。同时还要具有创造性思维的品质，在体现客观事物本质和内在联系的基础上，创造出新颖的、独特的具有社会价值的思维成果。

人的综合素质修养水平不是靠"专门学习""打突击"就可以得到提高的，而是要靠平时不断学习、积累、补充、丰富，根据自身需要和具体情况，对自己的知识结构做出进一步的巩固、拓展，或做出合理的调整。对于打基础阶段的见习作者，最好还是从阅读入手，除了阅读写作方面的书，还要重视阅读优秀的文学作品和其他经典文章，提高文学鉴赏水平和语言运用能力；同时还要关心国内外时事，掌握语言、历史、人文科学、社会科学等方面的公共基础知识，等等。这些方面，有的能直接与应用文写作发生关系，有的则是间接地起作用；但从长远来看，都可以为学习者提供营养，提供发展后劲，保证写作水平的可持续提高。

1.5.2 应用文作者加强自身修养的途径

应用文作者加强自身修养应从以下三个方面来考虑。

1. 要博览群书，与时俱进，不断地丰富自己的阅历

这里"博览"，与《论语》中"博学于文"的意思差不多。孔子说："君子博学于文，约之以礼。"是说君子广泛地学习文化知识，并用礼来约束自己。博学，就是广泛地学习；博览，就是广泛地阅读。

既然是以"博"为目标的阅读，就不应该定一些条条框框，更不必按照老师开出的书目，照单全收。在"博"上的选择，全凭自己做主。但有两点值得注意：一是在思想上要与时俱进；二是在行动上要善于积累。

以"博"为期待的阅读，应该注意与时俱进。时代在发展，社会在进步，知识在更新，阅读必须跟上时代、适应社会，接受新知识，领会新思想、新理论。应用文作者应该以强烈

的创新意识，在写作实践中，拿出新内容、新思路，找出新角度，提出新观点，写出来的文章自然也会焕发出时代的亮色。

以"博"为期待的阅读，还要善于积累。积累，就是在阅读中对于知识和经验的聚集。把阅读中对于知识的汲取，与思想政治上、业务水平上、学习上、生活上等各方面实际问题很好地结合起来，学以致用，用中思考、探索、总结，从而不断地完善知识结构，完善能力素质，完善自我，完善人生。

2. 以理论为指导，深入实践，不断地提高自己的写作水平

应用文写作的基础理论对应用文写作实践有着直接的、具体的、科学的指导意义。所以，必须先从理论上吃透，领会应用文写作的理论知识，掌握应用文写作的基本要领、本门课程的理论框架、基本概念，研究课本上所选范文，把握其中的规律，努力实现将理论知识向能力实践的转移。

实践主要从以下两个方面来认识和领会。

1) 课堂上的实践

应用文写作的学习，在大学阶段，主要还是先在课堂上学，在课堂上学习动手能力就是课堂上的实践。动手实践也就是动笔仿作。通过模仿来熟悉文种格式、学习主旨内容表述，通过循序渐进的模仿，最终达到运用自如。课堂实践是有计划、有目的的训练，训练中，理论的指导不可忽视，只有在实践中不断得到理论的指引，才能更好地巩固理论知识，培养出较强的动手能力。

2) 工作中的实践

对于在校大学生来说，到实际工作中去实践，是见习，更是实战演练，它是课堂实践的"升级版"，同时也是最有实效的训练。学习应用文写作，特别需要这样的实践，有条件或争取条件，到机关单位的文秘部门去历练，收获一定会很大。从这里，大家会充分地认识到，深入实践是应用文作者加强自身修养的一个非常重要的途径。比如公文的写作，它作为一项文字工作，来源于实践，也指导实践。只有到实践中，才能提升自己的写作水平，只有深入实践，才能获得丰富的第一手材料，才能独具慧眼地挑选到内容真实的第二手、第三手材料，才能增长生活经验和丰富社会阅历，才不至于写出那种浮光掠影、蜻蜓点水式的公文。

3. 重视心理因素，加强身体锻炼，不断地修养自己的身心素质

应用文写作是一个人能力的体现，而不仅仅是写作能力的体现，它从不同侧面、不同程度体现了一个人的世界观、人生观、价值观、理想、信念、道德、情感、政策水平、法制观念、处世态度，等等。而这些又可以说是一个人智能的表现，更是一个人体能的表现。任何写作如果撇开人的身体因素、撇开人的心理因素，便无从谈起。所以，每一个应用文作者，都必须重视身体素质修养和心理素质修养。

1) 身体素质修养方面

身体是人的根本，是人的生命的寄托，是人工作的本钱。应用文作者，不少在各级各类机关单位工作，由于工作的需要，经常要加班加点赶写材料，以及做许多与写作相关的其他工作，如果没有良好的身体状况，就不能适应连续工作的要求，就不能够在艰苦的外部环境中创造成绩。所以，必须要有良好的身体素质。要有良好的身体素质，让自己拥有一个强健的体魄，就要加强身体锻炼，具有良好的运动习惯，可以选择适合自己的体育运动种类或项

目，合理地安排运动；还要养成良好的饮食、卫生习惯；无不良嗜好，起居有规律；说话流利，行动自如，以旺盛的精力，强健的体格，确保人体的各部分机能都正常工作，以完好的状态投入学习、生活、工作。

2）心理素质修养方面

人的心理素质修养状况，通过人的感觉、知觉、思维、记忆、情绪、态度、意志、行为等，在对客观事物做出反应时表现出来。应用文作者的心理素质修养，主要反映在作者面对客观事物、现实问题、具体工作事项的态度、认识，情绪的稳定、团结协作的精神、独立工作的能力，以及调整自己心理状态的能力，等等。应用文作者的心理素质修养，首先体现在处理自身与客观环境（社会环境、工作环境）的关系上。其次才体现在工作细节和生活细节上。因为现实生活中的每一个人，都是自然、社会、芸芸众生中的一个独立的个体，每个个体都必须面对天地、社会和人际关系。所以应用文作者必须首先适应社会、适应社会发展，与时俱进，动机需求合理，具有正确的人生价值观和优良的道德品质，把追求成功的良好动机化为不竭的动力，情绪稳定，意志坚强，不仅具有多元的践行能力，还要有良好的自我控制能力，人格要素齐备协调，审美情趣高雅，在追求真善美中完善自我；生活方式顺应时代潮流，讲礼仪，有爱心，行为习惯体现当代人文素养；具备科学的思维方式和学习方法；能和他人保持亲密关系，而不侵犯他人的隐私和权利；不抱怨、指责和讽刺他人；富有同情心，能容忍自己与他人在价值和信仰上的差异；能接受自己、他人，有安全感，有幽默感，有一定的挫折容忍力，受到挫折时免于行为失常；能够以自己的过错取乐而不以伪装来欺骗；有积极的自我意象，能经得起一切不幸遭遇；不冲动行事，不把自己的过错归咎于他人；能够了解自己，能洞察自己的能力与不足，能看出生活中的荒唐但不为其吓倒。

本章思考与练习

一、填空题

1. 应用文，又称_____，是指人们在工作、学习、生活中所使用的具有_____的文体。

2. 应用文是一切_____活动和一切_____活动所产生的各种文书、文件、公文的总称。

3. 文书、文件、公文，这三个概念一般都是指_____。但在不同情况下使用，文书有时可以作为所有文件材料_____，有时还可以指一种_____。

4. 应用文的主旨是应用文的统帅和灵魂，它反映写作者的_____和_____。

5. 应用文的材料是指写入文章的一系列_____或_____。

6. 材料对于应用文写作来讲，无论是理论材料，还是事实材料，都为使文章主旨的阐说"言之_____""言之_____""言之_____"。

7. 材料的处理可以分三步：_____；_____；_____。

8. 应用文的主旨决定了文章"写什么"，选择材料解决的是"_____"问题，安排结构则是为了解决"_____"问题。

9. 应用文结构，就是应用文内容的_____和_____。

10. 应用文语言就是适合用于写作应用文的_____。或者说，是写入应用文中并符合应用文规格要求的_____。

11. 应用文写作从动笔到成文，大体分三步：_____；_____；_____。

二、选择题

1. 多为"他山之石"，是作者从各种文字资料、图片资料、电子盘碟等资料中获得的是（　　）。
  A. 正面材料　　　　B. 反面材料　　　　C. 直接材料　　　　D. 间接材料

2. 从所选的材料中根据表达主旨的需要做出合理的截取，这是处理材料中的（　　）。
  A. 剪裁　　　　　　B. 选料　　　　　　C. 缝合　　　　　　D. 鉴别

3. 把主旨和材料组合起来，形成一个有机的整体，使主旨表达"言而有序"，也让选择的材料"各得其所"，固定同类文种的文本格式，让文种式样得到呈现。起到这种作用的是（　　）。
  A. 主题　　　　　　B. 材料　　　　　　C. 结构　　　　　　D. 语言

4. 在运用准确、精练、条理、规范的书面语的基础上，还要注意使用典雅的语言、谦敬用语，有时在公文写作中也要恰当地使用一些敬语。这一要求，体现了应用文语言的（　　）。
  A. 准确凝练　　　　B. 文本得体　　　　C. 庄重严谨　　　　D. 生动隽永

三、简答题

1. 简述确立应用文主旨的原则。
2. 简述材料的选择和使用的原则。
3. 简述应用文结构安排的原则。
4. 应用文的结构理路一般是怎样的？它有哪些基本类型？
5. 简述应用文语言的特点。
6. 应用文写作语言的运用有哪些要求？
7. 怎样起草（打草稿）？
8. 修改的范围包括哪些？

四、论述题

1. 为什么说应用文写作是制作而不是创作？
2. 为什么应用文要使用规范化的书面语？
3. 阐述修改的意义。

五、作文题

写一篇短文谈谈应用文作者应该具有怎样的素质修养、如何加强自身修养。

第 2 章　党政公文

2.1　公文体式

>>> **知识要点**

- 了解公文、党政公文、公文体式、公文文种的含义
- 理解党政公文的特点和作用
- 掌握党政公文的分类情况
- 了解《党政机关公文处理工作条例》及法定公文的种类
- 理解党政公文文种的含义
- 了解党政公文的构成要素和文本格式

>>> **能力要求**

- 辨析公文和党政公文的区别
- 认识党政公文的特点和作用
- 熟悉党政公文的分类
- 认识公文文种、党政公文的构成要素、公文文本格式及其相互关系

2.1.1　公文、党政公文、公文体式

公文，即公务应用文，也称公务文书，是党和国家机关及其他社会团体组织部门在行使职权和实施管理的过程中形成的具有法定效力与规范体式的文书，它是进行公务活动的重要工具。

党政公文，即党政公务应用文，是公文的主要组成部分，是党政机关、政府机关及其他社会团体、企事业单位使用的行政文书，是各机关单位和部门在行使职权和实施管理的过程中形成的具有法定效力与规范体式的文书，它是行政公务活动的重要工具。

党政公文，根据中共中央办公厅、国务院办公厅颁布的《党政机关公文处理工作条例》规定，是指党政机关在行政管理过程中形成的具有法定效力和规范体式的文书，是依法行政和进行公务活动的重要工具。

公文体式，是指公文的文体样式，也是公文文体式样的外在形式。它是文体构成要素在文本格式上的规定和安排。它也是公文写作的基本要领，学习公文写作必须对公文的体式有所认识和把握。

2.1.2　党政公文的特点

1. 法定作者

公文的作者是指依法成立并能以自己的名义行使法定的职能和权利、承担一定义务的组织或个人。公文不是任何人都可以随意制发的,它的作者是法定的,并具有法定的权威。它在机关、团体、企事业单位实施管理、办理公务、进行其他工作活动时,传达机关意图、代表机关发言。它具有公文制发机关的法定权威,它是各级机关、组织开展工作的可靠依据。

2. 法定效力

公文的法定效力是指公文的权威性和约束力。它是公文制发机关的法定地位所赋予的。制发公文是各级机关依法行使职权、实施管理的一种重要方式,所发公文对于其职权范围所属的地区、单位和部门具有极强的现实约束力和执行力,它集中体现了发文机关的行政意志。它的行政效力,是在现行工作中形成的,也在现行工作中发生效用,为推动现行工作服务。

3. 规范体式

公文的规范体式是指公文在形式上按照法规固定下来的具有非常严格的标准化要求的式样。为了维护党政公文的法定性、权威性与严肃性,国家对公文的体式做出了统一的规定,提出了统一的要求。各级机关、团体、企事业单位制发文件都应当按照规定的体式办理,它包括文体、文本格式、版面形式等。同时,在公文的制发和办理上,都规定了相应的处理程序。公文的制发,一般应经过起草、核稿、签发等程序。

2.1.3　党政公文的作用

1. 指导工作

领导机关通过公文传达方针、政策,做出工作布置和提出工作意见。上级下达的公文,就是下级的工作指针,国家的各级行政领导机关,都是通过制发公文来部署各项工作、传达意见和决策,对下级机关或部门的工作具有领导和指示的作用。

2. 规范行为

各种带有强制性、指令性的公文,是下级活动甚至个人活动的行为规范和行动准则。这是公文本身所具有的强烈政治性与法定的权威性所赋予的,这种行为规范作用集中体现了法定公文所具有的高度约束力。

3. 传递信息

上下级机关、平级机关、本系统或本部门以外的机关之间,通过公文传递有价值的信息,它是传达和宣传党和国家方针、决策、法规条文等政务信息的主要渠道,还可以让群众了解领导意图、设想,以统一认识,更好地开展工作。

4. 联系公务

在处理日常事务工作中,上下级机关、平级机关、本系统或本部门以外的机关之间,都必须通过公文来进行联系,公文可以很好地起到沟通情况、商洽工作、协调关系、处理问题的公务联系作用。

5. 凭证记载

公文是上下级机关，平级机关、单位与单位之间、部门与部门之间联系工作和开展活动的凭证；公文具有法定效力，处理公务、执行任务，一切以它为凭证、以它为依据。公文还是各种公务活动的原始记录，它的记载也将成为许多历史事件和历史活动的凭证。

2.1.4 党政公文的分类

党政公文的分类，一般都是从公文的行文关系上来划分的。

行文关系，就是指发文机关与收文机关之间的关系。这种关系，是根据发文与收文两个机关在组织系统中的上下左右关系、职权范围的内外关系来确定的。据此，按照所发文件的去向，可以将文件划分为三类：上行文、平行文、下行文。

1. 上行文

上行文就是指下级机关，或下级部门向它的上级领导机关或上级主管部门所发的公文。因为行文去向是自下而上的，故称上行文。比如，各省、自治区、直辖市有关委、办、厅（局）向国务院有关部、委所报送的工作报告、请示等，就是上行文。一般来说，上行文是下级机关向上级领导机关、下级部门向上级主管部门汇报工作、请示问题的文件。

2. 平行文

平行文就是指同级机关或者不相隶属的、没有领导与被领导关系的机关互发的一种公文。比如，省军区和省人民政府之间，学校和工厂之间，没有领导与被领导关系，它们是一些不相隶属的机关。这些机关之间，在相互联系或协商工作问题时，一般都适于使用"函"来行文。

3. 下行文

下行文就是指上级领导机关对所属的下级机关所发的一种公文。比如，国务院有关部、委、办给各省、自治区、直辖市政府对口的有关部、委、办、厅（局）所发的文件，就是下行文。下行文一般常用指示、决定、通知、意见、批复等。

关于分类，除了从公文的行文关系上来划分，常见的分类方法还有：

从文件的来源上划分：对外文件、收来文件、内部文件；

从文件秘密程度来划分：秘密文件、普通文件、公开文件；

从文件内容性质来划分：法律文件、法规文件、行政文件、党的文件等；

从文件内容作用来划分：指挥性公文、规范性公文、报请性公文、知照性公文等。

2.1.5 党政公文的文种

公文的文种，就是每类公文中的若干不同式样、不同作用的具有各自性质、特点的公文名称。这个名称是各类公文中此公文区别于彼公文的标志。比如命令、决定、通知、章程、条例、计划、总结等都是公文的名称，人们通常把这些名称统称为文种。

中共中央办公厅、国务院办公厅发布了《党政机关公文处理工作条例》（中办发〔2012〕14号）（以下简称《条例》），自2012年7月1日起施行，1996年发布的《中国共产党机关公文处理条例》和2000年发布的《国家行政机关公文处理办法》停止执行。《条例》第八条规定，公文种类主要有：（一）决议；（二）决定；（三）命令；（四）公报；（五）公告；（六）

通告；（七）意见；（八）通知；（九）通报；（十）报告；（十一）请示；（十二）批复；（十三）议案；（十四）函；（十五）纪要。

本章主要学习 10 个文种的党政公文的写作。决议、命令、议案等文种，由于是机构级别较高的文种并为党政机关专门事项所用，故此没有选讲。

2.1.6 党政公文的构成要素

党政公文的构成要素，是指构成公文文本格式、形成公文式样的若干项目。这些项目是由党和国家有关部门颁布的规范性文件所规定的，而不是随意确定的。任何机关单位在拟制公文时都应当按照这些规定执行。这些项目是公文的构成要素，也是公文的组成部分。

按《条例》规定：公文一般由份号、密级和保密期限、紧急程度、发文机关标识、发文字号、签发人、标题、主送机关、正文、附件说明、成文日期、印章、附注、附件、抄送机关、印发机关和印发日期、页码等组成。而在实际行文中，并非所有的党政公文都必须由这十几项要素组成，事实上，不少公文也不必用全这么多项目，但是，发文机关标识、发文字号、标题、主送机关、正文、成文日期、印章、印发机关、印发日期，这几个要素是一般公文的固定组成部分，其他要素是否标注要视公文的具体情况而定。

2.1.7 公文的文本格式

公文的文本格式，就是公文的规格式样。它是公文的各个要素在文本上标识的位置、书写的样式。它是公文在形式上区别于一般文章的重要标志。

公文的文本格式，是由国家有关部门颁布的规范性文件所规定的。《条例》规定，公文的版式按照《党政机关公文格式》（以下简称《格式》）国家标准执行。各级机关、组织在制发公文时应自觉遵守这一规定。

1. 版头、主体、版记三个部分的位置

《格式》将公文各个要素划分为版头、主体、版记三个部分。这样划分，对过去一些叫法，如文头、行文、文尾等，做了统一的规定。

1）版头

版头是指置于公文首页红色反线（宽度同版心）以上的各要素。

版头的特点是位置相对固定。《格式》对版头所含各要素位置做出规定，可以依此设计文件的"红头"部分。

2）主体

主体是指置于红色分隔线以下至版记之间的各要素。

主体的特点是开始位置固定，位于标题和主送机关之下，要依公文内容的长短而定。由于公文的实质性内容都在此部分，故称之为"主体"。

3）版记

版记是指置于主体以下的各要素。

"版记"的特点是位置要依公文主体的构成而定。《格式》规定，版记应置于公文最后一页（封四），版记的最后一个要素置于最后一行。版头与版记及它们之间的所有部分都是公文不可缺少的部分。由此可以准确认定公文是否完整。

2. 关于版头部分的说明

公文的版头部分包括：公文份号、密级和保密期限、紧急程度、发文机关标识、发文字号、签发人。

1）份号

份号，即公文份数序号，是指将同一文稿印制若干份时，每份的顺序编号。并不是所有的公文都需要编制份数序号。

《条例》规定带有密级的公文要编制份数序号。如果发文机关认为有必要，也可对不带密级的公文编制份数序号，如国务院文件都编有份数序号。

份号一般用阿拉伯数字，其位置在版心左上角顶格第1行。

2）密级和保密期限

《中华人民共和国保守国家秘密法》规定，密级分为绝密、机密和秘密三级。

密级的标注位置在文件首页公文版头右上角第1行，用3号黑体字标注，两字之间空1个字的距离，如"秘　密"。如需要同时标注保密期限的，则秘密等级的两字之间不空出距离，如"秘密★六个月"。

3）紧急程度

紧急程度是指对公文送达和办理的时间限度，又称缓急时限或处理时限。紧急公文应根据紧急的程度分别标明"特急""急件"，由公文签发人确定。

紧急程度的位置在文件首页文头右上角。需要与密级同时使用的，紧急程度置于密级之下，上下对齐。限时送达的文件须在文件封筒上注明"务于某日某时送到"或"限某日某时送达"。

4）发文机关标识

发文机关标识通常被称为"文头"，它是发文机关用来制发正式文件时使用的固定版头版式。发文机关标识一般由发文机关全称或规范化简称加"文件"二字组成。发文机关全称应以批准该机关成立的文件核定的名称为准。规范化简称应由该机关的上级机关规定，如果是由本机关自定的，则得不到认同。

发文机关标识位置居中套红印在文件首页上端，约占图文区的三分之一或五分之二。字体应选用小标宋体字。版头下面有一条宽度等同版心的间隔横线，作为版头区域和主体区域的分界线。使用这种套红版头的文件，通常称为"红头文件"。

5）发文字号

发文字号是指由发文机关编排的文件代号。由发文机关代字、年份（加六角括号〔〕）和序号组成。例如，"国办发〔2008〕12号"代表国务院办公厅发布的2008年第12号文件。

机关代字应是该机关名称中最具特征、最精练、最集中的概括。如"国办"，代表国务院办公厅。机关内各组织单位的代字应由机关的办公厅（室）统一编排，单位机关代字不能重复或雷同。机关代字一经确定，就不能轻易改变；年份要写全，置六角括号内，不要将〔2008〕写成〔08〕，也不要将年份置于机关代字之前；序号不编虚位，如1不编为001，不加"第"字，也不加"字"字。几个机关联合发文，只标明主办机关发文字号。

发文字号标识位置,一般来说,有版头的文件,应标注在文件版头之下,间隔横线之上,居中排列;用信笺头的文件,则置于信笺头横线之下,公文标题之上,右侧排列。

6) 签发人

签发人标识只在上报的公文中才出现。在上报的公文中标识签发人姓名,主要目的是为上级单位的领导人了解下级单位谁对上报的公文内容负责。《条例》规定:上行文应当注明签发人、会签人姓名。其中"请示"应当在附注处注明联系人的姓名和电话。

签发人标识的位置按《格式》规定应平行排列于公文字号右侧,与发文字号同处在一行。这样,发文字号居左空1字,签发人则右空1字。同时还规定"签发人"三字用仿宋体,签发人姓名用楷体,这样规定使签发人的姓名突出、醒目。

3. 关于主体部分的说明

公文的主体部分包括公文标题、主送机关、公文正文、附件、成文时间、公文生效标识、附注等项。

1) 公文标题

公文标题由发文机关名称、公文主题(事由)和文种组成,是对公文主要内容准确、简要的概括和提示。例如,《国务院关于批转〈教育部面向21世纪教育振兴行动计划〉的通知》,其中"国务院"是发文机关名称,"批转〈教育部面向21世纪教育振兴行动计划〉"是公文主题,即事由,"通知"是文种。这样的公文主题,使人一看就明白它是什么机关发来的,说的是什么问题,属于哪一种类的公文。

公文标题的三个组成部分,一般都要求写全,但也有省略的情况。

(1) 省略公文发文机关名称的。这种情况多数是机关内部使用的公文,在落款处已明确写上发文机关的,在标题中可省去发文机关名称。如《关于承办第九届大学生足球赛器材经费请示》,其中"承办第九届大学生足球赛器材经费"是事由,"请示"是文种。

(2) 省略事由的。有些文件内容简单,正文部分文字很少,标题中的"事由"部分便可以省略。

(3) 发文机关名称和事由同时省略的。这类情况多见于公布性公文,如机关内部的通知、通告、启事、法院的布告等,都是以文种作为标题的。在任何情况下,文种是不能省略的。

公文标题位于红色横线之下,分1行或多行居中排列。一般来说,公文标题要尽量简短,不要占太多行,对那些较长的标题(两行以上),先要把标题的意思搞懂,回行时要注意做到词意完整,排列对称,要避免产生歧义。

(4) 以通知为例,来看公文标题的结构及写法。

①公文标题的写法,通常有以下四种。

a) 完全式:"发文机关+事由+文种"。

b) 省略发文机关:"事由+文种"。

c) 省略事由:"发文机关+文种"。

d) 省略发文机关和事由:只写"通知"二字。(在范围小,内容简单时可用)

分解如下:

a. <u>北京市教育委员会</u> <u>关于参加全国第七届中小学生艺术展演活动的</u> <u>通知</u>
　　（发文机关）　　＋　　　　　　（事由）　　　　　　＋　　（文种）

b. <u>关于2019年度青浦区外商投资企业联合年检工作的</u> <u>通知</u>
　　　　　　　（事由）　　　　　　　　＋　　（文种）

c. <u>名流雅居小区物业管理委员会</u> <u>通知</u>
　　　（发文机关）　　＋　　（文种）

d. <u>通知</u>
　（文种）

②批转、转发类标题的写法有以下两种。
a）完全式："发文机关＋批转（或转发）＋被批转（或转发）的文件标题＋文种。"
b）省略式：即省略发文机关，前加"关于"二字。
　　分解如下：
a. <u>国务院</u>　<u>批转</u>　<u>财政部关于完善省财政管理体制有关问题意见的</u>　<u>通知</u>
　（发文机关）＋（批转）＋　　（被批转的文件标题）　　　＋　　（文种）

b. <u>关于</u>　<u>转发</u>　<u>市卫生局进一步加强本市残疾人康复工作意见的</u>　<u>通知</u>
　（关于）＋（转发）＋　　（被转发的文件标题）　　　＋　　（文种）

2) 主送机关

主送机关是指公文的主要受理机关，应当使用全称或者规范化简称、统称。主送机关又称主送单位或行文对象。主送机关是发文机关要求对公文予以办理或答复的对方机关。一般来说，哪个机关负有收受、办理公文的责任，哪个机关就是主送机关。

主送机关的位置在正文之上公文标题左下方，无论一行或多行，均靠左顶格书写。根据主送机关类型，中间用顿号或逗号隔开，末尾加冒号。如果主送机关名称过多，而使公文首页不能显示正文，可将主送机关名称移至版记部分主题词之下，抄送之上，作变通处理。

3) 公文正文

正文是公文"主体部分"中的主体部分。用来体现发文机关的意图，表达公文的具体内容，是公文的核心内容。

正文的结构一般可分为导语、正文主体、结束语三个部分。

(1) 导语。导语表明制发这份公文的依据、目的或原因。导语部分的写作一般有依据式、目的式、原因式三种写法。

依据式，起句常用"据""根据""按照""遵照"等，来简要地说明发文的依据。

目的式，起句常用"为""为了"等，以开宗明义说明发文的目的。

原因式，起句常以简洁的叙述、说明或夹叙夹议的方式，来简要地说明发文的原因。

(2) 正文主体。正文主体是公文的最主要部分，写作时应注意：正文内容要符合党和国家的方针、政策、法律、法规；所反映的情况、问题、数据等必须真实可靠；提出的措施和办法，要切合工作实际，切实可行；涉及的有关部门要经过协调会商，取得一致意见；文字表达上要求概念清楚，观点鲜明，简明条理，实事求是，合乎语法规范，正确使用标点符号。

《格式》中规定，公文中的数字、年份均不能回行。因为回行书写有可能把数字、年份弄错，也容易让读者看错。

(3) 结束语。结束语是正文的结尾部分。结束语的使用要得体。

上行文常用"以上意见当否，请批示""妥否，请批复""以上意见如无不妥，请批转各地区、各部门执行""以上报告，请审阅"等语。

下行文常用"此令""此告""希遵照办理""希贯彻执行"等语。

平行文常用"专此函达""敬希函复""特此函告"等语。

以上，都是习惯性结束语。还有一种情况，是顺理成章自然终结，不用习惯结束语，只是提出希望，或发出号召以结束全文。比如一些下行公文及规范性公文。

4) 附件

附件是相对公文正件而言的。从内容上看，它对正文中的有关问题起到补充说明或参考作用，是附属于正文的；从形式上看，附件是公文的一个组成部分而不可随意分开。

公文附件的形式一般有图表、目录、名单、简介及其他有关文件材料。

附件标注位置在正文的左下方，公文生效标识之上，注明所附文件材料名称及件数。然后，在发文机关落款和成文时间之后或另起一页附上所列附件的材料。需要说明的是，在通常情况下，附件必须与正文一起装订。

5) 成文时间

成文时间是指公文形成的时间。它是公文的一个重要项目，是文件生效及日后查考的重要依据之一。如果公文没有成文时间，在某种意义上说就是一纸空文。成文时间要用阿拉伯数字将年、月、日标全，年应标全称，月、日不编虚位（即1不编为01）。

成文时间标注在发文机关署名下方。

6) 公文生效标识

公文生效标识，是指在正文或附件之后加盖发文机关印章或签署人签名，它是证明公文效力的标志。

公文生效标识的位置：单一机关制发的公文在落款处不署发文机关名称，只标识成文时间，在成文时间上加盖机关印章即为公文生效标识。联合行文的机关加盖印章，主办机关印章在前，两个印章均压成文时间，要排列整齐，两个印章互不交切。

需特别说明的是，公文中不再标识"此页无正文"。现《格式》规定，"当公文排版后所剩空白处不能容下印章位置时，应采取调整行距、字距的措施加以解决，务使印章与正文同处一面，不得采取标识'此页无正文'的方法解决。"

7) 附注

附注是指对公文的发放范围、使用公文的注意事项加以说明的文字。如"此件发至县处级""此件可见报"等。公文的附注不是对公文的内容做出解释或注释。公文内容的解释或注释，一般是在公文正文中并采用括号的方式。

附注标注的位置在成文时间下一行，左空2字标识，并用圆括号括入。

4. 关于版记部分的说明

公文的版记部分主要包括：抄送机关、印发机关和印发说明、印发时间、印发份数等项。

1）抄送

抄送即抄送机关，是指主送机关以外的、可以协助办理的、或与执行有关联、或需要知晓公文内容的其他机关。对于这些机关，就以抄送的形式将公文送达。

抄送机关标注的位置：公文如有抄送，在主题词下一行，左空 1 字用 3 号仿宋体字标识"抄送"，后标全角冒号；抄送机关间用逗号隔开，回行时与冒号后的抄送机关对齐；在最后一个抄送机关后标句号。

2）印发机关和印发说明

印发机关和印发说明，是指对文件制发情况的说明和记载，包括文件制发单位的名称、印发日期、印制份数等。

印发机关名称，并不是指公文的发文机关，而是指发文机关里负责公文印制的部门。

3）印发时间

印发时间以公文付印的时间为准，用阿拉伯数字完整地标识出年、月、日。标识印发时间是为了准确说明公文的生成时间。

4）印制份数

印制份数是指该文件印制的数量。

印发机关和印发时间标注的位置：位于抄送机关之下（无抄送机关则在主题词之下），占 1 行位置，印发机关左空 1 字，印发时间右空 1 字，然后在下方画一条与版心等长的横线作底线，底线下面右侧标注印制份数。

版记中的反线，是指版记中各要素之下均加一条反线，宽度同版心。

版记应置于公文最后一页，版记的最后一个要素置于最后一行。

2.1.8 公文特定用语

公文的特定用语是在公文写作的长期实践中形成的。这些特定用语大多沿袭历代文言的定型词语，也有的是现代汉语中相沿成习的词语；作为公文的专业用语，它服务于不同的文种及其行文对象，其特定含义是人们所公认的，对显示公文的严肃性与权威性具有一定的作用。

（1）用于开端表示行文的目的、依据与原因的用语，如：为、为了、关于、由于、遵照、依照、根据、依据、兹有、兹因、兹定于、兹将、兹介绍等。

（2）用于引叙来文（电）时使用的用语，如：现接、近接、前接、欣悉、近悉、敬悉、据报、据查、据了解等。

（3）用于表示工作办理的时间及过程的用语，如：业经、已经、复经、一经、迭经、前经、兹经、经过、通过等。

（4）用于表示不同人称的用语，如：我局（公司、厂、处……），你局（公司、厂、处……），本局（公司、厂、处……），贵局（公司、厂、处……），该局（公司、厂、处……）等。

（5）用于表示请求与期望的用语，如：拟请、函请、务请、恳请、希、希望、望、希即等。

（6）用于对来文表明态度的用语，如：同意、照办、可行、拟同意、不同意、不可、不妥、请核查等。

（7）用于将要对所叙述的情况进行综合的用语，如：如上所述、综上所述、上述、总之等。

（8）用于公文的段落之间起承上启下作用的用语，如：为此、据此、因此、现函复如下、现通告如下等。

（9）谦敬用语，如：恭请、敬请、谨请、惠于、惠赠、惠示、承蒙、承蒙协助、承蒙惠允、不胜、不胜荣幸、不胜感激等。

（10）结尾用语，如：此令、此布、此告、为要、为盼、请批示、请批复、特此函告、特此函达、特此通知、特此通告、特此批复、请遵照办理、请认真贯彻执行、请批转各地区执行等。

（11）对一些内容特定的长句或专用名词进行减缩的规范缩略语，如："一国两制""三个代表"、政协、北大、附小、五讲四美三热爱等。

2.1.9 公文的排版形式

公文的排版形式，是指公文各构成要素在文件版面上的布局标印格式，它是公文外在形式的直观体现。

公文的排版形式包括：文件版头设计、版面安排、字体字号、字行字距、天地页边、用纸规格等。通过对这些项目的统一组织，合理安排，在保证公文内容质量的前提下，力求达到严谨大方、整洁活泼、疏密相宜、错落有致、清新悦目的观感效果，使公文有一个很好的外貌。

现将公文排版需要注意的有关问题分述如下。

1. 公文用纸的尺寸与规格

《格式》规定，公文用纸为国际标准 A4 型纸，其成品幅面尺寸为：210 mm×297 mm；公文页边与版心尺寸为：公文用纸天头（上白边）为 37 mm，公文用纸订口（左白边）为：28 mm，版心尺寸为：156 mm×225 mm。

2. 公文的书写形式

公文中的文字符号的书写一律采用从上至下、自左向右横写横排，正文文字的每行长度与版心宽度相等。（说明：少数民族文字除外）

正文中用数字表示多层次结构时，其标识级序如下：

第一级用：一、二、三……

第二级用：（一）、（二）、（三）……

第三级用：1、2、3……

第四级用：（1）（2）（3）……

3. 字体字号的选用

公文中字号的选择一般按发文机关标识、大标题、小标题、正文、标识字符及附注等顺序依次由大到小地选用。

发文机关标识一般使用小标宋体字，用红色标识。字号由发文机关自己确定，以醒目美观为原则,一般应小于现行的"国务院文件"的字号 22 mm×15 mm。国务院处于最高行政机关的地位,各级行政机关标识的字号都应当小于"国务院文件"的字号。具体字号各行政机关可根据机关名称的字数多少来定。

公文大标题一般使用 2 号宋体字,小标题一般使用 3 号宋体字。

密级、缓急时限、各标记字符或其他重点句一般使用 3 号黑体字。

通常公文的发文字号、签发人、主送机关、正文、附件说明、成文时间、附注、抄送机关、印发说明等使用 3 号仿宋体字;签发人姓名用 3 号楷体字。

4. 排版规格

为了保证公文行数和字数的统一,《格式》规定:"公文的正文用 3 号仿宋体字,一般每面排 22 行。每行排 28 个字。"

在正常一面满排公文正文的情况下,如果遇到下一面有可能出现空白页时,就必须调整某一面的字数和行数,以保证下一面有公文的正文内容,以避免也不允许有"(此页无正文)"现象发生。

5. 制版标准

《格式》对公文制版提出的要求是:"版面干净无底灰,字迹清楚无断划、尺寸标准、版心不斜,误差不超过 1 mm。"提出这一制版要求是保证印制公文的部门在制版过程中能有一个可操作的规定,以保证公文印制质量,减少不合格公文的出现。

6. 印刷标准

印刷标准要求双面印刷、页码套正,两面误差不得超过 2 mm。油墨要达到色谱指标,保证质量。印品着墨实在、均匀;字面不花、不白、无断划。

7. 公文排版用纸与版式示例

公文排版用纸与版式如图 2-1 至图 2-4 所示。

2.1.10　官网发布公文的页面格式

目前,党政公文的网络发布,已经突破了纸质文本的文本格式而并不遵循格式要素的编排规则,从页面上看,主体之外,既不具版头、发文机关标识,也不具版记、抄送等,至于份号、分隔线、签发人、页码,更无从谈起,至于发文字号,无版头当然无法标注其下,有时在标题之下,有时也不见发文字号的踪影。

当然,我们知道,在电子版阅读界面看不到的格式要素,并不等于不存在,公文的电子版不应脱离纸质版本而单独存在。国办发〔2018〕22 号文件就指出:"优化电子版阅读界面,实现与纸质版内容格式一致。"《中华人民共和国政府信息公开条例》(2019)第十二条也规定:"政府信息公开目录包括政府信息的索引、名称、内容概述、生成日期等内容。"按照这一规定,政府官方网站(门户网)发布的公文,已经具以纸质公文格式要素的主要信息,只是它有别于纸质文本的编排而呈现出网页界面的特点。如图 2-5 所示。

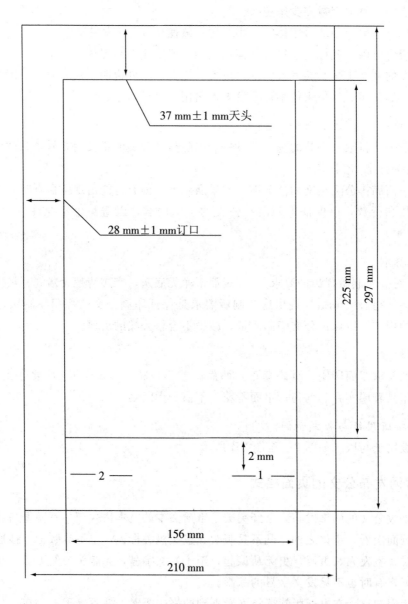

图 2-1　A4 型公文用纸页边及版心尺寸

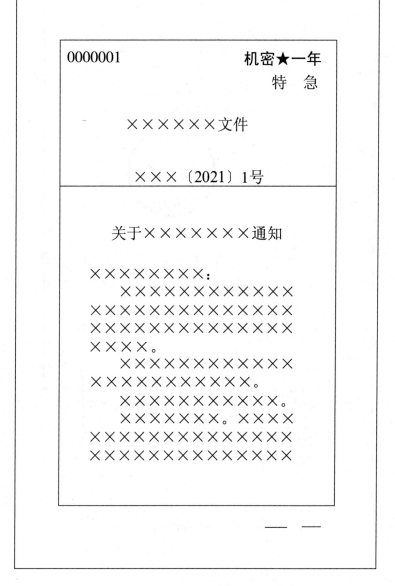

图 2-2 公文首页版式

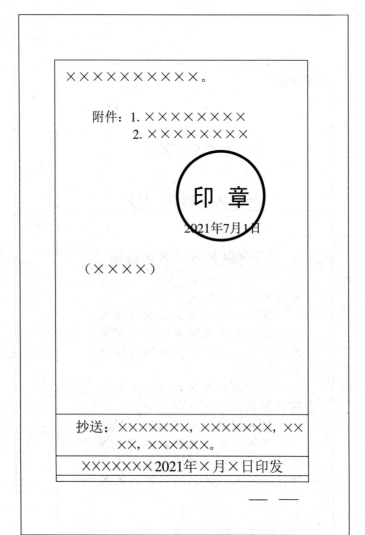

图 2-3　公文末页版式

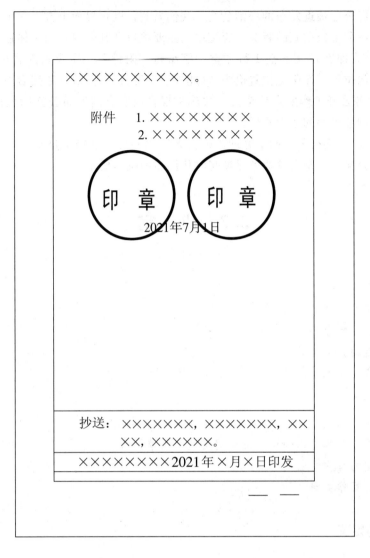

图 2-4 联合行文公文末页版式

索 引 号：000014349/2021－00032	主题分类：综合政务\政务公开
发文机关：国务院办公厅	成文日期：2021 年 4 月 9 日
标　　题：国务院办公厅关于印发 2021 年政务公开工作要点的通知	
发文字号：国办发〔2021〕12 号	发布日期：2021 年 4 月 23 日

国务院办公厅关于印发 2021 年政务公开工作要点的通知

国办发〔2021〕12 号

各省、自治区、直辖市人民政府，国务院各部委、各直属机构：

《2021 年政务公开工作要点》已经国务院同意，现印发给你们，请结合实际认真贯彻落实。

国务院办公厅

2021 年 4 月 9 日

（此件公开发布）

图 2-5 网页界面公文信息框

这是国务院办公厅最近发布的一则公文。我们看到，网页界面上方是一个长方形通栏方框，框内采集、编列了纸质版的版头、版记中的主要项目及其内容，而主体正文下方，也省略了"附件说明"，即在正文下空1行左空2字编排"附件"二字及附件名称。纵观页面，方框占去了版头的位置，而版记位置也为"（此件公开发布）"占取。紧接后面，便是该公文附件《2021年政务公开工作要点》全文。这就是现在政府官网发布公文的页面格式，也是网络公文电子版阅读界面的通常式样。

其实，到今天，"实行公文网上办理、推行无纸化办公"已经走过十几个年头，学习在网上制作、编发公文，已是文秘业务保持与时代同步的基本要求。

2.2 决　定

>>> 知识要点

- 了解决定的含义
- 理解决定的特点
- 掌握决定的分类情况
- 掌握决定的文本格式

>>> 能力要求

- 能够运用相关的文体知识对决定例文进行简单分析
- 领会决定的写作方法
- 初步学会写作决定

2.2.1　决定的定义

决定是机关团体对重要事项或重大行动做出决策和安排的指导性公文。

《条例》规定：决定，适用于对重要事项做出决策和部署、奖惩有关单位和人员、变更或者撤销下级机关不适当的决定事项。

2.2.2　决定的特点

1. 内容重大

决定是指对重要事项、重大行动做出的决策和安排，其内容体现了领导集团的意志、主张和权力，一旦决定发出，便会产生重大影响。如《全国人民代表大会关于设立中华人民共和国澳门特别行政区的决定》，这一决定的实施，不仅对包括澳门同胞在内的中国人民产生了巨大的影响，而且在全世界范围内也产生了无比巨大的影响。

2. 指导性强

决定对重要事项、重大行动做出决策和安排，所涉及的问题比较重要，对下级机关和人民群众的活动有指导、导向作用。如《中共中央国务院关于进一步加强农村卫生工作的决定》，这一决定对于加强农村卫生工作具有一定的指导、规范作用。

3. 有约束力

决定是指对重要事项、重大行动做出的决策和安排，所以往往具有政策性和约束力，其执行也带有强制力。一经决定的事情，有关人员不能以任何借口拒不执行。如《国务院关于实行公民身份号码制度的决定》，这一决定的约束力适用于中华人民共和国全体公民。

2.2.3 决定的类型

决定的适用范围很广，比较常见的有以下三种类型。

1. 政策型决定

这类决定是对重要事项和重大行动做出的决策，其特点是影响大，政策性、强制性强。

2. 部署型决定

这类决定是对重要事项、重大行动做出的安排和部署，对下级机关和人民群众的活动有指导、导向作用。

3. 知照型决定

这类决定是对一些比较重要的事情或事件，需要扩大其影响，让大家知道，用决定的形式来公布，而不需要大家都去实施。

对于决定的分类，并没有统一的标准。从内容上看，有时同一篇决定，可以分属于不同类别；从决定的特点看，每一特点也可以成为一个类型，比如，具有指导性的决定，就可以看作是"指导性决定""指挥性决定"；具有约束力、强制性的决定，就可以看作是"政策性决定"，还有"奖惩性决定""个案性决定"，等等。

2.2.4 决定的写作要领

1. 标题

决定的标题由发文机关、事由、文种三部分构成。有的是在标题下面用括号标出做决定的日期；有的还标明决定由什么会议通过。标题一般有两种写法。

（1）完整式："发文机关＋事由＋文种"，如《国务院关于修改和废止部分行政法规的决定》。

（2）省略式："事由＋文种"，如《关于修改和废止部分行政法规的决定》。

2. 主送机关

主送机关的写法，要根据发文的情况来定。如果发文面向范围广泛，就可以不定主送机关；如果是向某些具体单位发文，就要写清楚具体主送机关名称。

3. 正文

一般来说，公文的正文可分为导语、主体、结束语三个部分，也就是文章的开头、中间主体、结尾。对决定来说，决定的正文应该有缘由、事项、结尾三个部分。根据决定的类型特点和具体内容，在写法上大体有四种。

（1）略写缘由，详写事项，没有结尾。一般的决定都用这种方法。对决定的依据进行简单概括，重点放在事项部分的写作。特别是带有指挥性的行动决定，应当定清楚具体的行动措施和要求等。事项写清后，可以不要结尾。

（2）详写缘由，略写事项，有结尾。比如，表彰决定和处分决定。写作的重点就是写缘由，被表彰或处分的原因、根据要较为详细地说明。而奖励或处罚的方式可以略写。结尾一定要提出希望和号召。

（3）只写事项。缘由不必交代或是可想而知的，就只写事项。比如关于召开某种会议决定，缘由是法定的或受文者都知晓的，就不必再说明缘由而只需写清有关会议的具体事项。

（4）缘由和事项均略写，也没有结尾。对于那些重大举措或行动，可以把依据和事项作一简略交代而不必详加说明，也不要结尾。

需要强调的是：第1种、第2种写法。

第1种写法，正文主体是公文的最主要部分，特别是事项的阐说，由于决定的事项往往涉及重大的问题，因此必须着力写好这部分内容。在写作时要注意做到决定理由充分，决定事项清楚，执行要求明确。部署性决定因为涉及下级和有关群众的实践活动，波及面大，所以做决定时一定要慎之又慎，不能违背党和国家的方针政策、法律、法规，写作时要注意体现这一要求。理由部分的编写要简明扼要，决定事项和执行要求这两部分，可以分开写，也可以合在一起写，视具体情况决定。

第2种写法，多为个案型的决定。个案型的决定一般由个案事实分析（即决定理由）、决定事项、期望要求三部分组成。针对个案做决定，主要目的是扩大影响，让群众学习榜样，警惕错误，所以决定的缘由，即事实分析要清楚。结尾的期望要求要具体。中间的决定事项大可不必详列。

4. 发文机关署名和成文时间标识

署名按惯例写在正文之后右下方，如果标题中已带有发文机关名称，文尾就可写可不写。成文时间写在署名的下面。在标题下面已标明成文时间的，就可以不写了。

5. 文字表达要求

决定的语言文字要准确、鲜明、简洁而有条理，以便于领会和执行。

范文精选一（知照型决定）

全国人民代表大会常务委员会关于设立北京金融法院的决定

（2021年1月22日第十三届全国人民代表大会常务委员会第二十五次会议通过）

为实施国家金融战略，维护金融安全，健全金融审判体系，加大金融司法保护力度，营造良好金融法治环境，根据宪法和人民法院组织法，特作如下决定：

一、设立北京金融法院。

北京金融法院审判庭的设置，由最高人民法院根据金融案件的类型和数量决定。

二、北京金融法院专门管辖以下案件：

（一）应由北京市的中级人民法院管辖的第一审金融民商事案件；

（二）应由北京市的中级人民法院管辖的以金融监管机构为被告的第一审涉金融行政

案件;

（三）以住所地在北京市的金融基础设施机构为被告或者第三人，与其履行职责相关的第一审金融民商事案件和涉金融行政案件;

（四）北京市基层人民法院第一审金融民商事案件和涉金融行政案件判决、裁定的上诉、抗诉案件以及再审案件;

（五）依照法律规定应由其执行的案件;

（六）最高人民法院确定由其管辖的其他金融案件。

北京金融法院第一审判决、裁定的上诉案件，由北京市高级人民法院审理。

三、北京金融法院对北京市人民代表大会常务委员会负责并报告工作。

北京金融法院审判工作受最高人民法院和北京市高级人民法院监督。北京金融法院依法接受人民检察院法律监督。

四、北京金融法院院长由北京市人民代表大会常务委员会主任会议提请北京市人民代表大会常务委员会任免。

北京金融法院副院长、审判委员会委员、庭长、副庭长、审判员由北京金融法院院长提请北京市人民代表大会常务委员会任免。

五、本决定自2021年1月23日起施行。

范文精选二（政策型决定）

国务院关于取消和下放一批行政许可事项的决定

国发〔2020〕13号

各省、自治区、直辖市人民政府，国务院各部委、各直属机构：

经研究论证，国务院决定取消29项行政许可事项，下放4项行政许可事项的审批层级，现予公布。另有20项有关法律设定的行政许可事项，国务院将依照法定程序提请全国人民代表大会常务委员会修订相关法律规定。

各地区、各有关部门要抓紧做好取消和下放行政许可事项的贯彻落实工作，进一步细化改革配套措施，加强和创新事中事后监管，确保放得开、接得住、管得好。自本决定发布之日起20个工作日内，国务院有关部门要向社会公布事中事后监管细则，并加强宣传解读和督促落实。

附件：1. 国务院决定取消的行政许可事项目录（共29项）
  2. 国务院决定下放审批层级的行政许可事项目录（共4项）

国务院
2020年9月13日

范文精选三（部署型决定）

淮安市文广旅游局关于表彰创建全国文明城市工作先进个人的决定

淮文旅发〔2021〕19号

局属各单位、机关各处室：

全国文明城市是反映城市整体文明水平的综合性荣誉称号，是目前国内城市综合类评比中的最高荣誉，也是最有价值的城市品牌。近年来，在局党委的坚强领导下，全系统上下深入学习贯彻习近平新时代中国特色社会主义思想，坚持"创建为民、创建靠民、创建惠民、创建育民"的理念，攻坚克难，奋勇争先，持续深入开展文明城市创建活动，城乡居民获得感、幸福感、安全感不断增强，向上向善、诚信互助的社会风尚更加浓厚，市民文明素质和城市文明程度显著提升。经过全系统上下的共同努力，在第六届全国文明城市评选中，我局以优异成绩被市委、市政府授予最高奖项"二等功"单位。

在创建过程中，各单位各处室各司其职、各负其责，齐心协力、齐抓共管，广大干部群众团结一心、拼搏奉献，涌现出一大批工作扎实、成绩突出的先进个人。为表彰先进、鼓舞干劲，动员全系统广大干部群众巩固成果、再创辉煌，推动文明城市建设工作常态长效开展，局党委决定，给予13名同志"先进个人"称号。

希望受表彰的先进个人珍惜荣誉、再接再厉，发挥示范带动作用，争取做出更大的成绩。希望全系统广大干部群众以受表彰的先进个人为榜样，自觉践行习近平总书记"把周总理的家乡建设好，很有象征意义"的殷殷嘱托，全力巩固来之不易的创建成果，在精神文明建设新起点上，以更高的标准、更严的要求、更实的作风，深入开展文明城市建设工作，为打造"绿色高地、枢纽新城"再立新功，作出新的更大的贡献！

附件：市文广旅游局创建全国文明城市工作先进个人名单

淮安市文化广电和旅游局
2021年3月16日

2.3 意　见

>>> **知识要点**

- 了解意见的含义
- 理解意见的特点
- 掌握意见的分类情况
- 掌握意见的文本格式

>>> **能力要求**

- 能够运用相关的文体知识对意见例文进行简单分析
- 领会意见的写作方法
- 初步学会写作意见

2.3.1 意见的定义

意见是机关团体组织对重要事项或问题发表见解或提出处理办法的文件。

《条例》规定：意见，适用于对重要问题提出见解和处理办法。

2.3.2 意见的特点

1. 多向性

在行文关系上,意见既可以用于下行文,也可以用于上行文、平行文。

2. 指导性

作为下行文的意见,往往带有指示性,对受文单位有一定的约束力,但又不是强制性的规定。

3. 建议性

有的意见近于建议,下行也不具约束力。

还有一个特点需要说明:与"指示"不同,"意见"更具原则性和方向性,但又没有"指示"那么具体。在对"意见"的贯彻执行上,要和对待"指示"一样,不同的是,可以根据本地区本部门情况,便宜行事。例如《中共中央关于进一步加强和改进学校德育工作的若干意见》(1994年8月31日)的最后一段就这样说:"党的十一届三中全会以来,中央关于加强和改进学校德育工作陆续下发了《中共中央关于改革学校思想品德和政治理论课教学的通知》《中共中央关于改进和加强高等学校思想政治工作的决定》《中共中央关于改革和加强中、小学德育工作的通知》,这些文件的基本精神仍要继续认真贯彻执行,情况变化了的,以本文件为准。各级党委、政府和教育部门要检查、总结贯彻落实情况,研究存在的问题,结合本地区、本部门的实际,提出贯彻落实本文件的具体实施办法。"由此可见,"意见"和"指示"一样均可指导下级工作,但"意见"只是做方向性指引。

2.3.3 意见的类型

意见可以用于上行文,也可用于下行文和平行文。作为上行文,应按请示性公文的处理程序和要求办理,所提意见如涉及其他部门职权范围内的事项,主办部门应当主动与有关部门协商,取得一致意见后方可行文;如有分歧,主办部门的主要负责人应当出面协调,仍不能取得一致时,主办部门可以列明各方理据,提出建设性意见,并与有关部门会签后报请上级机关决定。上级机关应对下级机关报送的"意见"做出处理或给予答复。作为下行文,文中对贯彻执行有明确要求的,下级机关应遵照执行,无明确要求的,下级机关可参照执行。作为平行文,提出的意见仅供对方参考。据此,意见的类型可以分为三种。

1. 请示型

请示型意见主要是指作为上行文的意见,即由职能部门提出报请上级机关批转各下级部门执行的意见,又称"批转执行型"。

2. 指示型

指示型意见主要是指作为下行文的意见,即领导机关直接对重要事项和重要问题发表的意见,是用以指导下级工作的,其性质相当于"指示"。

3. 参考型

参考型意见主要是指作为平行文的意见,即同一级机关对重要事项发表见解,以供对方参考。

2.3.4 意见的写作要领

1. 标题

意见的标题由发文机关、事由、文种三部分构成。标题一般有以下两种写法。

(1) 完整式:"发文机关+事由+文种",如《北京市教育委员会关于进一步加强高等职业教育教学工作 全面提高教学质量的意见》。

(2) 省略式:"事由+文种",如《关于全面提高高等职业教育教学质量的若干意见》。

2. 主送机关

主送机关写法要根据发文的情况来定。用于上行文的,只写一个主送机关;用于下行文和平行文的可以有多个主送机关。

3. 正文

意见的正文由缘由、事项、结尾三部分组成。

1) 缘由

写明有关背景(工作情况和发现的问题),作为提出意见的现实根据,说明提出建议的依据和理由。

2) 事项

具体陈述对重要问题的见解和处理办法。要注意内容的政策性、原则性,对下级的要求要明确具体,表述条理要清晰。在写作建议和实施办法时,一般根据意见的多少,分部分或分条分点来阐述,先谈思想认识,再发表观点主张,然后讲对工作的具体要求及实施的原则、步骤、方法等。

3) 结尾

下行文可提出明确要求,也可自然收束作结;上行文一般用"以上意见如无不妥,建议转发各地区、各部门贯彻执行"。

范文精选一(指示型意见)

市体育局 市教育局关于深化体教融合工作的意见

淮体〔2020〕120号

各县(区)教体局,经济技术开发区、工业园区、生态文旅区社会事业局,各有关单位:

为贯彻落实党中央、国务院关于深化体教融合工作的重大决策部署,根据国家体育总局、教育部《关于深化体教融合 促进青少年健康发展意见的通知》(体发〔2020〕1号)有关要求,加快实现淮安市体育、教育工作深度融合,推动青少年文化学习和体育锻炼协调发展,促进青少年身心健康、体魄强健、全面发展,现就深化我市体教融合工作提出如下意见。

一、总体目标

以习近平新时代中国特色社会主义思想为指导,按照体育强国建设部署要求,坚持以人民为中心的发展思想,牢固树立健康第一的教育理念,深化"名校办名队""一校多品"体教融合发展之路,不断强化学校体育工作,完善青少年体育赛事体系,加强青少年体育锻炼指导,优化后备人才培养模式,提升青少年体质健康水平,促进青少年全面发展,推动淮安市体育、教育事业全面可持续发展。

二、主要任务

1. 丰富青少年体育活动。开展形式多样的青少年体育活动，培育青少年体育运动的兴趣爱好。积极创办青少年体育俱乐部，加强青少年体育俱乐部等体育活动机构监督管理，促进体育机构依法规范运作。支持社会体育组织开展新兴体育运动项目培训，鼓励开设针对青少年的普惠性体育培训，构建"政府引导、社会参与、市场配置"的青少年体育培训新格局。积极筹措经费对开展冬夏令营等青少年体育活动的社会组织和承办运动队的社会力量予以资助。加大公共体育和学校体育场馆向青少年免费开放力度，保障青少年开展体育活动。

2. 加强学校体育工作。实施青少年体育活动促进计划，配齐配强体育教师，开齐开足开优体育与健康课和大课间体育活动，保证学生每天一小时体育锻炼时间。通过政府购买服务等形式支持社会力量进入学校，丰富学校体育活动。鼓励组建学校运动代表队，提升校园体育活动的广度和深度。大力推动"幼儿体适能进园"工程，全市幼儿园全面开设幼儿体适能园本课程，积极开展幼儿体适能游戏活动，确保覆盖率100%，提升幼儿体质健康水平。推动各级各类体校与普通学校深度融合，选派优秀教练员、运动员进入学校，开展知识讲座和训练指导，提高体育课后服务覆盖率和训练指导质量，帮助中小学生掌握1至2项运动技能。

3. 拓展"名校办名队"内涵。巩固体教融合工作成果，探索"一校一品"向"一校多品"升级，各县区开展5个以上体育特色项目，每个项目按照6∶2∶1比例创建小学、初中、高中学段衔接的体育特色学校，并开展业余训练，推动更多的优质学校开展体育特色项目建设。鼓励中小学校开设体育特色班，配备最强最优师资，科学制定业余训练计划，合理分配文化教育时间，实现运动员文化学习和运动训练同步提高。

4. 完善青少年竞赛体系。体育和教育部门共同指导实施青少年体育竞赛活动，规范体育竞赛组织标准，着力打造以市、县两级青少年阳光体育系列赛为重点，以校际校内单项比赛和俱乐部联赛为补充的竞赛体系，充分发挥竞赛的杠杆作用。通过项目组别的科学设置，建立梯队衔接的人才选拔制度，促进竞技体育项目发展，壮大体育后备人才队伍。逐步加大资金投入，改善办赛条件，提高办赛水平。牢固树立"拿干净金牌"思想意识，加大赛风赛纪监督和反兴奋剂教育，营造公平、公开、公正的体育竞赛氛围。

5. 抓好体育后备人才培养。根据《江苏省中等体育运动学校建设标准》要求，抓好各级各类体校规范化建设，改善办学条件，提升办学质量。完善市队校办学校布点方案，择优整合队伍，组成最佳阵容，形成最强战力，积极发现、培养、输送优秀体育后备人才。加强教练员和体育教师培训，提升教学和执教水平。开展体育特色示范学校评选活动，通过争先创优和示范引领，激发工作动力。

6. 制定完善保障政策。研究中小学体育特长生招生政策，进一步完善对体育特长生的能力考评、升学保障、学籍管理等政策，打通体育特长生和高水平运动员升学通道，保持运动队伍相对稳定，促进可持续发展。制定体育老师参与体育课外服务或组织竞赛活动纳入课时工作量计算以及体校教练员职称评定和继续教育享受普通中小学或中等职业学校教师同等待遇等方面的政策，合理保障薪酬，发展教师队伍。不断优化选材工作流程，逐步形成健康有序的运动员选拔和淘汰机制。

三、保障措施

1. 加强组织领导。要把体教融合工作作为贯彻《体育强国建设纲要》的重要内容，作为增强青少年体质的重要抓手，作为促进青少年健康成长的重大工程，常抓常议，常抓不懈。

2. 形成工作合力。要强化部门沟通协调，市县区建立联合工作机制，定期召开体教融合联席会议，制定工作计划，明确任务分工，研究解决问题，确保工作落实。

3. 强化考核监督。坚持结果导向，根据训练情况和参赛成绩，动态调整项目布点。建立健全定期考核评估制度，严格奖惩和责任追究，促进体教融合工作健康发展，取得实效。

淮安市体育局　　淮安市教育局
2020年10月16日

范文精选二（参考型意见）

对市八届人大四次会议第84J023号建议的协办意见

市自然资源和规划局：

经研究，现对朱华林代表提出的"关于完善我市国土空间规划促进养老服务行业发展的建议"提出如下协办意见，供你单位答复委员时参考：

我市现有养老机构282家（含33家停业），其中公办养老机构141家，均办理了事业单位法人登记，民办养老机构获得许可或办理备案的12家。消防审验工作开展以来，截至5月20日已完成10家手续办理，95家正在办理中，其余正在实地甄别。

为有效保障养老服务设施用地，我市先后出台《市政府关于加快发展养老服务业的实施意见》《支持利用闲置社会资源兴办养老服务设施建设管理办法》《淮安市区养老服务设施布局规划（2015—2020）》等多项文件，对养老服务设施建设科学规划，明确将养老设施建设用地纳入土地利用总体规划和年度用地计划，并在国有建设用地供应计划中予以优先安排；鼓励和支持社会力量利用闲置厂房、学校、医院、社区用房等兴办养老服务设施。

下一步我局将结合国家居家和社区养老服务改革试点工作，联合市自然资源部门出台《淮安市养老服务设施规划（2021—2035）》，科学指导我市养老服务基础设施布局；联合自然资源、住建等部门出台《淮安市新建小区养老服务设施用房配套规划、建设、竣工和交付管理实施办法》，建立小区配建养老服务设施"四同步"（同步规划、同步建设、同步验收、同步交付）工作机制；联合自然资源、住建、消防部门全力推进解决养老机构消防审验工作，按照"一院一策""一案一策"要求，10月底前完成全市所有养老机构消防审验问题，解决我市长期以来部分养老机构因土地性质、规划许可、不动产登记等原因未取得消防审验合格手续问题。

联系人：周华　电话：83605344

淮安市民政局
2020年5月28日

2.4 通　告

>>> **知识要点**

- 了解通告的含义
- 理解通告的特点
- 掌握通告的分类情况
- 掌握通告的文本格式

>>> **能力要求**

- 能够运用相关的文体知识对通告例文进行简单分析
- 领会通告的写作方法
- 初步学会写作通告

2.4.1　通告的定义

通告是机关、团体在一定范围内公布事项的知照性文件。

《条例》规定：通告，适用于在一定范围内公布应当遵守或者周知的事项。

2.4.2　通告的特点

1. 内容的广泛性和发布的公开性

通告可以用于宣布机关团体的行政管理举措，也可以用于告知社会活动中的重要事项，其内容相当广泛。通告的发布面向广大受众，内容都是公开的，发布的目的是要让大家知道或遵守。

2. 作者的普通性和事项的重要性

通告的作者可以是各级行政机关团体，有的是由政府或一定的职能机构发布，有的是由社会各团体组织或企事业单位发布。通告的内容涉及较多群众，因而必须是重要的事情才可以使用通告的形式发布。一般性的事情，可以使用通知或其他形式。

3. 操作的灵活性和使用的严肃性

通告既可以通过电视、广播、报纸和杂志等新闻媒体发布，也可以只在一定范围内张贴公布。但发布通告的机构要注意自己的权限范围，不能超越权限办事。不代表法定机构的团体或个人，不能随意发布通告。

2.4.3　通告的类型

按照内容的性质，通告可以分为以下两大类。

1. 制约型

这类通告具有强制性和一定的约束力,以确保某一事项的执行,宣布某一规定并要求单位或个人遵守,常常涉及法定事项通告,比如在宪法、法律、法规赋予的权力范围内,有关机构就可以发布通告,规定一些事项,有关人员必须遵守。

2. 周知型

这类通告主要用于公布某一事项,或发布实施某一举措,它不具有约束力,也不带有强制性,其目的只是让群众或者有关人员知道,并不需要大家去遵守或者执行。

2.4.4 通告的写作要领

1. 标题

通告的标题由发文机关、事由、文种三部分构成。有的是在标题下面用括号标出发文的日期;有的还标明由什么会议通过。标题一般有以下四种写法。

(1) "发文机关＋事由＋文种",如《公安部交通部国家安全生产监督管理局关于加强公路客运交通安全管理的通告》。

(2) "发文机关＋文种",如《中华人民共和国公安部通告》。

(3) "事由＋文种",如《关于禁止擅自利用重大政治题材从事商业牟利活动的通告》。

(4) "文种",如《通告》。

2. 发文字号

多数与一般公文无异。也有特殊写法,用于连续发布的通告。写法如下:

(1) 常规写法:××〔××××〕×号。

(2) 在标题下按流水号编写:第×号。

3. 正文

正文由发文缘由、发布事项、结束语三部分构成。

1) 发文缘由

写明发文相关背景、目的、依据、意义,然后用习惯语"现将有关事项通告如下"过渡到下文。

2) 发布事项

即主体事项,写明具体通告内容,事项需要分条的可以分条来写。总的来说,正文写作要求做到如下两点。

(1) 通告是公开宣布较重要的事情,要有关人员知道或遵守,所以内容一定要十分明确,以免执行时出现差错。宣布的内容,有些是法定的,遵守具有强制性,有些虽非法定,但不遵守会带来不良甚至严重后果,因而也必须遵守。

(2) 通告只要把要公布的事情扼要写出来即可,一般不必多作解释,如公布的内容较多,可分条列出。对一些需要公众遵守的东西,在公布之前,也可用一两句话略述理由。

3) 结束语

一般用"特此通告""本通告自公布之日起施行"习惯用语作结,但也有不用结束语的。

4. 发文机关署名和成文时间标识

通告的署名和日期，一般放在全文最后的右下角，如果标题部分已显示，则可以不再另署。

5. 注意事项

（1）通告写作前一定要明确是否有必要使用这一文种，发布该文种是否在自己的权力范围之内。一事一告，内容限于谈一件事或一个问题，不要把性质不同的事放在一起。

（2）内容明确，语气庄重；注意文本格式。

范文精选一（政策周知事项通告）

北京市交通委员会关于2021年汽车租赁小客车指标配置情况的通告

截至2020年底，本市汽车租赁备案经营企业共计600家，备案车辆约5.56万辆。

受新冠病毒性肺炎疫情等因素影响，2020年本市汽车租赁行业车辆租赁率为59.06%，比2019年下降21.25%。

考虑本市汽车租赁行业整体租赁率较低等情况，2021年度原则上不配置汽车租赁小客车指标。

特此通告。

北京市交通委员会
2021年3月16日

范文精选二（法规遵守事项通告）

南京市政府关于加强电动自行车驾乘人员佩戴安全头盔管理的通告

为切实增强电动自行车驾乘人员交通安全意识，降低道路交通事故损害后果，我市将进一步加强电动自行车驾乘人员佩戴安全头盔管理。现将有关事项通告如下：

在全市行政区域内，电动自行车驾乘人员必须佩戴安全头盔。未按规定佩戴的，自2020年7月1日起，公安机关交通管理部门将按照《江苏省电动自行车管理条例》第四十一条规定，处警告或者二十元以上五十元以下罚款。

请广大群众积极配合，严格遵守管理规定。

特此通告。

南京市人民政府
2020年6月23日

范文精选三（专门提醒事项通告）

通 告

因工程建设需要，经市政府批准，定于2021年5月29日上午7时至9时，在我市××区××大楼拆迁工地实施爆破作业，请市民听到爆炸声不要惊恐。

特此通告。

××工程建设指挥部
2021年5月20日

2.5 通　知

>>> 知识要点

- 了解通知的含义
- 理解通知的特点
- 掌握通知的分类情况
- 掌握通知的文本格式

>>> 能力要求

- 能够运用相关的文体知识对通知例文进行简单分析
- 领会通知的写作方法
- 初步学会写作通知

2.5.1　通知的定义

通知是向特定受文对象告知或转达有关执行事项或文件的公文。

《条例》规定：通知，适用于发布、传达要求下级机关执行和有关单位周知或者执行的事项，批转、转发公文。

2.5.2　通知的特点

1. 使用面大

通知是一种便于使用的公文文种，各级党政机关、企事业单位和社会团体都可以使用。由于使用起来不受机关性质和级别的限制，党政机关可以使用，企事业单位和社会团体也可以使用，级别高的机关可以用，级别低的机关也能用。

2. 用途广

通知是一种用途极为广泛、以下行为主也可以平行的公文文种。上级机关对下级机关通知应该知道或者办理的一般事项使用通知；发布某些行政法规或者对下级机关工作有所指示，按照内容不宜于用命令或者指示发布的，使用通知发布；各级机构的秘书工作部门转达其领导机关的会议所通过的文件和领导的指示使用通知；平行机关和不相隶属的机关之间互相通知需要知道的事项使用通知。

3. 时效性强

通知有较强的时间性、执行性和约束力，下级接收到通知后必须遵照执行或按时办理，不得推诿、搪塞、延误或随意处置。

2.5.3　通知的类型

这里根据《条例》规定中的关键词"批转""转发""传达要求""任免人员"，将通知分为三大类。

1. 批转、转发类通知

这类通知用于上级机关批转下级机关的公文（请示、报告等）给所属有关对象、用于转发上级机关和不相隶属机关的公文给所属有关对象，以使受文者知照或执行。

2. 指示、印发类通知

这类通知用于上级机关指示下级机关如何开展工作、用于发布行政规章制度及党内规章制度。指示类通知，一般是上级机关针对工作中出现的较带普遍性的问题提出解决办法，要求下级机关执行，有些是提出该怎么做，有些是提出禁止做什么，对下级具有强制性和约束力。印发类通知，用通知发布的规章制度，是领导机关或职能部门根据实际工作做出的一些具体规定，也具有强制性和约束力。

3. 事务、任免类通知

这类通知用于处理日常工作事务、用于任免和聘用干部。一般用通知的形式把有关信息或要求传达给有关机构或群众；用通知形式任免和聘用干部，以传达给有关部门和群众或告知本人。

2.5.4 通知的非公文特性及其应用的说明

在《条例》中，通知被确定为通用公文的一种。在实际事务中，通知又是一种由来已久、使用颇为广泛的普通应用文种，因而不宜因其被确定为法定公文种类而弃之不用。为照顾现状，便宜之计是将一般通知与公文通知区别开来，使之各司其职。

在非正式公文的使用领域，一般通知，是指就某一事项在一定范围内告知有关人员的一种普通应用文体。虽然它与公文通知同样以告知功能为主，但二者仍有重要区别。

公文通知是正式公文的一种，具有严格的规范体式，一般通知则属普通应用文体，格式要求不十分严格，写法较为自由；公文通知的产生一如所有正式公文，需经一定的手续正式制发，并以文件形式发送给有关下级机关和部门，一般通知的撰拟过程较为简易，可以印刷，也可以书写于纸张、黑白板上，可以张贴公布，也可以寄发、递送；公文通知只适用于具有行政管理功用的事项，具有法定效力，一般通知则应用于普通的事务性事项，应用更为广泛，大多不具有法定效力。

因有上述不同，使用者在撰拟时需要做出区分：哪些事项属于行政管理范畴，应使用公文形式；哪些事项属于一般事务、交际范畴，应使用普通文体。以免相互混淆，不能充分发挥效能。一般来说，如果并非需要正式行文的重要事项，或是临时性、日常事务性的普通事项，就应以一般通知的方式告知有关人员，不必动辄郑重行文。否则，既易导致行文过滥，削弱公文的权威性、严肃性，也不利于一般事项的迅速晓谕。

2.5.5 通知的写作要领

通知适用面广，不同类型的通知因适用范围和用途不同，写法也有所不同，写作时要注意不同类型通知的不同特点。

1. 标题

1）通知标题的通常写法有四种

（1）完全式。"发文机关＋事由＋文种"，如《北京市教育委员会北京市财政局关于实施北京市示范性高等职业院校建设计划的通知》。

（2）省略发文机关。"事由＋文种"，如《关于2007年度××区外商投资企业联合年检工作的通知》。

（3）省略事由。"发文机关＋文种"，如《××小区物业管理委员会通知》。

（4）省略发文机关和事由：只写"通知"二字，在范围小、内容比较简单时可用，如《通知》。

2）批转、转发类通知的标题的写法有两种

（1）完全式："发文机关＋批转（或转发）＋被批转（或转发）的文件标题＋文种"（注意，被批转或转发的文件，如果不是法规条文，不能加书名号），如《国务院批转财政部关于完善省以下财政管理体制有关问题意见的通知》。

（2）省略式，即省略发文机关，前加"关于"二字。"关于＋发布（批转或转发）＋被发布（或批转）的文件标题＋文种"，如《关于转发市卫生局进一步加强本市残疾人康复工作意见的通知》。

需要说明情况如下。

批转、转发类通知，标题中应标明"批转""转发"字样，并要列出原发文单位和原文件名称。当文件层层批转时，会出现《××县政府转发××市政府转发××省政府关于××××的通知》，对于这种情况，应改为《××县政府转发××省政府关于××××的通知》，即写出发文机关和被转发的文件名称就可以了。

也就是说，批转、转发类通知，标题中应标明"批转""转发"字样，并要列出原发文单位和原文件名称。如果原文件是通知，则可省略一个"通知"字样，不必写成"转发……关于……的通知的通知"。简单的事务类通知，标题也可只写"通知"二字。

2. 主送机关

通知在特定范围发文，一定要写清楚主送机关，即通知的受文单位名称。如果通知发文范围广泛，就可以不写主送机关。

3. 正文

正文要根据通知类型采用不同的写法。

1）批转、转发类通知的正文写法

（1）简单的写法。简单的写法是指只写明批转、转发什么文件，请贯彻执行就行了。如《北京市人民政府办公厅转发市卫生局等部门和单位关于进一步加强本市残疾人康复工作意见的通知》的正文：

市卫生局、市民政局、市财政局、市教委、市劳动保障局、市公安局、市残联《关于进一步加强北京市残疾人康复工作的意见》已经市政府领导同志同意，现转发给你们，请认真贯彻执行。

附件：关于进一步加强北京市残疾人康复工作的意见（略）

（2）稍微复杂的写法。稍微复杂的写法是指要对原文件发表一点评价、对执行提出要求和希望。如《国务院办公厅转发水利部关于加强辽河流域近期防洪建设若干意见的通知》的正文：

水利部《关于加强辽河流域近期防洪建设的若干意见》已经国务院同意，现转发给你们，请认真贯彻执行。辽河流域防洪建设事关人民生命财产的安全，事关流域经济社会发展的大局，也对我国国民经济和社会发展有着重大影响。各有关地区和部门要以对国家和人民高度负责的精神，切实加强领导，密切配合，继续发扬团结治水的精神，确保完成各项任务，促进辽河流域经济社会的可持续发展。

附件：关于加强辽河流域近期防洪建设的若干意见（略）

2）印发类、指示类通知的正文写法

（1）印发类通知的正文写法。印发类通知正文写法比较简单，只要写明印发什么文件，请贯彻执行就可以了。印发的文件应和通知同时下发。另外，如果有特殊要求，也可用一两句话交代一下。例如《中共中央关于印发〈中国共产党纪律处分条例（试行）〉的通知》的正文：

现将《中国共产党纪律处分条例（试行）》印发给你们，请贯彻执行。执行中有什么问题和建议，请及时报告中央。

（2）指示类通知的正文写法。指示类通知的正文写作比较复杂，包括发文缘由、主体事项、结束语三个部分。

①发文缘由。写明发文的背景、目的、依据、意义等。如果是指示下级做某项工作，这部分就可用一段或几段文字说明为什么要做这项工作，相当于引言。

②主体事项。具体写出通知事项任务、要求、方法、措施等。一般采用分条列项来写，或用小标题或用段旨句（中心句）。如果是指示下级做某项工作，就应该把工作来由、工作内容、工作要求三个方面讲清楚。

③结束语。一般结尾是一段或一条，相当于小结，是对受文单位提出总的要求和希望。

如《国务院办公厅关于长江三峡枢纽工程建设期通航建筑物管理体制有关问题的通知》一文，就是由（发文缘由、主体事项、结束语）这样三部分构成，可作印发、指示性通知的正文写法可参考下文：

长江三峡工程将在2003年实现135米水位蓄水、永久船闸通航和首批机组发电三大目标。为了确保长江航运安全畅通和枢纽建筑物的安全，必须适时建立高效安全、适应社会主义市场经济发展需要的三峡枢纽工程通航建筑物管理体制。经国务院批准，现就三峡枢纽工程建设期通航建筑物管理体制有关问题通知如下：

一、由交通部负责对三峡枢纽工程和葛洲坝枢纽工程河段航运的行政管理工作。三峡枢纽工程和葛洲坝枢纽工程是长江黄金水道的咽喉，交通部要加强该河段的安全、海事、调度、公安、消防、航道、通信、锚地等行政管理工作，所需行政经费纳入中央财政列支。如需增加行政编制，由交通部报请中央机构编制委员会核定；未核定前由交通部按现行管理方式通过三峡通航管理局对该河段进行管理，此过渡方式期限为一年。

二、由三峡总公司负责对三峡枢纽工程实行统一管理。……

三、由三峡通航管理局负责组建三峡船闸管理队伍，三峡总公司委托其承担船闸（含待闸锚地）的日常运行维护，双方的具体责权以合同方式明确。

四、三峡枢纽工程通航建筑物管理要服从综合调度。

上述管理体制在三峡枢纽工程建设期内实行。三峡枢纽工程通航建筑物的最终管理模式在枢纽工程竣工时研究确定。

3）事务、任免类通知的正文写法

（1）事务类通知的正文写法。事务类通知的正文包括缘由、事项、结语三个部分。

①缘由，就是开头交代发文的目的和依据。

②事项，是文体，要把具体内容有条有理地阐述清楚，不能含糊。还要分清主次，根据事项的轻重程度（先重后轻）按序来写。

③结语，提出执行要求，如"请遵照执行""请研究执行"。也可不写。

这类通知中，会议通知比较常用，它的内容比较固定，一般包括会议目的、会议名称、会议内容（议题、主题），开会的时间、地点，参加会议的对象，报到的时间、地点，对与会者的要求（如准备什么材料、需要交多少钱等）都要写清楚。

（2）任免类通知的正文写法。任免类通知的正文写作比较简单，一般只要写明任、免、聘什么职务即可。也有的还写出任期、待遇。如果任、免两事一起行文，一般先写免职，后写任职，如什么权力机构任命或免去什么人。

4. 署名和日期

通知的署名和日期，一般放在全文最后的右下角，但如标题部分已显示，则最后可以不再另署。

范文精选一（指示类通知）

人力资源社会保障部办公厅关于加强新职业培训工作的通知

人社厅发〔2021〕28号

各省、自治区、直辖市及新疆生产建设兵团人力资源社会保障厅（局），中共海南省委人才发展局，国务院有关部委、直属机构人事劳动保障工作机构，有关行业协会、企业、事业单位人事劳动保障工作机构：

党的十九届五中全会提出，发展战略性新兴产业，推动互联网、大数据、人工智能等同各产业深度融合，推动先进制造业集群发展，构建一批各具特色、优势互补、结构合理的战略性新兴产业增长引擎。近年来，随着新技术、新产业、新业态、新模式的不断产生和发展，新职业不断涌现，我部会同有关部门分批向社会发布了新职业信息。为加快培养大批高素质劳动者和技术技能人才，改善新职业人才供给质量结构，支持战略性新兴产业发展，推动数字经济与实体经济深度融合，现就加强新职业培训工作有关事项通知如下：

一、加快新职业标准开发。组织制定新职业标准，同时面向社会广泛征集新职业标准或评价规范。对于征集到的新职业标准或评价规范，经我部组织评估论证后，及时上升为国家职业标准。有条件的省（自治区、直辖市）和部门（行业）可依托本地区、本部门（行业）的龙头企业、行业组织和院校等开发职业标准或评价规范，经我部审定后，作为国家职业标准予以颁布。探索职业标准开发新模式，增强国家职业标准的灵活性和适应性。

二、组织开展新职业培训。根据区域经济社会发展需要，适应市场需求，坚持就业导向，突出能力建设，大力开展新职业培训特别是数字经济领域人才培养。鼓励培训机构依据国家职业标准，采取多种形式开展培训。对于数字技术技能类职业，探索引入现代化手段和方式开展培训。组织举办新职业领域的专家论坛、专题研修等，广泛组织开展新职业技能竞赛活动，充分发挥以赛促学、以赛促训作用。结合新经济、新产业、新职业发展，建立职业与教育培训专业（项目）对应指引，修订技工院校专业目录，完善专业技术人才继续教育专业科目内容，增设与新职业对应的新专业（项目），加强新职业人才培养。

三、加强新职业培训基础建设。加快新职业培训大纲、培训教材、教学课程、职业培训包等基础资源开发，引导社会力量积极参与。加强新职业培训师资队伍建设，鼓励龙头企业、行业组织和院校中从事与新职业相关工作的人员参加师资培训。支持培训机构配套软硬件，改善教学环境。鼓励各类机构开发新职业实训设施设备等资源，服务新职业人才培养培训。

四、有序开展新职业评价。按照有关规定，组织新职业评价机构的征集遴选，积极稳妥推行社会化评价。经备案的评价机构根据职业特点，探索多元化评价方式。创新评价服务模式，探索"互联网＋人才评价"的新模式，对于数字技术技能类职业可探索采用在线评价认定模式。对评价认定合格的人员，由评价机构按照有关规定制作并颁发证书（或电子证书）。获证人员信息纳入人才统计范围。

五、强化政策待遇落实。坚持以用为本，建立健全培养与使用相结合、评价与激励相联系的人才发展机制。各地人力资源社会保障部门要将新职业培训评价项目纳入本地职业技能提升行动"两目录一系统"，按规定落实职业技能培训补贴和职业技能鉴定补贴等政策。取得高级专业技术等级证书的，可作为申报高级职称的重要参考条件；取得中级、初级专业技术等级证书的，可纳入相应中级、初级职称直接认定范围。落实高技能人才与专业技术人才职业发展贯通相关政策，各类用人单位对在聘的高级工、技师、高级技师在学习进修、岗位聘任、职务职级晋升、评优评奖、科研项目申报等方面，比照相应层级专业技术人员享受同等待遇。

各地区、各有关部门要高度重视新职业培训工作，加强组织领导和沟通协调。加大宣传力度，做好政策解读，大力宣传典型经验和做法。加强工作指导和监督检查，强化引领和示范作用，营造良好社会氛围。

人力资源社会保障部办公厅
2021 年 4 月 30 日

范文精选二（印发类通知）

省政府关于印发江苏省国民经济和社会发展第十四个五年规划和二〇三五年远景目标纲要的通知

苏政发〔2021〕18 号

各市、县（市、区）人民政府，省各委办厅局，省各直属单位：

《江苏省国民经济和社会发展第十四个五年规划和二〇三五年远景目标纲要》已经省十三届人大四次会议审议通过，现印发给你们，请结合实际认真贯彻执行。

江苏省人民政府
2021 年 2 月 19 日

范文精选三（转发类通知）

国务院办公厅转发国家发展改革委等单位关于进一步做好铁路规划建设工作意见的通知

国办函〔2021〕27 号

各省、自治区、直辖市人民政府，国务院各部委、各直属机构：

国家发展改革委、交通运输部、国家铁路局、中国国家铁路集团有限公司《关于进一步做好铁路规划建设工作的意见》已经国务院同意，现转发给你们，请认真贯彻落实。

国务院办公厅
2021 年 3 月 15 日

范文精选四（工作事务通知）

市政府办公室关于 2021 年对重点生态环境问题挂牌督办的通知
淮政办发〔2021〕2 号

各县区人民政府，市各委办局，市各直属单位：

为贯彻落实习近平生态文明思想和习近平总书记视察江苏重要讲话指示精神，切实做好省政府挂牌督办以及其他重点生态环境问题的整改工作，更好更快地推动全市生态环境质量持续改善，根据市政府八届第 71 次常务会议精神，决定 2021 年对 52 项重点生态环境问题（附后）进行挂牌督办。

各地各有关部门要切实提高政治站位，强化使命担当，严格按照时限要求，落实监管责任，对照整改目标，狠抓问题整改，确保如期全面完成。各地各有关部门的整改工作计划经主要负责人签字后，于 2021 年 4 月 30 日前报市打好污染防治攻坚战指挥部办公室（联系人：苏实，联系电话：83675376，电子邮箱：has263@163.com），之后每月月底前报送整改进展完成情况。市打好污染防治攻坚战指挥部办公室要加强督查调度，每月进展完成情况报市政府，同时将所有挂牌督办问题录入市污染防治综合监管平台跟踪督办，对落实整改严重不力、进展明显滞后的，提请纪检监察机关调查问责。

淮安市人民政府办公室
2021 年 4 月 6 日

范文精选五（专项事务通知）

关于成立淮阴区医保局"三治一清"专项行动工作领导小组的通知
淮医保发〔2021〕23 号

局机关各科室、区医保中心：

为深入贯彻落实区委办、区政府办关于《"三治一清"专项行动工作方案》文件精神，经研究，决定成立淮阴区医保局"三治一清"专项行动工作领导小组，小组成员名单如下：

组　长：裘靖宁　党组书记、局长
副组长：杜希淮　二级主任科员
　　　　史耀文　党组成员、副局长
　　　　杨庚卫　党组成员、副局长
　　　　赵劲松　党组成员、副局长
成　员：李　越　办公室一级科员
　　　　嵇建阳　医药服务管理和待遇保障科副科长
　　　　王　影　基金监督和法规科科长
　　　　黄俊洋　规划财务科副科长
　　　　周文书　区医保中心主任

领导小组下设办公室，办公地点设在局机关办公室，负责领导小组日常办公工作，李越任办公室主任。

淮安市淮阴区医疗保障局
2021 年 4 月 28 日

范文精选六（一般事务通知）

通 知

定于五月十一日（星期二）下午二时三十分在会议室召开质量评估小组全体人员会议。希准时出席。

校长办公室
2021 年 5 月 10 日

范文精选七（任免类通知）

市政府关于姜巧玲等同志职务任免的通知
宁政人〔2020〕8 号

各区人民政府，市府各委办局，市各直属单位：

经研究决定：

姜巧玲同志任南京市地方志编纂委员会办公室主任；

孙宇瑾同志任南京市商务局副局长；

哈明苇同志任南京市人民政府驻北京办事处副主任（招商专员），试用期一年；

许强同志任南京市博物总馆馆长（副局），试用期一年；

请有关单位按规定办理。

南京市人民政府
2020 年 12 月 10 日

2.6 通 报

知识要点

- 了解通报的含义
- 理解通报的特点
- 掌握通报的分类情况
- 掌握通报的文本格式

能力要求

- 能够运用相关的文体知识对通报例文进行简单分析
- 领会通报的写作方法
- 初步学会写作通报

2.6.1 通报的定义

通报是在一定范围内表彰先进、批评错误、传达事项的知照性文件。

《条例》规定：通报，适用于表彰先进、批评错误、传达重要精神和告知重要情况。

2.6.2 通报的特点

从通报所具有的"表彰""批评""传达"的功能来看，表彰先进、批评错误，或传达事项，都具有事例的典型性、内容的说理性这两个特点。

1. 事例的典型性

通报的表彰和批评，都直指先进典型和错误典型，传达的事项也应当具有典型性的价值。"典型"是通报所"报"的目标所在，无论是正面的事例，还是反面的事例，只有具备典型意义，才具有代表性，才能实现通报宣传教育群众、推动全局工作的目的。

2. 内容的说理性

通报的内容是反映具有典型意义的正面事例和反面事例，是告诉群众当前发生了什么事，让群众知道所通报的是什么情况，以认清是非对错，提高思想认识。这样，对通报的具体内容就必须进行因果分析、实质揭示、意义阐发，这正是通报写作的核心和重点，从而也形成了议论说理的特色。这也是通报不同于其他公文的显著特色。

2.6.3 通报的类型

根据《条例》对通报适用范围的规定，通报自然形成了三类。

1. 表彰先进类

表彰先进集体和先进人物，表扬好人好事，介绍他们的先进经验，宣传他们的先进事迹，分析他们的先进思想，宣布给予他们精神或物质的奖励，并号召向他们学习。

2. 批评错误类

批评某一个人或某一群体的错误行为或重大事故，公布他们的错误事实，分析他们的错误性质，宣布给予他们的处分，指出应该吸取的教训，以警戒他人。

3. 传达事项类

将上级领导的有关指示精神传达给下级机关，将全局或某一方面的信息、动向或其他情况传达给下级机关，以引起重视，采取相应措施，主动开展工作。

2.6.4 通报的写作要领

1. 标题

通报的标题由发文机关、事由、文种三部分构成。标题一般有四种写法。

(1) "发文机关＋事由＋文种"，如《北京市人民政府关于表彰2020年度市级国家行政机关政绩突出单位的通报》。

(2) "发文机关＋文种"，如《江苏省电力公司通报》。

(3)"事由+文种",如《关于××有限公司职员酿成恶性交通事故的通报》。
(4)文种,如《通报》。

2. 主送机关

主送机关可写可不写,具体视发文情况而定。

3. 正文

正文由发文事由、具体事实的评析、奖惩决定、希望要求四部分构成。

(1) 发文事由。

事由部分要写明相关的背景、原因、目的。一般要将所要通报的事由先作简要介绍。

如写表彰先进型通报的事由部分,要将表彰的先进集体或先进人物、好人好事、先进经验的主要事实作集中的、简明扼要的介绍,要概括,要突出最主要、最感人的部分;如写批评错误型通报的事由部分,要将批评对象的错误行为或重大事故的主要事实,作集中、简明的介绍,对错误事实要说得准确、扼要,不要纠缠具体细节;写传达事项型通报的事由部分,要将主要精神、基本情况作简要说明或介绍。

(2) 具体事实的评析。

这部分是关键,主要是对所通报的事实展开分析、议论、评价,从中揭示事物的积极意义和问题实质,并总结出经验教训。

表彰先进类通报,主要围绕事实的先进性,并结合当时的形势,进行议论分析,找出思想最亮的闪光点,可以夹叙夹议,也可引证类比,挖掘思想内涵、精神品质,体现先进的积极意义和经验价值。

批评错误类通报,主要是分析错误事实、事故发生的原因,点出错误的性质,指出问题产生的严重性和危害性,特别是对错误性质的分析,要着重分析错误带来或可能带来的恶劣后果。同时,要把有关政策、规定交代清楚,使被批评者和群众都认识到批评是严肃的、有理由的。

传达事项类通报,主要是对通报事项的情况或者精神进行分析阐说,指出性质,强调重要性。

(3) 奖惩决定。

这部分很简短明确,有的是紧随事实评析之后,不辟段。主要是宣布奖惩:写明对表彰对象给予怎样的奖励、对批评对象给予怎样的处罚即可。

(4) 希望要求。

表彰先进类通报最后提出希望要求,主要是指明如何向先进学习,可结合形势、联系当前实际来谈;批评错误类通报最后提出希望要求,主要是指明被批评者和其他部门及群众,要吸取教训,改进工作,避免类似错误的发生;传达事项类通报最后可以提出希望要求,也可以不写。

4. 署名和日期

通报的发文机关署名和日期,一般放在全文最后的右下角,日期署于机关名称下面。

范文精选一（表彰类通报）

关于对 2020 年度南京市优秀金融创新项目予以表扬的通报

根据《南京市金融创新奖励暂行办法》（宁政规字〔2015〕2 号）、《市委市政府关于促进中国（江苏）自由贸易试验区南京片区高质量发展的意见》（宁委发〔2019〕35 号）和《市政府办公厅关于加强金融支持新型研发机构高新技术企业和先进制造业发展的通知》（宁政办发〔2020〕12 号），经自主申报、资格审查、初审推荐、专家评审、社会公示等程序，全市共评定 2020 年度南京市优秀金融创新项目 30 个。经市政府同意，现予以通报表扬。

希望受到表扬的各项目实施单位进一步开拓创新，争取更大成绩。希望全市金融系统深入贯彻十九届五中全会和习近平总书记视察江苏重要讲话指示精神，立足新发展格局，贯彻新发展理念，以深化金融供给侧结构性改革为主线，以金融改革创新为根本动力，强化创新意识，提高创新能力，不断提升金融服务高质量发展的水平。

附件：2020 年度南京市优秀金融创新项目

南京市地方金融监督管理局　南京市财政局
2021 年 1 月 18 日

范文精选二（批评类通报）

罗湖区民政局关于曝光疑似非法社会组织信息的通报

区各相关单位，各社会组织：

近日，我局收到相关线索称辖区内成立了一家名为"培育和践行社会主义核心价值观系列活动组委会"的组织，并计划在罗湖、龙岗等地开展活动。经我局查询，该组织未在"全国社会组织信用信息公示平台""国家企业信用信息公示系统"等官方网站上公示登记信息，也未在境外非政府组织管理办公室登记备案。经我局前往该组织人员自称在我区的两处办公点（广东省深圳市罗湖区笋岗东路 3012 号中民时代广场 A 座 30 层；深圳市罗湖区南湖街道嘉北社区人民南路 3002 号国贸大厦 4003—4004 深圳市新学商投资发展有限公司）实地核查，均未发现该组织活动的情况。

综上，现将"培育和践行社会主义核心价值观系列活动组委会"确认为疑似非法社会组织，予以曝光。请区各相关单位、各社会组织提高警惕，自觉遵守"六不"原则（即不与非法社会组织勾连开展活动或为其活动提供便利；不参与成立或加入非法社会组织；不接收非法社会组织作为分支或下属机构；不为非法社会组织提供网站、微信公众号、账户使用等平台和便利条件；不承认非法社会组织的任何评比、达标、表彰等结果；不为非法社会组织进行虚假宣传），杜绝与该组织及该组织关联企业进行接触，一旦发现该组织线索，请立即向我局举报。（联系人 黄先生；电话 0755—22185827）

特此通报。

罗湖区民政局
2021 年 6 月 3 日

范文精选三（传达事项类通报）

国务院办公厅关于对 2020 年落实有关重大政策措施
真抓实干成效明显地方予以督查激励的通报

国办发〔2021〕17 号

各省、自治区、直辖市人民政府，国务院各部委、各直属机构：

  为进一步推动党中央、国务院重大决策部署贯彻落实，充分激发和调动各地担当作为、干事创业的积极性、主动性和创造性，根据《国务院办公厅关于对真抓实干成效明显地方进一步加大激励支持力度的通知》（国办发〔2018〕117 号），结合国务院大督查、专项督查、"互联网＋督查"和部门日常督查情况，经国务院同意，对 2020 年落实稳就业保民生、打好三大攻坚战、深化"放管服"改革优化营商环境、推动创新驱动发展、实施乡村振兴战略等有关重大政策措施真抓实干、取得明显成效的 216 个地方予以督查激励，相应采取 30 项奖励支持措施。希望受到督查激励的地方充分发挥模范表率作用，再接再厉，取得新的更大成绩。

  2021 年是实施"十四五"规划、开启全面建设社会主义现代化国家新征程的第一年。各地区、各部门要在以习近平同志为核心的党中央坚强领导下，以习近平新时代中国特色社会主义思想为指导，全面贯彻党的十九大和十九届二中、三中、四中、五中全会精神，坚持稳中求进工作总基调，立足新发展阶段、贯彻新发展理念、构建新发展格局，推动高质量发展，巩固拓展疫情防控和经济社会发展成果，扎实做好"六稳"工作、全面落实"六保"任务，结合自身实际，积极开拓创新，勇于攻坚克难，增强抓落实的主动性和自觉性，力戒形式主义、官僚主义，确保"十四五"开好局起好步，以优异成绩庆祝中国共产党成立 100 周年。

  附件：2020 年落实有关重大政策措施真抓实干成效明显的地方名单及激励措施（略）

国务院办公厅

2021 年 4 月 30 日

2.7 报 告

>>> 知识要点

- 了解报告的含义
- 理解报告的特点
- 掌握报告的分类情况
- 掌握报告的文本格式

>>> 能力要求

- 能够运用相关的文体知识对报告例文进行简单分析
- 领会报告的写作方法
- 初步学会写作报告

2.7.1 报告的定义

报告是下级机关向上级机关汇报工作情况、回复上级机关问询的陈述性公文。

《条例》规定：报告，适用于向上级机关汇报工作、反映情况，回复上级机关的询问。

2.7.2 报告的特点

1. 汇报性

报告的主要任务是向上级汇报工作情况、下情上传。汇报工作成绩、存在问题和今后工作设想，主动反映、回复询问本机关的事实情况是报告的主要内容，从而使上级机关及时掌握本机关实情，并得到上级机关工作指导。汇报性是它的显著特征。

2. 阐发性

报告在汇报工作、反映情况，答复询问中，往往需要对所报告的事实情况，客观地提出自己的看法，简明地阐发自己的主张或意见，任何报告都不只是事实的堆砌；相反，一篇高水平的报告会让人看到作者所阐发的十分鲜明的观点。阐发性应该是报告的又一特征。

2.7.3 报告的类型

1. 工作报告

工作报告是向上级汇报一定阶段或某项工作的进展、成绩、经验、存在问题及今后打算等。比如每年人大召开时，政府首脑作的《政府工作报告》。这类报告也可分成综合报告和专题报告。综合报告多属例行报告，每隔一定时间、一个阶段或半年一年不等，下级必须将工作情况全面向上级汇报一次；专项报告是针对特定事项或专门问题所写的报告，根据实际情况不定期汇报。

2. 情况报告

情况报告是向上级汇报本单位、本部门的重大问题、有关情况，或者是上级要求下级呈报有关问题、有关情况。一般汇报工作、反映情况、答复询问、报送有关文件、物件的报告多属此类。有的称这类报告为呈报性报告。

3. 回复报告

回复报告是针对上级机关的问询或某项工作部署而做的专门汇报，它与工作报告的不同之处在于，回复报告不是例行性报告，也不等于专项报告、因为专项报告可以是主动行文，而回复报告都是被动的，是在上级机关提出问询的情况下或下级机关按照上级通知精神必须做出的答复。回复报告一般是就某一事项做的回复，报告具有单一性。

2.7.4 报告的写作要领

1. 标题

报告的标题由发文机关、事由、文种三部分构成。标题一般有两种写法。

(1) "发文机关＋事由＋文种"，如《中国人民银行关于严格禁止各单位模仿人民币样式印刷内部票券的报告》。

（2）"事由＋文种"（只能省略发文机关，其他不能省），如《关于首届行政管理专业学生毕业论文指导工作的报告》。

2. 主送机关

报告只能向直接上级机关行文，因此，主送机关只能有一个。

3. 正文

正文由发文缘由、主体事项、结束语三部分构成。

1）发文缘由

写明有关背景，说明发文原因、依据和目的等，然后用"现将有关情况报告如下"习惯转接语过渡到下文。

2）主体事项

这部分是报告的核心部分。常见的写法有"总结式"和"情况—原因—措施"两种，前者适合写工作报告，后者适合写情况报告。需要注意的是：陈述事实要清楚，突出重点，有概括力，简明扼要；反映事情的总体面貌，要实事求是，不可夸大或缩小事实，不可报喜不报忧，不可过分强调困难；表达的观点要准确、鲜明，不能吞吞吐吐、含含糊糊，使人摸不清报告者的真实意图，对自我评价要恰当，对今后工作提意见或建议要合理并切实可行；同时，还需要注意语言的简洁朴实，不要用花哨的形容词和含糊不清过于灵活的概念。

3）结束语

用"特此报告""专此报告""以上报告，请审阅"等习惯性结束语。

4. 署名和日期

在右下方署发文单位名称和日期。

范文精选一（工作报告）

淮安市文化广电和旅游局
2020年度法治政府建设工作报告

市政府：

2020年，我局全面贯彻落实《全面推进依法行政实施纲要》，始终把依法行政作为全局工作重点，坚持依法行政，规范行政权力运行，保证法律法规严格执行，各项措施得到有效落实，依法行政工作取得明显成效。现将一年来开展依法行政工作报告如下：

一、履行推进法治建设第一责任人职责，夯实依法行政工作基础

（一）切实增强第一责任人责任担当。强化党政主要负责人履行推进法治建设第一责任人职责，认真履职尽责，积极主动作为，率先垂范，把法治建设贯穿到工作的每个方面和每个环节，责任上压实，效果上落实。严格依法决策、依法行政，带头守法用法，自觉落实领导干部学法制度，不断提升自身法治素养，大力构建全局法治工作格局。

（二）规范重大行政决策。重新完善、制定了6项重大行政决策程序制度。确定了重大决策的具体范围、重点事项和量化标准及重大行政决策程序，制定并完善了重大行政决策问责和责任追究等一系列工作制度。进一步明确了重大行政决策必须执行的公众参与、专家论

证、风险评估、合法性审查、集体讨论等程序。

（三）推进法治队伍建设。一是举行全系统依法行政培训班，邀请专家学者对《民法典》《优化营商环境条例》等多部新颁布法律法规进行解读宣讲，近百人参加了培训，切实增强行政机关依法行政的理念和能力，着力培养全系统工作人员学法、守法和依法办事的意识和习惯，在全系统掀起了"比学赶超"的热潮。二是加强执法技能培训。组织开展了全市文化市场综合执法培训活动，通过为期三天的执法技能培训，全体学员进一步强化了法治意识，提高了依法行政水平和执法技能，为我市文广旅游事业的繁荣和发展提供了良好的法治保障。

二、实施行业领域监管，增强依法行政工作实效

（一）开展文化市场专项检查。以文明城市创建为着力点，加强文化市场监管，坚持日常检查和专项检查相结合，严厉查处违法违规行为。一是对主城区文化经营场所开展拉网式执法检查，主要检查消防实施是否完善、安全通道是否畅通等，深入排查文化市场安全隐患，整改问题500余个。二是在"两节""两会"期间，组织公安、市场监管等部门，开展集中检查行动，重点检查了繁华街区、出版物集中销售场所、车站、高速服务区、邮政快递企业、报刊亭等。联合教育部门组织开展校园周边文化市场集中检查行动，严厉查缴暴力恐怖、淫秽色情等影响未成年人健康成长的出版物、侵权盗版教材教辅等。全年出动检查人员6 200余人次，检查各类文化经营场所4 500余家次，开展联合检查8次，取缔无证照企业16家，立案查处行政案件67件，移送法公安机关1件，罚款8.864 9万元，没收违法所得35.584万元，没收非法出版物904册。

（二）优化文化市场营商环境。一是完成《优化营商环境重点责任清单》的编制工作，进一步完善优化工作机制，督促落实政策措施。二是制定《优化营商环境条例》的学习宣传计划，努力提升法规、政策的知晓度和可及性，做好服务对象评议工作。三是在全省创新出台《淮安市文化市场轻微违法违规经营行为免责清单》，明确对14种市场轻微违法经营行为免予行政处罚，在严守执法监管底线红线的前提下，向市场释放温情和善意，激发市场主体的创新活力。

（三）依法做好疫情防控常态化。一是强化演出活动管控。作为疫情防控的前沿阵地，局行政审批窗口协同市行政审批局暂停营业性演出活动审批，对前期已依法审批的演出项目均按要求予以取消或延期，督促市场主体公告并做好退票、解释工作。二是推广"不见面审批"。全局25大项行政审批事项全部开通网上办事服务，推广"不见面审批"模式，通过电话、微信等方式进行在线指导，方便企业群众办理各类政务服务事项。三是加强疫情防控法律知识宣传。通过微信、网站等电子媒介广泛宣传《传染病防治等疫情常用法律知识问答》，传达贯彻落实《文化旅游领域行政执法工作指引》，督促全系统执法人员加强对有关法律法规的学习和应用，强化线上法律知识推送和学习，在全市文广旅游领域形成良好学习氛围。

三、推进规范化建设，提升依法行政工作效能

（一）完善行政权力清单。一是做好全局行政权力事项动态调整。积极做好机构改革后的行政权力事项的移交承接，确定全局权力清单事项404项，按照"三级四同"标准化权力清单编制相关要求，进一步完善了权力事项的名称、编码、类型、依据等内容。二是组织开展市设权力清单编制。对《淮安市大运河文化遗产保护条例》《淮安市文物保护条例》《淮安市非物质文化遗产保护实施办法》等三部牵头起草的地方性法规和地方政府规章，按照统一的规范和程序编制形成权力事项清单，确定权力事项18项，进一步完善了政府部门权责清

单制度，加快了权力清单标准化建设。

（二）开展"放管服"制度改革。一是规范审批行为。严格落实省、市相关文件，做到行政权力精简规范，下放事项承接到位。建立了较为完善的行政审批管理、运行和监督机制，进一步规范了政府行政审批行为。二是深化"不见面审批（服务）"改革，推进"证照分离"改革。开展合法合规事项"马上办"行动，全面完成"158"改革任务，制定"证照分离"实施方案，细化具体措施，指导贯彻落实，"放管服"改革任务落实情况获市优化办高度认可。

（三）规范行政执法程序。一是规范行政执法行为。从检查、立案、调查取证、执行、结案等各个环节进行规范化操作。全面施行"执法全过程记录制度""重大执法决定法制审核制度""行政执法公示制度"等三项制度，细化和量化行政处罚自由裁量标准。建立大案审理委员会制度，规范重大行政案件的执法行为，确保在重大行政案件执法的办理过程中的科学化、民主化和法治化。二是完善行政执法制度。初步建立了以案件核审制度、执法检查制度、执法评议考核制度、执法过错责任追究制度、规范自由裁量权制度等为主要内容的执法体系，今年以来，我局未发生行政争议案件，做到行政执法合理合法合规。

四、2021年工作打算

（一）抓执法监督。以全系行政执法案卷评比为抓手，提升案卷制作水平，推进执法"三项制度"建设，进一步规范行政执法行为，健全大案审理机制、完善法律顾问和公职律师制度，全面履行行政监督职能。

（二）抓服务规范。发挥法治的引领和规范作用，梳理健全工作规范、管理细则、责任追究等工作制度，进一步完善行政审批管理、运行和监督机制，规范行政审批行为。进一步简化审批手续，缩短承诺时限，真正做到简政与提速相结合，着力在"提效能、优服务"上下功夫。

（三）抓学法普法。一是继续以全系统依法行政培训为抓手，推进全系统法治建设，进一步提升全系统干部职工的法治理念和法治水准。二是注重普法宣传。做好新修订《行政处罚法》及即将颁布实施的《省广播电视公共服务实施办法》的宣传和学习，利用法治培训、执法实践、以案释法、法规宣讲等多种途径，不断丰富学法手段，扩展宣法受众，在全系统营造学法用法的良好氛围。三是继续深入开展"百场法治文艺进基层"活动。组织对各县区、各责任单位开展督导巡查，确保各项工作任务得到全面落实。

（四）抓优化营商环境。认真贯彻落实《优化营商环境条例》和市委市政府相关部署要求，定期走访调研重大项目企业，了解实际需求。为项目建设和企业发展提供更加精准化、具体化、特色化服务，全面展现我局营商环境建设成果。

淮安市文化广电和旅游局

2021年1月28日

范文精选二（情况报告）

玄武湖街道关于开展安全隐患大排查大整治情况的报告

区委：

根据区委李世峰书记开展安全隐患大排查大整治的要求，玄武湖街道党工委书记吴恒立即带队对街道重点场所、在建工地进行检查，现将情况报告如下：

一、主要工作情况

街道积极吸取秦淮三条巷18号房屋局部坍塌和无锡小吃店发生燃气爆炸的事故教训，制定了安全大排查方案。10月14日上午街道党工委书记吴恒带队对樱驼花园立体停车库、樱驼花园农贸市场装修工地、东方城48号改造工程施工现场等重点单位进行安全检查。

街道把是否持证上岗、是否存在电气线路私拉乱接、施工现场"五牌一图"公示图、工人安全培训、安全疏散通道是否畅通等问题作为检查重点。对东方城48号骐谷科技园施工现场无特种作业证人员上岗、工人宿舍存在电线乱拉乱接等问题，当即下发整改通知书，要求施工方在整改验收合格后再恢复施工。对樱驼花园农贸市场改建工地提出4处需要整改事项。通过检查，先后发现安全隐患16个，现场整改7个，限期整改9个，责令停工1家。

二、下一步打算

街道将根据《市政府办公厅关于开展老旧危房、建筑工地及城镇燃气安全隐患排查工作的紧急通知》要求，对辖区所有涉及老旧危房、建筑工地及城镇燃气等安全隐患进行排查，加大排查力度，发现存在隐患立即要求整改，并加强对整改隐患的跟踪处理，确保辖区不发生安全生产人身伤亡事故。

（正文有删节）

中共玄武区委玄武湖街道工委

2019年10月14日

范文精选三（回复报告）

关于上报泗阳县农业综合开发扶持农业优势特色产业规划（2019—2021年）的报告

泗农开〔2018〕10号

江苏省农业资源开发局、江苏省财政厅：

泗阳县农业资源开发局、财政局按照《关于开展农业综合开发扶持农业优势特色产业规划（2019—2021年）编制工作的通知》（苏农开产〔2018〕2号）（以下简称《规划》）精神，成立了由主要领导、分管领导及业务技术骨干组成的《规划》编制工作小组，并就我县《规划》编制要求及时向县分管领导汇报，同时经县农口部门及财政部门会商一致，并报请县分管领导同意，确定我县农业综合开发扶持农业优势特色产业为粮食和水果两大产业类型，在此基础上由《规划》编制工作小组统一组织、协调《规划》编制工作，重点围绕两大产业类型的发展现状，市场前景与竞争力，发展的思路、目标和任务等方面进行规划编制，经县政府同意后，形成符合我县区域特色的优势特色产业规划。

特此报告。

附件：泗阳县农业综合开发扶持农业优势特色产业规划（2019—2021年）

泗阳县农业资源开发局　泗阳县财政局

2018年4月23日

2.8 请 示

>>> **知识要点**

- 了解请示的含义
- 理解请示的特点
- 掌握请示的分类情况
- 掌握请示的文本格式

>>> **能力要求**

- 能够运用相关的文体知识对请示例文进行简单分析
- 领会请示的写作方法
- 初步学会写作请示

2.8.1 请示的定义

请示是下级机关向上级机关请求指示，或请求批准的报请性公文。

《条例》规定：请示，适用于向上级机关请求指示、批准。

2.8.2 请示的特点

1. 单一性

《条例》规定"请示应当一文一事；一般只写一个主送机关"。"一文""一事""一个主送机关"，断不可在一份公文中同时请示两件或两件以上的事情，也不可请求两个机关办理。这便是"请示"这一文种所具有的单一性特点。

2. 先行性

所谓"事前请示，事后报告"，请示所请求的事项必须是"拟办"而未办的事，办事之前必须征得上级机关批示，因此，必须先行文，后办事。绝对不可以先干后请示、边干边请示。"请示"的文件是办事的"先行官"，先行性是请示这一文种的又一特点。

3. 期待性

请示行文之后，对于所请求的事项是否可能得到上级机关的批准，发文机关期待结果，从而形成了请示（盼复）固有的期待性特征。

2.8.3 请示的类型

根据《条例》中请求"指示"和请求"批准"在内容上的类属，可将请示分为两大类。

1. 请求指示类

一般来说，请求"指示"，多在办理事务、处理事项上，涉及的范围多与政策、权限、方法途径等方面有关。比如，下级机关打算做某件事，而批准权在上级机关；下级想做某件工作，但政策界限还把握不准，或者思想上还有些问题不明确；职能部门对全局性工作提出意见或建议，请求上级同意，并批转各有关部门执行，等等。

2．请求批准类

一般来说，请求"批准"，多指下级机关在权限范围内，因人、财、物等方面的条件限制，有事情无法办理，需要通过请示，请求上级机关帮助处理。比如，重大项目立项、大型涉外活动、机构变革、人事任免，等等。

2.8.4 请示的写作要领

1．标题

请示的标题由发文机关、事由、文种三部分构成。标题一般有两种写法。

（1）"发文机关＋事由＋文种"，如《××大学关于承办省第六届大学生运动会经费的请示》。

（2）"事由＋文种"（只能省略发文机关，其他不能省），如《关于丹霞山风景名胜区列为国家重点风景名胜区的请示》。

2．主送机关

请示只能向直接上级机关行文，因此，主送机关只能有一个。

3．正文

正文由发文缘由、主体事项、结束语三部分构成。

1）发文缘由

概括交代有关背景，说明请示的原因、依据、理由等，简明扼要地写其必要性、可行性。

2）主体事项

具体阐明请求指示的事情、请求解决的问题，就此发表看法，提出建议或处理的方案。理由要充分，要求要合理。提要求而不说理由，就是"无理要求"，也不可能得到上级的认可。陈述理由，主要应说明做某件事的必要性和可行性；如果是请示帮助的，还要说清楚自己的困难所在。理由说得越充分，请示的目的越容易达到。向上级提要求，要从全局出发考虑问题，尽量做到合理。特别是请求帮助，一定要在自己充分挖掘潜力的基础上，仍然存在困难，才提出请求。决不可故意夸大困难，多提物质方面的要求。语言要得体，态度要恳切、谦和、委婉，不可生硬，尽量用商量口吻，如"拟""打算""准备""建议""是否"等，不可用要挟性语词。

3）结束语

用"特此请示，请批复""以上请示，请求批复"等习惯性结语。

4．署名和日期

在右下方署发文单位名称和日期。

范文精选一（请求批准类）

关于申请拨付工作餐经费的请示

淮城管〔2021〕5号

区政府：

文明城市创建工作已告一段落，为保障创建成果，提升我区城市管理工作再上新台阶，近阶段我局提前制定整治计划，持续开展综合整治活动，保障城市长效管理。同时针对疫情防控工作，加班加点，做好宣传防控、活禽交易查处等各项工作，协助相关部门全面落实疫情防控。结合实际情况，经测算2021年度约需工作餐经费合计9万元整，恳请区领导研究拨付。

特此请示，妥否，请示复。

淮安区城市管理局
2021年1月15日

范文精选二（请求指示类）

南陈集镇关于办理中华绒螯蟹良种育苗基地项目水域养殖证的请示
陈政发〔2021〕5号

区政府：

今年，我镇按照区委区政府的部署，全力开展项目招引，发展农业产业。近期，淮安市诚信渔公蟹业科技有限公司投资3 500万元的中华绒螯蟹优质种业基地项目拟落户建设。该项目用地约600亩，建设地点位于我镇头堡村，建成后将申报省级水产良种场，进一步推动全区螃蟹养殖业发展。该项目实施地点不在淮阴区养殖水域滩涂规划的禁养范围，也不在淮阴区养殖水域滩涂规划的养殖范围（养殖水域滩涂规划由我区自行规划设计，省、市无相关规划，且经与区农业农村局沟通，2018年我区编制养殖水域滩涂规划主要目的在于划定禁养范围），办理水域养殖证成为该项目落户并顺利实施的最大问题，恳请区领导帮助协调解决为感！

特此请示，请予批复。

南陈集镇人民政府
2021年4月2日

2.9　批　复

>>> 知识要点

- 了解批复的含义
- 理解批复的特点
- 掌握批复的分类情况
- 掌握批复的文本格式

>>> 能力要求

- 能够运用相关的文体知识对批复例文进行简单分析
- 领会批复的写作方法
- 初步学会写作批复

2.9.1　批复的定义

批复是上级机关答复下级机关请示事项的指示性公文。

《条例》规定：批复，适用于答复下级机关请示事项。

2.9.2 批复的特点

1. 针对性

批复是对"请示"的答复，针对请示的机关，针对请示的问题，做出肯定或否定的答复，所以批复是针对性特强的文种。对于批复机关来说，有请示才答复，谁的请示，就答复谁，请示什么问题就答复什么问题，不可以扯到别的问题上去。

2. 结论性

批复是请示的终结，是请示结果的明确，是作原则性的结论或作结论性的回答，对于自己做出的结论，不必做过多的因果分析，也不必展开议论说理，所给的文字，就是一个结论。

2.9.3 批复的类型

根据请示的两种类型（请求指示、请求批准），可以相应地把批复分为指示类和批准类。

1. 指示类

指示类批复主要是答复下级机关在办理事务和处理事项上，及其与政策、权限、方法途径等方面有关的请求。比如答复下级机关打算做某件事、想做某件工作的请求；答复下级机关在政策界限或者思想上还有些问题不明确所做出的指示；答复职能部门对全局性工作提出意见或建议，并同意批转各有关部门执行等。

2. 批准类

批准类批复主要是答复下级机关在权限范围内，因人、财、物等方面的请求，比如，对重大项目立项的批复、对大型涉外活动的批复、对机构变革的批复、对人事任免的批复，等等。

2.9.4 批复的写作要领

1. 标题

批复的标题由发文机关、事由、文种三部分构成。标题一般有两种写法。

（1）"发文机关＋事由＋文种"，如《国务院关于同意浙江省撤销萧山市余杭市设立杭州市萧山区和余杭区的批复》。

（2）"事由＋文种"（只能省略发文机关，其他不能省），如《关于编纂中华大典问题的批复》。

2. 主送机关

批复的主送机关只有一个。如果需要告知其他单位的，可以用"抄送"。

3. 正文

正文分为缘由、事项、结尾三部分。

1）缘由

交代批复的根据和对象。引述来文，说明收文情况：一般要先写明来文标题，再写发文字号，并加"收悉""收到"等词。

2）事项

这是批复的具体内容，是针对请示给予的明确答复。批复事项包括批复态度和批复意见；

是完全同意还是部分同意，抑或不同意，要明明确确。同意的要提出具体要求，不同意的要说明理由和意见。批复的指示意见，要体现意见的原则性、指导性，它是下级行动的依据，所以态度一定要鲜明，措辞一定要明确，不能让下级产生误解。点到为止，不必过于详细。

3）结尾

用"此复"作结。

4. 署名和日期

在右下方署发文单位和日期。

5. 注意事项

（1）在批复的标题中，最重要的部分是事由，一定要清楚地概括出来。

（2）批复一般比较简短，表态性的批复常常只有几十个字或一两百字，指示类批复最多也以几百字的为宜。

范文精选一（指示类）

关于同意成立淮安区旅游协会的批复

淮文旅发〔2021〕21号

淮安楚韵文旅集团等6家发起单位：

《关于申请成立淮安区旅游协会的请示》已收悉。经研究决定，同意由淮安楚韵文旅集团、淮安宾馆、淮安中国旅行社等6家单位共同发起筹备成立淮安区旅游协会，该协会为政府主导型组织。

特此批复。

淮安市淮安区文化广电和旅游局
2021年3月22日

范文精选二（批准类，不完全批准结论）

关于公办幼儿园托管费收费标准的批复

淮发改〔2019〕207号

区相关公办幼儿园：

根据教体局《关于淮安区学前教育收取托管费的申请》及《江苏省幼儿园收费管理办法》（苏价规〔2017〕9号）、《淮安市幼儿园收费管理实施细则》（淮价费〔2018〕64号）文件规定，考虑我区幼儿家长实际需要，经集体审议，现将托管费收费标准批复如下：

一、同意你园在接受家长委托、在非保教时间（保教时间周一至周五每日不少于8小时）向幼儿提供托管服务时收取托管费。收费标准按如下执行：城区省优质园托管费收费标准为不超过3.36元/（生·小时），乡镇省优质园托管费收费标准为不超过3.21元/（生·小时），不足1小时和超过1小时按1小时计算。乡镇市优质园托管费收费标准为不超过乡镇省优质园收费标准。每学期托管费收费标准不得超过上述每生每小时最高收费标准与实际托管天数（每天1小时）的乘积。

二、你园应当遵循"确有必要、家长自愿、据实收取、及时结算、定期公布"的原则，由园方与需要托管的幼儿家长签订含托管时间、收费标准等内容的托管协议。

三、托管费可按学期或者按月收取，每月底须向家长公示幼儿在园托管的实际天数，学期结束后公布结算结果,多退少补,不得与保教费统一收取。同时严格执行收费政策,在园内醒目位置对收费项目、计费单位、收费标准、收费依据、价格举报电话12315等内容进行公示。

四、此收费标准于2019年秋季学期及2020年春季学期(2019—2020学年度)执行,自每学期托管服务开班日起,托管服务结束时止。

五、未开设延时托管服务的幼儿园、开设延时托管服务但未经批准的幼儿园不得收取托管费。

附件:已审批托管服务收费的幼儿园名录

淮安市淮安区发展和改革委员会

2019年11月11日

范文精选三(批准类)

关于淮阴区农村公路三树镇二中沟桥改造工程施工图的批复

淮交〔2021〕112号

淮安市淮阴区公路事业发展中心:

根据你中心报送的《2021年淮阴区农村公路三树镇二中沟桥改造工程施工图设计》,我局于2021年5月30日组织专家和相关部门人员对该施工图设计进行了审查,并对苏交科集团股份有限公司提供的老桥拆除方案和新建桥梁设计方案等进行了认真的研究和讨论,结合实地勘察情况,设计单位根据建设单位的初审意见和专家组意见对该施工图设计进行了修改完善。现批复如下:

一、工程规模及技术标准

同意淮阴区三树镇二中沟桥新建桥梁采用 1×16 m 预应力混凝土简支板梁,桥长16米,全宽7米,净宽6米,桥梁上部结构采用先张法预应力空心板梁,下部结构采用桩接盖梁桥台、桩柱式桥墩,钻孔灌注桩基础,桥面铺装采用12 cm 现浇C50水泥砼,桥台两侧各设一道GQF-E-40型伸缩缝。桥面横坡由墩台帽弯折形成,外侧设防撞护栏,桥面横坡为双向 1.5%,桥头均设置搭板。

在淮阴区农村公路桥梁实施过程中,你中心要严格按规范、按图纸施工,认真处理好桥梁与已建成道路的搭接,同时设置好必备的交通安全标志。

二、工程费用与工程管理

工程纳入2021年度省农桥改造计划中,按照江苏省交通运输厅桥梁建设标准补助,不足部分由区财政配给。工程的实施管理按江苏省农村公路建设管理办法执行。

请你中心抓紧做好开工前的各项准备工作,严格执行招标投标制度及相关规定,按照公开、公平、公正的原则,择优选择资信好、施工技术力量较强的施工企业,选择善管理和技术服务好的工程监理单位,严格合同管理,责任落实到人,科学管理调度,切实做好工程施工中的每一个环节。抓好安全生产、做到文明施工,同时督促设计单位做好施工跟踪服务工作,首保质量,确保工程按期完成。

此复

淮安市淮阴区交通运输局

2021年6月3日

2.10 函

>>> **知识要点**

- 了解函的含义
- 理解函的特点
- 掌握函的分类情况
- 掌握函的文本格式

>>> **能力要求**

- 能够运用相关的文体知识对函的例文进行简单分析
- 领会函的写作方法
- 初步学会写作函

2.10.1 函的定义

函是平行机关和不相隶属机关之间办理日常公务的交往性公文。

《条例》规定：函，适用于不相隶属机关之间商洽工作、询问和答复问题、请求批准和答复审批事项。

2.10.2 函的特点

1. 便宜性

函作为公文文种，首先表现出它在文体形式上的便宜性。方便、合适、便利谓之便宜，这恰好可以概括函这一文种式样的特点。函可以用于平行机关处理事务，也可以用于不相隶属机关之间的交往，还可用于上下级之间的交往，使用灵活，适用性强。比如机关之间各种各样的交往很多，有时为了一件事情，需要反复磋商，用函的形式来沟通、交流十分方便；比如有些一般性、事务性的询问和答复，就不一定要用请示和批复，而可以用函；又比如上级机关有一些工作需要和下级机关商量着办，不带强制性质，这时也不宜用"指示"一类文种行文，而可以用函。

2. 实事性

函的实事性是它的又一特点。所谓"实事"，就是具体的事、实有的事。这正好符合函多用于解决具体事务、内容实在、务实性强的特征。比如某机关某单位有什么情况、有什么问题、有什么意见、有什么请求，需要用函的形式与有关对象联系的，只需实实在在把事情说清楚、把问题讲明白，不需要长篇大论，也不必讲大道理、做思想工作。

2.10.3 函的类型

根据函的内容，大体可分为三类。

1. 商洽函

这类函是机关之间商洽工作、联系事项、讨论问题的函。

2. 问答函

这类函是机关相互之间提出询问和答复询问的函。它可以用于平行机关之间相互问答，也可以用于不相隶属机关之间相互问答，还可用于上下级机关之间相互问答。

3. 请准函

这类函是向有关职能部门（没有隶属关系）请求批准的函。

除了以上三类，全国高等教育自学考试教材《公文写作与处理》（饶士奇主编）还划分出一类：知照函。该教材将这类函界定为：用于把自己管辖范围的事项告诉有关的机构。平行机关和不相隶属机关可以使用，上下级机关也可以使用。

2.10.4 函的写作要领

1. 标题

函的标题由发文机关、事由和文种三部分构成。有的是在标题下面用括号标出做决定的日期；有的还标明由什么会议通过。

标题一般有两种写法。

（1）完全式。"发文机关＋事由＋文种"，如《××省人民政府关于商请联合主办××××年全国产学研联合洽谈会暨展示会的函》。

（2）省略式。"事由＋文种"，如《关于调查电教教材编制情况及今后设想的函》。

2. 发文字号

较为正式的函与其他公文一样，也要有发文字号，不同的是，机关代字后要加一个"函"字，一般较简单的函可不写发文字号。

3. 主送机关

函一般只有一个主送机关。

4. 正文

函需要一事一函，直陈其事。语言要平实、亲切、自然。在格式与写法上，与一般书信基本相同，但作为处理公务的公文，又不能像私人信件那样随便。函的正文有：缘由、事项和结尾三部分。

1）缘由

发函要交代为什么要写这封函，说明原因和目的；复函通常要引来函的标题，来函的标题后抄写来函字号，然后再写上"收悉"二字。

2）事项

无论是发函还是复函，都要把有关事项写清楚。发函要将本单位所要商洽、询问、请求批准的事项，明确而具体地写出来，说话要平实、诚恳、委婉，但不要刻板生硬，也不要啰唆，转弯抹角，老说客套话；复函要针对来函的具体事项，明确地表达意见，不能含糊其词，模棱两可。

3）结尾

发函用"特此函告""即请函复""请研究后函复""特此函达，并希见复""请予回复为盼""请同意""请批准""敬请函复为荷"等作结；复函用"此得""特此函复""专此函复"等作结。

5. 署名和日期

在右下方署发文单位名称和日期。

范文精选一（商洽函）

关于商请配合开展南山区未来产业发展情况调研的函

各有关企业：

  为贯彻国家和深圳市未来产业发展的相关规划政策，我局正在组织开展南山区未来产业发展规划研究，现拟对航空航天、海洋、生命健康、机器人、可穿戴设备及智能装备相关产业领域的重点企业进行摸底调研，根据企业基本情况以及政策诉求，探索南山区未来产业发展策略并制定相应的扶持政策措施。特商请贵单位支持，协助填报相关调研问卷。

  本次调研主要针对行业重点企业，为准确如实反映我区未来产业的重点企业的发展现状和需求，请贵单位收到调研问卷后向熟悉情况的公司领导汇报，研究后填报。

  请于 2015 年 1 月 31 日前将调研问卷表以邮件形式反馈我局。邮箱：××××@126.com。此函，致谢。

  附件：南山区未来产业发展政策研究调研问卷（略）

深圳市南山区经济促进局
2015 年 1 月 16 日

范文精选二（问答类之 询问函）

项目设计征询函

各设计单位：

  我单位现有"监控指挥数字化大厅"的项目设计意向，设计内容及要求详见附件。如贵司能够为我单位进行项目设计，请在 2018 年 1 月 12 日 17 点前以密封形式提交公司资质及设计报价，需加盖公司公章。交到汕头市长平路 11 街区财政大楼汕头市人力资源和社会保障局信息化管理办公室。

  附件：设计人资格和设计内容（略）

汕头市人力资源和社会保障局信息化管理办公室
2018 年 1 月 8 日

范文精选三（问答类之 答复函）

国务院办公厅关于同意济南新旧动能转换起步区建设实施方案的函

国办函〔2021〕44 号

山东省人民政府、国家发展改革委：

  你们关于济南新旧动能转换起步区建设实施方案的请示收悉。经国务院批准，现函复如下：

  一、国务院原则同意《济南新旧动能转换起步区建设实施方案》（以下简称《方案》），请认真组织实施。

  二、《方案》实施要以习近平新时代中国特色社会主义思想为指导，全面贯彻党的十九大和十九届二中、三中、四中、五中全会精神，按照党中央、国务院决策部署，立足新发展阶段、贯彻新发展理念、构建新发展格局，着力加快新旧动能转换，着力创新城市发展方式，着力保护生态环境，着力深化开放合作，着力完善体制机制，走出一条绿色可持续的高质量发展之路。

三、山东省人民政府要切实加强对济南新旧动能转换起步区建设的组织领导，落实工作责任，制定配套政策，在推动新旧动能转换中创新发展，确保《方案》主要任务目标如期实现。《方案》实施涉及的重要政策和重大建设项目要按程序报批。

四、国务院有关部门要按照职责分工，加强对《方案》实施的支持和指导，协调解决《方案》实施中遇到的困难和问题。国家发展改革委要加强对《方案》实施情况的跟踪分析和督促检查，重大问题及时向国务院报告。

国务院办公厅
2021年4月25日

范文精选四（请准函）

关于推荐江苏视科新材料股份有限公司
申报2021年省科技成果转化专项资金项目的函

淮安市科学技术局：

根据江苏省科学技术厅、江苏省财政厅《关于印发〈2021年省科技成果转化专项资金项目指南〉及组织申报项目的通知》（苏科资发〔2021〕31号）文件精神，金湖县江苏视科新材料股份有限公司申报省成果转化关键技术专题创新项目。（详见附表）根据项目申报指南要求，我局对上述该企业申报的1个项目进行了审核，拟予推荐。

此函。

金湖县科学技术局
2021年4月6日

范文精选五（知照函）

关于公布金湖县荷花荡旅游公路建设工程项目全宗号的函
金档馆〔2021〕1号

金湖县交通运输局：

机关、团体、企业事业单位档案工作是开展各项工作的重要依据，是提高工作效率和工作质量的必要条件，是维护各单位历史真实面貌的一项重要工作，各单位在工作活动中形成的全部档案应由本单位负责收集、整理、管理和利用。根据《中华人民共和国档案法》和《江苏省档案管理条例》相关规定，以及我县档案全宗号编制规则，金湖县荷花荡旅游公路建设工程项目全宗号登记为0911，作为该工程项目档案管理的永久代号，希贵单位加强工程项目档案管理，保障档案工作依法开展。

金湖县档案馆
2021年1月27日

2.11 纪 要

>>> **知识要点**

- 了解纪要的含义
- 理解纪要的特点
- 掌握纪要的分类情况
- 掌握纪要的文本格式

>>> **能力要求**

- 能够运用相关的文体知识对纪要例文进行简单分析
- 领会纪要的写作方法
- 初步学会写作会议纪要

2.11.1 纪要的定义

纪要是记载会议情况和传达会议精神的纪实性文件。

《条例》规定：纪要，适用于记载会议主要情况和议定事项。

2.11.2 纪要的特点

1. 记要性

纪要之"纪"义同"记"。纪要，即记录要点的文字。会议纪要用于记载传达会议情况和议定事项，这种记载，不是会议的流水账，而是记录会议的主要情况、主要事项、主要精神。记录要点，是会议纪要最为显著的特点。作为记录会议要点的文件，它产生于会议记录、领导讲话、大会发言、会议简报等各种材料，而它的最终形成，却是作者对各种材料的提炼、概括、分析研究和归纳整理。

2. 纪实性

纪要是记载、传达会议情况和议定事项的纪实性文件，必须忠实地反映会议的情况，客观地传达会议的主要精神，如实地记载会议的中心议题和议定事项。在对会议情况和议定事项的归纳整理中，不得随意修改会议形成的主要观点，对会议主要精神的表述不可引申发挥，纪要内容不能涉及议而未决的事项等。

3. 知照性

纪要可以公开发表，也可以内部传达，目的是让群众或有关人员了解会议情况，知道会议的主要精神和议定的事项。

4. 指导性

纪要传达的会议精神和议定事项，对于下级机关和基层单位开展工作具有一定的指导意义，特别是一些决策性会议，它的主要精神和议定的事项需要与会单位及有关部门传达贯彻。

5. 独特性

会议纪要适用于记载、传达会议情况和议定事项，它与会议记录同为会议使用的公文。不同的是：会议纪要是法定公文，会议记录是事务文书；会议纪要的内容是反映会议情况和经过会议通过的议定事项，会议记录则是会议的忠实记录，有言即录，反映会议全过程。

2.11.3 纪要的类型

会议纪要的类型很多，从内容上看，有工作会议纪要、座谈会会议纪要；从性质上看，有决策性会议纪要、协调性会议纪要和研讨性会议纪要等。现就其性质进行分类。

1. 决策性会议纪要

决策性会议是有一定权力的机构方主持召开的会议，会议议定的事项和反映的主要精神便是领导和集体的决策，这类会议纪要可以作为传达和部署工作的依据，对现实工作有指导作用。

2. 协调性会议纪要

协调性会议是由不同机构、不同方面的机关和单位联合召开的，会议主要是商讨共同关心的问题，会议纪要主要记载各方取得的一致意见，对各方今后的工作有约束力。

3. 研讨性会议纪要

研讨性会议是研究讨论各方面问题的会议，互通情报，交流经验，畅所欲言，不需要统一意见，不需要做决议，会议纪要各方需将各方的主要观点、意见或情况反映出来。

2.11.4 纪要的写作要领

1. 标题

会议纪要的标题有两种写法。

(1)"会议名称＋文种"：中间可省去"会议"二字，如《全国教育工作会议纪要》不必写成《全国教育工作会议会议纪要》。

(2) 采用双行标题：正题说明会议的内容和意义，副题是会议名称和文种。如：

思想政治素质是现代人的灵魂
——××大学思想政治教育研讨会纪要

2. 正文

会议纪要的正文一般分为导言、主体、结束语三个部分。

1) 导言

导言主要写会议概况。会议概况简要地介绍会议的有关情况：会议的指导思想、会议宗旨、会议名称、会议议题、开会时间、地点、出席者、主持者、会议过程等。

以往将开会时间、地点、出席者、主持者等放在正文开头单列出来，各占一行，近似会议记录的格式，这种写法已经过时了，当今无论是哪一类纪要，均将其放入导言第一段概述。

2）主体

主体主要写会议内容。这是正文的核心部分。主要陈述会议的具体情况或讨论的问题，会议议定的事项或提出的意见，形成的决议或做出的决定等。这部分写作方法有：分条列举式，小标题式，发言记录式，综合式。无论是采用哪种写法，都要注意结构的组织安排，为了增强条理性，可以使用一些习惯用语，如"会议认为""会议指出""会议决定""会议强调"，等等。这些语句多用在开头，形成段旨句，这不仅能增添文章的气势，更能使主体陈述有条有理。

3）结束语

一般对会议作总体评价，或提出希望和要求。也有不要结束语的。

这是正文部分的小结，往往对与会者、下级机关、有关群众提出一些希望和要求。一般指会议内容比较重要、比较复杂的才写结束语，内容相对比较简单明了的可以不写结束语。

3. 注意事项

（1）会议纪要须由会议主持机关撰写，一般在会议结束后起草，定稿须经领导同意，有的还须征得多方领导的同意。

（2）写作会议纪要必须以会议记录、会议报告、会议发言、会议决议为依据，不能加入会议以外的东西和写作者个人的观点。

（3）会议纪要可以在最后署机关名称和撰写日期，也可以从略，不署名。

范文精选一（决策性会议纪要）

汕尾市区汕尾大道配套公共停车场工程建设推进会议纪要
（2017年1月14日）

2016年12月12日下午，受杨绪松市长的委托，副市长李贤谋在市政府302会议室主持召开汕尾市区汕尾大道配套公共停车场工程建设推进会议。市住建局、市发改局、市财政局、市公路局、市城乡规划局、市城管局、市园林局、汕尾供电局、市老干部局、市供水总公司、汕尾电视台、汕尾日报社、工商银行汕尾分行、城区环卫局、太平洋建设集团以及深圳市城市交通规划设计研究中心等有关领导参加会议。现纪要如下：

会议听取了深圳市城市交通规划设计研究中心关于汕尾大道两侧设置停车场的前期设计情况汇报，参加会议人员提出相关意见，并进行认真讨论。

会议指出，由于市区居住、商业、办公等建筑基本没有或仅有少量自愿建设的停车位，尤其是老城区及老旧小区，基本没有配建停车场，致使目前停车泊位总量严重不足，汕尾大道等主要道路上违章停车严重。为此，市委市政府高度重视，决定建设汕尾市区汕尾大道配套公共停车场工程，以缓解汕尾大道沿线停车难的问题。

会议决定，（一）汕尾市区汕尾大道配套公共停车场工程单独立项。（二）汕尾市区汕尾大道配套公共停车场工程由市公路局作为业主进行建设。

会议要求，为加快该项目建设进度，各部门要明确职责：（一）施工期间需占用奎山垃圾转运站部分用地（不影响转运站正常运转），城区环卫局要给予支持配合；（二）需拆除工商银行西侧、南侧围墙和有线电视台西侧围墙，工行银行汕尾分行、有线电视台要给予支持配合；（三）德政街（红海大道—公园路）段需将奎山公园8米宽用地和汕尾大道—文明路交叉口西南侧三角绿地改造为林荫停车位，市园林局要给予支持配合；（四）德政街现有架空的电缆需入地（地下电力管沟纳入本项目建设），汕尾供电局要给予支持配合；（五）奎山河加盖工程与现状奎山河两侧既有通信、电力、给排水等管线部分冲突，相关部门要全力支持配合；（六）各相关部门要密切配合，确保该项工作快速推进。

范文精选二（协调性会议纪要）

关于协调落实全市社会经济数据监测有关工作的会议纪要

（2016年4月30日）

受市委常委、常务副市长林涛的委托，2016年4月22日上午，市政府副秘书长王晓东在市统计局会议室主持召开会议，协调落实全市社会经济数据监测有关工作。会议听取有关部门关于经济数据监测工作情况汇报，讨论分析有关问题，部署下一步工作。纪要如下：

一、会议指出，市政府领导高度重视全市社会经济数据监测工作，要求市发改局、统计局、财政局建立联动机制，每月对有关数据进行分析研判，并形成快报送市政府领导，为市政府主要领导全面掌握全市经济动态科学决策提供有效参考。

二、会议围绕全市社会经济数据监测有关工作进行讨论，并达成以下一致意见：

（一）明确牵头主办单位。具体由市发改局牵头会市统计局、财政局按照市政府领导的要求落实有关工作，每月定期报送监测快报，并逐步建立完善我市经济社会运行预警机制。

（二）建立健全工作机制。在汕尾市统计局经济运行情况分析会议制度的基础上进一步完善，建立汕尾市经济运行情况分析联席会议制度，完善工作机制，可每月召开1次例会，研究分析核对有关数据。具体由统计局牵头，征求相关部门意见后，代拟汕尾市经济运行情况分析会议制度报市政府。

（三）丰富监测快报内容。为使市政府领导能及时了解掌握全市社会经济有关动态，监测快报内容可从以下几个方面进行完善：①财税有关数据异动情况；②有关行业部门的数据异动情况（包括重点项目、社会经济运行情况）；③省下达我市各项考核指标完成情况；④借鉴周边城市的其他异动情况。

范文精选三（研讨性会议纪要）

高栏港区"9·22"垃圾清运预算编制座谈会议纪要

珠港建纪〔2017〕2号

根据2017年1月12日区违法倾倒垃圾专项整治行动工作会议要求，2017年1月18日下午，区建设局副局长于雁南在高栏港大厦1102会议室主持召开垃圾清运预算编制座谈会，邀请了区财金事务局、市建设工程造价管理站、珠海市正达丰造价师事务所有限公司等多家政府、企业相关单位参加（名单附后），研究垃圾清运预算编制相关事宜。

首先，由组织单位向参会单位专家介绍垃圾倾倒情况，并带领各参会单位代表前往2号、5号垃圾倾倒点进行实地踏勘。经现场勘查，各位专家提出了建议及解决方案。纪要如下：

一、本次垃圾清运属于特殊突发事件，项目存在垃圾量大、作业环境恶劣、机械损耗严重等问题，目前造价单位在预算编制中所套用的定额价格与清运单位实际支出差距较大，使得清运合同不能签订，清运经费难以正常拨付。

二、从垃圾倾倒点现场情况来看，存在争议的部分主要是垃圾分拣、翻晒、人员加班以及车辆损耗等方面的问题，且目前所使用的环卫定额也与本项目存在差距（编制单位按照环卫定额核定价为110元/立方米，清运单位实际作业支出为200元/立方米，未含利润）。

三、各专家建议清运单位应编制完善原施工方案，对清运过程中确已发生的相关费用一一列明，其中可以套用定额的直接套用支付，无法套用定额的，可通过市场询价的方式进行认定。

参会人员：（略）

本章思考与练习

一、填空题

1. 党政机关的公文是党政机关在行政管理过程中形成的具有_____和_____的文书。
2. 公文体式是文体_____在文本格式上的规定和安排。
3. 行文关系是指发文机关与_____之间的关系。
4. 按照所发文件的去向，可以将文件划分为三类：_____、_____、_____。
5. 决定、通知、条例、计划、总结等都是公文的名称，人们通常把这些名称统称为_____。
6. 《格式》将公文各个要素划分为_____、_____、_____三个部分。这样划分，对过去一些叫法如：文头、行文、文尾等，做了统一的规定。
7. _____是指由发文机关编排的文件代号。由发文机关代字、年份（加_____号〔〕）和序号组成。
8. 公文的主体部分包括_____、_____、_____、附件、成文时间、公文生效标识、附注等项。
9. 公文标题由_____、_____和_____组成。
10. 正文的结构一般可分为_____、_____、_____三个部分。
11. 《格式》规定："当公文排版后所剩空白处不能容下印章位置时，不得采取标识'_____'的方法解决。"
12. 公文的特定格式，《格式》规定有三种：_____、_____、_____。
13. 公文用纸的尺寸与规格《格式》第十二条规定："公文用纸一般采用国际标准_____型。"
14. 公文大标题一般使用_____号宋体字，小标题一般使用_____号宋体字。
15. 《格式》规定："公文的正文用3号_____，一般每面排_____行。每行排_____个字。"
16. 决定是机关团体对_____或_____做出决策和安排的指导性公文。

17. 通告适用于公布社会各有关方面应当＿＿＿＿或＿＿＿＿的事项。
18. 按照内容的性质通告可以分为两大类型：＿＿＿＿和＿＿＿＿。
19. 通知是向特定受文对象告知或＿＿＿＿或＿＿＿＿的公文。
20. 通报是在一定范围内＿＿＿＿、＿＿＿＿、＿＿＿＿的知照性文件。
21. 根据《条例》规定通报的适用范围，通报自然形成了三类：＿＿＿＿、＿＿＿＿、＿＿＿＿。
22. 《条例》规定：报告适用于向上级机关＿＿＿＿，＿＿＿＿，＿＿＿＿。
23. 《条例》规定："请示适用于向上级机关请求＿＿＿＿、＿＿＿＿。"
24. 《条例》规定："批复适用于答复下级机关＿＿＿＿。"
25. 意见是机关团体组织对重要事项或问题＿＿＿＿或＿＿＿＿的文件。
26. 函是＿＿＿＿和＿＿＿＿之间办理日常公务的交往性公文。
27. 根据内容函大体可分为三类：＿＿＿＿、＿＿＿＿、＿＿＿＿。
28. 《条例》规定："纪要适用＿＿＿＿和＿＿＿＿。"

二、选择题

1. 在正文或附件之后加盖发文机关印章或签署人姓名，作为证明公文效力的标志，称为（　　）。
   A. 成文标志　　　　　　　　B. 发文单位标志
   C. 公文生效标识　　　　　　D. 公文身份标识

2. 一般来说，哪个机关负有收受、办理公文的责任，哪个机关就是（　　）。
   A. 发文机关　　　　　　　　B. 抄送机关
   C. 报送机关　　　　　　　　D. 主送机关

3. 协助办理的，或与执行有关联，或需要知晓公文内容的机关称为（　　）。
   A. 发文机关　　　　　　　　B. 抄送机关
   C. 报送机关　　　　　　　　D. 主送机关

4. 发文字号是指文件代号，由发文机关代字、年份和序号组成。放置年份所用的括号是（　　）。
   A. 〔　〕　　　　　　　　　B. 〈　〉
   C. 【　】　　　　　　　　　D. ［　］

5. 成文时间是指公文形成的时间。它是文件生效及日后查考的重要依据之一。如果公文没有成文时间，在某种意义上说就是一纸空文。成文时间的年、月、日要写齐全，要用（　　）。
   A. 阿拉伯数字书写　　　　　B. 阿拉伯数字与汉字混合书写
   C. 阿拉伯数字或汉字书写　　D. 用汉字书写

6. 公文的结束语是正文的结尾部分，多为习惯性结束语，但也有是顺理成章自然终结的。一般不用习惯性结语的文种是（　　）。
   A. 决定　　　B. 通告　　　C. 通知　　　D. 请示

三、简答题

1. 党政公文的特点是什么？
2. 党政公文主要有哪些作用？
3. 简述党政公文的构成要素。
4. 哪几个要素是一般公文的固定组成部分？
5. 什么叫发文机关标识？
6. 公文的成文时间主要有几种情况？
7. 简述公文标注主题词的步骤。
8. 怎样标注主题词？
9. 简述决定的特点。
10. 决定的类型有哪些？
11. 表彰决定的缘由应当怎么写？
12. 通告有什么样的特点？
13. 怎样写通告正文主体的发布事项？
14. 通告写作要注意什么？
15. 简述通知用途广和时效性强的特点。
16. 举例说明批转性、转发性通知，如文件需层层批转时，其标题应怎么写？
17. 简述通报的两个特点。
18. 通报的发文事由写什么？
19. 通报的具体事实分析和评说应当怎么写？简述通报的汇报性和阐发性。
20. 报告有哪些类型？
21. 报告的主体事项应当怎么写？
22. 请求指示和请求批准这两类请示区别在哪里？
23. 批复怎么写？
24. 《条例》规定"请示应当一文一事；一般只写一个主送机关"，为什么？
25. 请示的最显著的特点是什么？为什么？
26. 请示的事项怎样写？
27. 意见的特点有哪些？
28. 指示型意见的事项写作要注意些什么？
29. 会议纪要的特点有哪些？
30. 会议纪要的标题怎么写？
31. 会议纪要的正文主体怎么写？会议纪要与会议记录有什么不同？

四、论述题

1. 阐述公文的文本格式。
2. 阐述公文的书写形式。
3. 阐述正式公文和非正式公文的区别。
4. 阐述决定的正文主体的写法。
5. 阐述指示性通知的正文写法。

6. 阐述报告正文主体的写法。
7. 阐述请示的写作要领。
8. 阐述函的便宜性和实事性。
9. 阐述函的正文写作的要领。

五、分析题

分析下列两份文件存在的错误，并说明正确的写法。

关于与贵校建立双方全面协作关系的通知

近年来，我所与你校双方在一些科学研究项目上互相支持，取得了一定的成绩，建立了良好的协作基础。为了巩固成果，建议我们双方今后能进一步在学术思想、科学研究、人员培训、仪器设备等方面建立全面的交流协作关系，现将有关事宜通知如下：

一、定期举行所、校之间学术讨论与学术交流。

二、根据所、校各自的科研发展方向和特点，对双方共同感兴趣的课题进行协作。

三、根据所、校各自人员配备情况，校方在可能的条件下对所方研究生、科研人员的培训予以帮助。双方科研教学所需要高、精、尖仪器设备，在可能的条件下，予对方提供利用。

特此通知，务希研究见复。

××科学院××研究所

关于商借课室的请示

××中学：你们好！

我市因培训人员较多，场地不够，所以想向你校借用课室。时间是今年9、10两个月的所有双休日，每天上午8时至下午6时；课室数目是8间。每次上完课，我局会派人打扫卫生。这次培训，关系到提高我市在职干部的素质，希望能得到你们的支持。

是否同意，请研究后及时批复我们。

此致

敬礼

××市人事局
2020年8月5日

六、作文题

1. 根据"五、分析题"的两份公文内容，选择其一拟写一份规范的公文。
2. 根据以下情况，请以××分公司的名义就某一项目建设向××总公司制发公文。
   （1）1 200万元项目拨款，尚有300万元资金缺口；
   （2）厂房扩建工程已经基本完成；
   （3）办公设施改善尚需150万元。
3. 以学校办公室的名义发一份小型会议通知。

第 3 章　事务文书

3.1　计　划

>>> 知识要点

- 了解计划的含义
- 理解计划的三个特点
- 掌握计划的分类情况
- 掌握计划的文本格式

>>> 能力要求

- 能够运用相关的文体知识对计划例文进行简单分析
- 领会计划的写作方法
- 学会写作计划

3.1.1　计划的定义

计划是单位或个人对未来一定时期或预定一段时间所要完成的任务或某项工作而做出的安排和部署。

计划是一个总称，属于计划类的文书的名目繁多，其用途极为广泛，人们历来看重计划的作用，古语说："谋先，事则昌""凡事预则立，不预则废"。现代人更是把计划看成是工作行事的导航，它在实际工作和生产劳动等社会活动的各个领域调控节奏，保证效率，发挥着指导、推动、督促的作用。

3.1.2　计划的特点

1. 预设性

计划所做的工作安排和部署是面向未来预先制定的，具有尚未经实践检验的预想性质，任何工作计划都有一个需要完成的预期目标，计划围绕设定的目标，分配任务并做出如何完成的打算、方案、规划、设想、设计等，这一切都是带有预设性的，而完成计划的工作任务，是目标预期的结果。

2. 可行性

计划的制订是对将要完成的工作任务所做出的科学化、条理化的安排，它必定要从全局出发，立足本单位或个人，对客观事物、工作实际情况进行科学的分析、合理的考虑、周密的筹谋，从而确定目标，制定实现目标的步骤和措施，计划具有科学性、合理性，从而决定了它具有可行性。

3. 指导性

计划的依据、目标和措施不是凭空杜撰出来的，一定意义上说，它是以往工作的经验性总结。它的形成，一般要经过检查前一阶段的工作，明确下一阶段的工作任务，分析下一阶段工作执行的可能结果及其主、客观条件。就任何一项工作任务来说，它都具体而明确地回答了"做什么""谁来做""怎么做""什么时候完成"的问题，所以计划形成出台之后，必定会指导工作实践、引领任务完成、使工作目标得到实现。

3.1.3 计划的类型

计划只是一个总称，常用的有规划、纲要、设想、要点、安排、方案、打算等。名称不同，用途也有悬殊。

1. 规划、设想

规划用于时间跨度较长、涉及面广、展示远景的粗线条的正式计划；设想用于对长远工作所做的预计，是一种初步的、不成熟的、粗线条的参考性计划。

2. 要点、纲要

要点、纲要都是粗线条的，偏重于政策性、原则性指导，主要用于上级机关给下级布置工作任务，交代政策、措施等。要点和纲要，是对一段时间的工作做出的简要安排，文字扼要，分条列项，成条文式，只是纲要比要点的时间跨度又要长些。

3. 安排、方案、打算

安排、方案和打算主要用于时间比较短，内容比较单一、具体的计划。安排和打算，是对短期、近期具体工作事项的计划，只是安排比打算考虑得更周全一些；至于方案，实施时间可以长些，则是更加周密的安排，这种计划，从目标、任务、要求、方法、措施、步骤等方面都非常周全而缜密。

这是按计划的名称和用途来分的。除此之外，还有以下几种分类标准。

（1）按对象来分：有工作计划、生产计划、科研计划、教学计划等。

（2）按范围来分：有国家机关计划、部门计划、单位计划、科室计划、个人计划等。

（3）按时间来分：有长期计划（比如五年规划、十年规划等）和短期计划（工作安排等）。

（4）按内容来分：有综合计划（比如全局性计划）和单项计划（比如专题计划）。

（5）按结构来分：有条文式计划、表格式计划、条文式计划和表格式计划并用等。

3.1.4 计划的写作要领

1. 标题

（1）标题由计划的单位名称、计划的时间限定、计划的内容、计划的文种名称（比如规划、要点、安排等）构成。

（2）公文格式写法："单位＋时间＋内容＋文种"（有时可以省略单位或省略时间或二者全省略）。

（3）新闻格式写法：双行标题，即正副标题（如：探索高等职业教育"做人"与"做事"相结合的人才培养新模式——北京××职业学院思想品德教育工作设想）。

2．正文

正文主要有计划的提出、计划的目标、计划的措施三个部分。

1）计划的提出

计划的提出又称前言。简要写明计划的依据（方针政策或上级指示）、目的或指导思想，简要说明本单位的实际情况，指出完成计划的条件，点明总任务或完成计划指标的意义。这一部分回答的是"为什么要做的问题"。

2）计划的目标

计划的目标又称主体，主要写计划的目标与任务，回答"做什么"的问题。目标是计划的灵魂，它是计划奋斗的方向，任何计划都要写明在什么时间内完成什么任务、达到什么目标、质量上有什么规定、数量上有什么要求。

3）计划的措施

计划的措施也是主体的一部分。主要写为实现目标和完成任务而制定相应的措施和方法，这是完成计划的具体保证。回答的是"谁做""怎么做"的问题。措施和方法主要指达到既定目标所要采用的办法和手段，分几个阶段、几个步骤，明确动员哪些力量，创造什么条件，排除哪些困难，还要确定出哪些先做、哪些后做、哪是重点、哪是次重点、哪些是一般。再就是时限，写清总时限和阶段时限。对人力、物力相应做出安排。

另外，有的计划在这三个部分之后还有结尾，主要是强调有关事项或发出号令。有的不写结尾。

3．注意事项

1）结构形式

（1）段落式。适用于原则要求多而具体指标少的计划。采用叙述说明的表达方式，与一般文章写法相同。

（2）条文式。适用于比较具体的、近期的计划。采用分条列项的方式来写。

（3）表格式。适用于涉及部门多、数据指标复杂、时间界限明确的计划。采用画表格，按项分栏目填写的方法。

（4）综合式。适用于内容比较复杂、数字比较多的计划。这种形式既有文字叙述说明，也有分条列项，还有表格。

2）语言

语言要求简明扼要，以叙述说明为主，以简洁为原则，不要有过多议论。把事项问题说清楚，从容不迫，有条有理。

3）目标

目标要实事求是，一切从实际出发，既要考虑到工作需要、可望前景，又要考虑到实际问题、现实条件，所以目标任务不能定得过高，也不能偏低，要留有余地。

范文精选一（全局性工作计划）

江苏省文化和旅游厅2018年度重点工作计划

2018年是我省"旅游质量提升年"，我们将深入贯彻落实党的十九大精神，围绕"建设国内领先的旅游强省和国际著名的旅游目的地"的奋斗目标，以"水韵江苏"旅游品牌为统领，深入推进旅游业供给侧结构性改革，全面提高旅游业发展品质，重点抓好以下几个方面工作：

一、以规划设计为引领，打造旅游发展新空间。对接省委省政府"1＋3"战略布局，省级层面重点进一步完善沿海、扬子江和大运河旅游发展规划等，会同交通部门编制全省旅游交通发展规划。各市、县（区）根据各自的特色和优势，编制全域旅游规划、乡村旅游规划、项目建设规划等。

二、以全域旅游示范省建设为目标，开辟旅游发展新境界。全域旅游示范区建设是推动旅游业快速发展的有效途径，我们将在全面推进前29家单位创建的基础上，争取更多的市、县（区）加入全域旅游示范区创建的行列。按照大旅游发展的要求，加快旅游风景道建设，通过旅游风景道串联各旅游景区、景点，各类旅游服务设施；科学合理布设民宿、驿站、茶舍（休憩点）、厕所、路侧停车观景台以及旅游集散中心等设施；有序推进房车（露）营地建设；打通通往旅游目的地的"最后一公里"。

三、以项目建设为载体，形成旅游发展新格局。继续全面跟踪和有序推进50个省级重大旅游项目的建设，重点推进风情小镇建设，重点推进长江旅游航线、大运河旅游航线、沿海旅游。重点推进和打造2~3个在国内有影响力的新景区的规划、设计和建设，以此推动各市、县（区）旅游重点项目的落地生根；积极推动创建省级、国家级旅游度假区和5A级景区。

四、以智慧旅游为抓手，体现江苏旅游管理和服务新水平。加快建设省级旅游管理与服务大数据平台，力争明年全面建成。开通96519旅游投诉和服务电话，强力推动各市、县（区）旅游大数据平台建设，实现省、市、县（区）三级，以及与各A级景区、省级以上旅游度假区、各大旅行社、各星级饭店大数据平台的联网畅通和数据共享。

五、以融合发展为动力，增添旅游发展新活力。加强旅游与农业、工业、交通、体育、健康和教育等产业的融合，不断丰富我省旅游产品体系。贯彻落实国家六部门联合发布的《关于促进交通运输与旅游融合发展的若干意见》，深化与交通、航空、铁路等部门的合作，提升全省旅游交通服务水平。

六、以宣传促销为手段，彰显"水韵江苏"旅游新品牌。整合各类节庆活动资源，策划举办具有江苏特色和广泛影响力的省级品牌旅游活动。继续拓宽旅游推广渠道，进一步与省电视台合作。进一步依托商务、外事和国家文化与旅游部等驻外机构，加速布点"水韵江苏"境外旅游推广中心。

范文精选二（单项性专题计划）

泗阳县名师工作室暨骨干教师培育站建设实施方案

根据江苏省《教育厅关于做好2020年中小学教师和校长培训工作的通知》《关于第五期江苏省乡村骨干教师培育站建设的函》要求，分层次、精准化培养骨干教师，提高教师业务素养，促进教师专业发展，形成一支本土化的骨干教师队伍，决定在我县成立名师工作室暨骨干教师培育站。具体方案如下：

一、领导小组

组　　长：胡　梅

副组长：李亚涛、樊永亮、仇文娟、孙　端、金小中、王公亮、葛庆中

组　　员：各中小学校长、幼儿园园长，各相关科室负责人

二、培育站和工作室建设

1. 站室设置

全县分学科设立名师工作室。原则上，小学语文、数学分别不超过3个，英语不超过2个；初中语文、数学、英语等学科分别不超过2个，高中语文、数学、英语等学科分别不超过2个；其余各学段每学科不超过1个。

全县每年设立县级骨干教师培育站若干个。各学段语文、数学、英语学科至少建1个；其余学科，组织人事科和教师发展中心根据当年本县教师专业发展的现实情况和专业发展需要，确定建立相应培育站。

2. 导师组织

每个名师工作室设主持人1名，原则上由特级教师（或正高级教师）、大市级及以上的名教师担任。

每个骨干教师培育站由主持人和2名成员组成导师组。培育站导师组原则上由特级教师（或正高级教师）、大市级名教师、大市学科带头人、骨干教师和县级学科研训员组成。主持人、导师的遴选实行自主申报，每位教师只能选报室或站其中一个主持人，名师工作室主持人可以兼任培育站导师。

所选主持人、导师要热爱教育事业，热心教师专业发展，在时间和精力上能保证工作室或培育站工作需要。名师工作室、培育站主持人、培育站导师原则上从本县教师中选拔。经县教师发展中心审批同意后，为主持人和导师颁发聘书，在基地学校挂牌。

3. 学员选拔

工作室学员从全县优秀青年教师中选拔，原则上年龄不超过45岁，必须获得过县级优质课、基本功一等奖及以上教学奖励，或获得过市教学能手以上的荣誉称号，每个工作室学员10~15名。培育站所有学员均从乡村教师或近五年城区新入职的教师中推荐选拔（近三年已参加县、市级培育站的不在选拔范围）。培育站的学员原则上不超过40岁，每个培育站25~30名学员，不足20人的不建站。学员的遴选程序为自我申报、学校推荐、导师组同意、县教师发展中心备案。每位教师只能选报名师工作室或培育站学员其中一种。

4. 活动内容

名师工作室和骨干教师培育站工作由主持人安排，其工作要定位高，实效强。总体框架遵循"调查分析—理论学习—案例剖析—实践验证—反思总结"的研究路线。

名师工作室要紧盯本学科教育改革前沿的领域，结合我县目前教育教学中急需解决的重点问题，深入开展专题研究，团结带领青年骨干积极学习先进理念，探索科学方法，为繁荣泗阳教育提出前瞻性建议。

培育站学员应在导师指导下，根据骨干教师培育站的建站宗旨和要求，制定个人研修计划，切实如期完成研修内容。具体操作要从教师的实际现状和需求入手，指导学员研读课程

标准和教材，提升教学设计水平，掌握试题命制与分析的方法。

5. 活动形式

各名师工作室和培育站要根据学员专业发展的实际水平，确立年度培育主题，采取集中研修、岗位研修、跟岗学习、网络研修、自主读书等多种形式，组织学员开展研修活动。名师工作室要放大其影响力和辐射力，联系区域教师研修的重点和主题，助推本县优秀学科建设，实现研修工作常态化、高效化。县教师发展中心要将其过程管理纳入年度常规工作。

三、考核管理

1. 加强过程监控。教师发展中心要加强过程管理，邀请大市教师培训管理机构，组织专家团队对各名师工作室和骨干教师培育站进行业务指导，通过专题培训会、座谈会、现场会、经验交流会等，及时发现问题、解决问题，保证各项工作顺利进行。

2. 严格考核评估。名师工作室每个周期为三年，骨干教师培育站每个周期一年，集中研修时间均不少于15天。通过一个周期的学习，对没有达到考核要求的学员实行淘汰制。县教师发展中心负责室和站的终期考核。被评为县优秀室或站的，给予一定经济奖励。

3. 强化结果运用。教师发展中心要加强指导，规范申报程序，优化研训方法，每一个培训周期结束，教师发展中心组织终期评估，对成绩优秀的工作室、培育站和个人予以表彰，终期考核为优秀的学员、主持人、导师优先评优评先。

四、保证经费投入

县教育局对通过评审的县级名师工作室和乡村骨干教师培育站每年分别提供工作经费2万~3万元，保证工作有效开展。导师组和聘请专家的授课费参照苏师干训〔2017〕9号文件执行。经费使用严格执行财务制度，做好成本预算，提高经费使用效率。

五、其他

认识此项工作的重要意义，做好宣传动员工作；建立工作程序，形成运行机制；对此项工作做出突出贡献的单位个人政策上予以倾斜。（编者有删节）

3.2 总 结

>>> 知识要点

- 了解总结的含义
- 理解总结的三个特点
- 掌握总结的分类情况
- 掌握总结的文本格式

>>> 能力要求

- 能够运用相关的文体知识对总结例文进行简单分析
- 领会总结的写作方法
- 学会写作总结

3.2.1 总结的定义

总结是单位或个人对已经完成的任务、做过的工作进行回顾、概括、分析和评价的文书。

总结是对客观事物本质的概括，也是对工作实践的理论升华。毛泽东主席说："人类总得不断地总结经验，有所发现，有所发明，有所创造，有所前进。"总结的作用就在于下情上传和提高自身。通过总结，人们可以发现规律性的东西，提高认识，改进工作，从而取得更好的成绩。

3.2.2 总结的特点

1. 回顾性

总结必须通过回顾来进行，它是对已过去的某一时期实践活动或做过的某一项工作进行归纳整理、分析研究和客观评价，以肯定成绩、发现问题、吸取教训，从中得出规律性的认识，这便是一个回顾的过程。没有对过去的回顾，就不可能有总结的结果。

2. 经验性

总结以实践为基础，以事实为内容。它是理性的揭示，它是经验之谈，是对事实进行概括和评价中所得出的规律性认识。

3. 陈述性

总结主要是回顾已往、对过去事情的叙说。叙述是它实现表达、形成文本的主要方式。它在叙述中辅以说明，但回避抒情、描写，慎用双关、夸张、借代等修辞手法，以免生出歧义。在简洁、明快而不失生动的叙述中表现出总结特有的陈述性特点。

3.2.3 总结的类型

总结和计划相对应，有什么类型的计划，就有什么类型的总结。一般来说，按照总结的内容，总结可以分为综合性总结、专题性总结。

1. 综合性总结

综合性总结是全面总结一个单位或一个部门各方面的情况。它重在"全"，多层次地展现以往工作的全过程，又称为全面性总结。

2. 专题性总结

专题性总结是对某一项工作或某一方面的经验或问题的总结。它重在"专"，内容单一，且有针对性。

另外，按照时间，总结可以分为年度总结、季度总结、月份总结和阶段总结；按照功能，总结可以分为汇报性总结、报告性总结和经验性总结；按照范围，总结可以分为单位总结、部门总结和个人总结等。

3.2.4 总结的写作要领

1. 标题

（1）标题由总结的单位名称、总结的时间限定、总结的内容、总结的文种名称构成。

（2）公文格式标题写法："单位＋时间＋内容＋文种"（有时可以省略单位或省略时间或二者全省略）。

（3）新闻格式标题写法：双行标题，即正副标题，如：探索高等职业教育"做人"与"做事"相结合的人才培养新模式——北京卫生职业学院专业教育教学工作总结。

2. 正文

正文由前言、主体、结尾三部分构成。

1）前言

前言部分是概述工作总结的基本情况。它主要交代完成任务的时间（本总结自何时至当前）、背景、事实经过（大体上要说清楚做了什么、做得怎么样）和对工作的总评价。经验性总结要交代与经验有关的情况与背景。

2）主体

主体部分是总结的重点内容，具体介绍做法、效果、成绩与经验、失败与教训等。

汇报性总结，重在"做什么"，将所做工作的方方面面写出来，经验和体会可从略交代。

报告性总结，重在引导下级群众认识所做工作的价值、意义及今后的方向，对成绩、经验、存在的问题作重点评价和分析，至于是如何做的，可以略写。

经验性总结，重在卓有成效的经验和体会，说明经验是怎么产生的（方法、措施、步骤和经验），其他内容均可略写。

主体有两种结构：一是横式结构，从不同方面、分几个问题来概括经验；二是纵式结构，按工作发展顺序、进程来叙述。

3）结尾

结尾因文而异，有的指明今后的努力方向；有的指出工作的不足和存在的问题；有的提出建议和希望。

3. 署名和日期

署名和日期在右下方，单位名称写全，年月日齐全。

4. 注意事项

1）回顾工作情况要实事求是

回顾工作情况的原则是实事求是，真实地反映实际情况。它要求一切从实际出发，从做过的工作中归纳出成功的经验和失败的教训；不夸大成绩、不缩小缺点；事实确凿，如实反映，不以偏概全，不弄虚作假；措辞准确，分寸适度。

2）陈述工作事实要突出特点

陈述已经做过的工作事实，要根据写作总结的目的有所侧重，切不可面面俱到、不分主次地罗列现象、堆砌事实材料，而应抓住事物的特点，反映本单位的工作特色，张扬本单位长项和个性，发现新事物，研究新问题，发掘新经验，让文章富有新意。

3）概括工作得失要提炼观点

概括工作得失，总结经验教训，要找出规律性的东西，这应该是工作总结的重点。如果总结只是事实的回顾，只是把取得的成绩、失败的地方像回忆录似的一一陈述出来，不探索规律，不提炼观点，那就失去了总结的意义，所以必须抓住关键问题，用具有典型意义的材料提炼和论证具有指导意义的观点，这样的总结才有价值，才具有一定的指导和借鉴作用。

范文精选一（党建管理工作小结）

完善"四项机制" 做实专职化管理工作

中国石油西南管道有限公司（典型经验）工作小结

西南管道定西作业区将专职化党建管理作为标准化党支部建设"四抓两整治"措施的重要内容，作为以党建促生产的关键举措，健全制度，坚持严管厚爱，保障和激励党员主动担当作为、全面履职尽责。

构建联动机制，凝聚共管合力。党支部牵头抓总，定西、关山两个党小组协同联动，加强沟通协调、政策对接落实和工作指导。支部对专职党建工作人员及党内其他工作分工专职化做出管理具体要求，将党建工作任务量化在党员责任区，通过党小组协同联动，形成了全员公开监督专职专责管理的工作格局。

健全管育机制，提升履职能力。支部建立党员责任区、"一对一"结对子岗位责任清单，统一实行目标责任管理，推行全日工作制和去问报告制。建立公开考聘班组长结对培养工作机制，全体党员与属地农民工结成培养对子20多个，与员工队伍结成培养对子11个，与新入职大学生签订"师带徒"责任书3份，逐人制定结对培养计划，督促结对培养人定期撰写工作小结，对于表现落后的党员个人，群策群力、共同帮扶，促进其尽快上手、履职尽责。疫情防控期间，全体党员全面投入疫情防控工作，带领党员群众落实联防联控措施，为打赢疫情防控阻击战做出了积极贡献。

落实保障机制，增强扎根定力。全面提高专职党员奖励力度，差异化落实奖励兑现标准。在国际油价持续下跌的情况下，全体党员带头降本增效，心怀企业，精打细算过日子，电耗、水耗较去年同期相比出现明显下降，同时作业区持续改善一线党员及员工工作条件，确保专职党员沉得下身子、稳得住心神，全身心投入输油生产各项重点工作中。

用好考核机制，激发干事动力。严格按照"奖优罚劣、差异化考核"的工作原则，以党小组为单位制定了专职党员绩效考核实施细则，结合重点任务及阶段性工作完成情况，严格进行绩效考核，作为专职党员月度绩效奖金发放的主要依据，着力激发专职党员工作积极性。扎实开展专职党员"双述双评"工作，深入开展党员群众满意度测评，严格按照"优秀、称职、基本称职、不称职"确定专职党员年度考核等次，对年度考核不达标的由支部进行约谈、督促其限期整改，层层传导压力，增强专职党员干事创业动力。

范文精选二（部门专项工作年度总结）

清江浦区2020年招商引资工作总结

2020年以来，在区委区政府的坚强领导下，全区各招商责任单位坚持把招商引资作为经济工作的第一抓手，始终做到思想不松、目标不变、力度不减，全力以赴打好招商引资攻坚战，以招商实绩对冲疫情影响。现将有关工作汇报如下：

一、目标完成情况

1. 市目标：1—11月份我区通过市确认的招商引资项目52个，完成率104%。其中，1亿～10亿元项目44个（工业项目21个、服务业项目18个、农业项目5个）；10亿～50亿元项目7个（工业项目3个、服务业项目3个、农业项目1个）；50亿元及以上工业项目1个。

2. 区目标：今年以来，全区各招商责任累计拜访接待客商1986批次，其中外出拜访客商524批次。经考核，1—9月份，全区共完成新签约项目85个，其中亿元以上项目33个，完成全年目标任务的88.5%（含视同类项目）。新开工项目71个，其中亿元以上项目35个，完成全年目标任务的112.7%（含视同类项目）。成功签约一批特大项目，总投资50亿元的益海嘉里食品产业园项目已签约；总投资50亿元的华东国际食品和农产品温控冷链贸易中心总部已完成设计方案、立项审批材料；总投资6亿元的顺丰·淮安创新产业园项目也顺利签约。

二、重点工作开展情况

围绕招商引资工作，全区上下共同发力，精准施策，重点开展以下几项工作：

1. 推进招商引资工作高质量建设。一是出台招商引资"三个高质量"指导文件，从招引项目高质量、队伍建设高质量、帮办服务高质量三个方面着手，提高招商质量和效果，全年分巩固、提升、增强、攻坚四个阶段，每个阶段明确工作目标，制定工作举措，就产业调研、工作推进、队伍培训、活动组织等方面细分44项工作计划，实现精准招商；不断细化招商引资考核办法，科学下达全年目标任务，细化到各招商责任单位和各产业招商组；优化考核分值系数，提高重大项目、制造业项目、外资项目的分值系数。二是出台产业扶持政策。为推进产业转型升级，牵头研究制订《清江浦区产业发展扶持资金管理暂行办法》，文件已于10月9日正式印发。

2. 推进招商引资工作精细化建设。精心梳理全区在谈意向项目，实行"一个项目、一个专班、一名领导、一套方案、一抓到底"的推进服务机制；分类开展产业链招商，组建现代食品、生物医药、装备制造3个产业链招商组，实施精准招商；开展主导产业调研，分别围绕现代食品产业、生物医药产业、港口经济产业、电子信息产业、装备制造产业等5个课题，深入调研，摸排重要载体、重点区域、重点企业发展情况，编制各产业专题投资指南和产业招商地图；疫情防控期间推广不见面招商模式，"屏对屏"沟通，线不断，确保招商线索持续跟踪。

3. 推进招商引资工作精准化建设。一是主攻食品产业项目。围绕食品产业深度挖掘，精准对接。梳理全球及国内食品百强企业目录，精心筛选，先后对接盼盼集团、娃哈哈集团、上好佳集团、好彩头集团、闽中集团、米多奇食品、益海嘉里集团、中粮集团、宝能集团、新希望集团、牧原集团等一批知名食品企业，储备了一批重大项目。在第三届食博会期间区投资促进局全体人员开展食品参展企业招商"侦察"行动，明确小组调研、重点对接、逐个拜访模式。对精心筛选出的171家重点参展企业，组建6个小分队走进展位了解企业产品及投资动向。二是围绕区内现有存量企业，补链、强链，开展"链式"招商。对全区招商存量再核实，制定招商存量分布图，商业招商存量方面重点摸清文旅项目、1415街区、重点招商地块、存量用房及闲置楼宇等数据；工业招商存量方面重点摸清工业新区、西安路园区、清河园区的地块信息及闲置工业厂房；对全区工业企业进行分类，摸清用地面积、开票销售、主要产品及产量、帮扶需求等内容，制作名录数据库。共梳理出年产值超1 000万元以上的产销两旺企业50家，需帮扶的企业9家，亩均产值1万元以下的非列统企业51家，厂房租赁、地产低能企业52家，其他非列统企业93家；进一步理清产业链招商工作路线图，为精准招商提供支撑。

三、目前招商工作中存在的问题

一是主动出击力度还不够。……二是亿元以上大项目较少。……三是在手项目落地难。……

四、下一步打算 ……（本文有删节）

3.3 调查报告

>>> 知识要点

- 了解调查报告的含义
- 理解调查报告的三个特点
- 掌握调查报告的分类情况
- 掌握调查报告的文本格式

>>> 能力要求

- 能够运用相关的文体知识对调查报告例文进行简单分析
- 领会调查报告的写作方法
- 学会写作调查报告

3.3.1 调查报告的定义

调查报告是针对现实中发生的某一事件、某些现象、某个较重要问题进行调查研究后写成的书面报告。

调查报告反映的是调查研究的结果，调查研究是运用辩证唯物主义的观点、方法对调查对象进行全面深入、系统的了解，分析其本质，揭示其规律，从而得出调查结论。调查报告就是在调查研究的基础上写出来的。作为应用文体事务文书，它又经常通过媒体发表，常被视作新闻文体。

调查报告的作用，主要是反映真实的社会情况，为领导提供决策依据，传递信息，交流经验，推动工作；为贯彻政策、宣扬先进、揭露阴暗、解决工作中的疑难问题服务。

3.3.2 调查报告的特点

调查报告来自调查研究，但作为工作方法的调查研究，一般并不需要写成调查报告。写作调查报告所依据的调查研究，往往是在决定调查选题（或者说，选择调查对象）之后进行的。决定调查的选题多从三个方面来考虑：是不是社会普遍关注或需要引起社会关注的问题，写成之后可供传媒发表；是不是可以为领导决策提供依据的有关情况和信息，写成之后可供领导参考；是不是有必要进行专题调查来反映社会比较复杂问题，写成之后供有关人参考。这样，调查报告便体现出以下三个特点。

1. 选题的针对性

调查报告的选题是调查研究的目的所决定的，任何调查报告都是针对一定的现实问题写的，或者是回答社会普遍关注的某个问题，或者是为制定法律法规提供社会情况，或者是为裁定某个案件的性质提供事实根据等。在材料选择上也同样如此，凡是与要解决的问题有关的重要材料都要写入报告，凡是与该问题无关的材料都要摒弃。

2. 内容的纪实性

调查报告主要是用事实说话，内容真实是它的生命。无论是反映新情况、研究新问题、推广新经验，还是揭露某一事实真相，都必须尊重客观事实，实事求是。因为调查报告的主要任务是提供所要解决问题的有关事实，它必须是真实确凿的材料。只有这样的材料，才可能从中得出客观的结论，调查报告作者的观点或倾向也才可能符合逻辑。

3. 表达的倾向性

调查报告对所调查的事实、情况、问题、经验等的表述，主要是采用"直陈其事"，即以叙述为主，并在此基础上进行恰当的分析，从而找出规律，得出结论，在叙述中运用议论的表达方式，夹叙夹议，叙议结合，以表达作者自己的观点、看法和主张。而这种分析议论是明显带有倾向性的，即便是作者表明"不加议论、是非对错全由受众判断"的所谓"纯叙述"，也或多或少表现出了作者的观点。这种倾向性，集中体现了作者的理论政策水平，也反映了作者的世界观、人生观和价值取向。

3.3.3 调查报告的类型

调查研究这种方法运用于工作的方方面面，比较常见的有社会调查、经济调查、军事调查、案件调查、科研调查等，因此调查报告的种类很多，而划分标准也各有所选择。大体看来，有专题调查报告、综合调查报告；有反映情况的调查报告，有揭示问题的调查报告，有推介典型的调查报告，等等。这里根据调查报告作者的工作性质，把它分为两大类。

1. 新闻媒体写的调查报告

这类调查报告主要有电视媒体、广播媒体、报纸媒体、杂志媒体等的新闻工作者调查采访后写成，内容一般是社会普遍关注的问题或他们在采访过程中发现的问题，写成后在媒体上发表，以期引起社会的关注，促进问题的解决。

2. 政府机关写的调查报告

这类调查报告一般由政府工作人员调查后写成，调查内容、范围由领导机关决定，目的是为制定方针政策、法律法规，解决工作中的种种问题，提供可供决策参考的情况。例如全国人口普查就是由国家领导机关决定的，普查后写成的各种报告，对国家制定大政方针有重要参考作用。这类调查报告一般内部印发，供有关人员参考，其中有一些不涉及机密的也可公开发表，以让群众了解情况，或作研究问题的资料。

当然，社会某一组织或个体也可以针对社会生活、生产、经营和工作、学习中遇到的特殊个案写成调查报告。这一类调查报告且称作社会组织或个体写的调查报告。

3.3.4 调查报告的写作要领

1. 标题

调查报告的标题有单行标题和双行标题两种。

1）单行标题

单行标题，又称公文式标题，写法有三种："对象＋内容＋文种""对象＋文种""内容+文种"。如有时文种名称可用"调查报告",也可简略为"调查",如《××大学中年知识分子健康情况调查报告》《关于食堂和评工记分等问题的调查》《青浦农村调查》。

另外,单行标题也有新闻式的写法,如直陈式《自贡盐业生产忧喜录》、提问式《粮食霉变原因何在》、结论式《安庆第三产业发展快》等。这类写法作为调查报告的文种形式不明显。

2)双行标题

双行标题,也称新闻式标题,一般是正标题点明主题或提出问题,副标题说明调查对象、内容等,如《香港、苏黎世、巴黎居榜首——2020全球生活成本调查报告》《南国佳果何以畅销全国——东莞搞活香蕉购销的调查》。标题中如果没有调查报告或调查字样,发表时一般应注明"调查报告"或"新闻调查"。

2. 正文

调查报告的正文由前言、主体、结语三部分组成。

1)前言

前言是正文的开头。以说明开头的,要交代调查的目的、时间、地点、对象、范围和方式;以叙述开头的,要概括介绍调查对象的基本情况或调查经过;以质疑开头的,提出与调查主题密切相关的问题来设问,以引起读者注意;以观点开头的,直接阐明作者对调查事实或问题的看法和主张。

2)主体

主体是调查报告的重点部分。主要是用典型的事例、确凿的证据数字,写明调查对象的情况,说明其存在的问题、取得的经验,分析事实根据和产生问题的原因,得出结论并提出合理的对策。

(1)一般的写作思路如下。

①反映情况的调查报告:情况—成因—建议。

②揭示问题的调查报告:问题—根源—对策。

③推介典型的调查报告:成绩—做法—启示。

(2)采用的结构形式有:纵式结构、横式结构和纵横结构。

①纵式结构。按调查对象发展变化过程的时间顺序或事情发展的阶段来写,也可以按作者调查的先后顺序来写。

②横式结构。按事物性质或问题把材料归纳为若干类,可分成几个方面的情况,或几个方面的问题,或几个方面的经验来写。各个方面相对独立,又相互关联,以严密的逻辑关系构成全文整体。这种以按性质或问题归类的写法较为多见。

③纵横结构。总体上按纵式结构(事物发展变化过程)来写,但又在纵线的某一点上(可以多点),分出几个方面以横向展开;或总体上是横式,在横式这根线上,就某一点(可以多点)或某一事或某一问题纵向展开。当然,采用前后左右对比的方法来写,也是纵横结构。

3)结语

调查报告的结尾多种多样,有的总结全文,深化主旨;有的展望前景,表达希望;有的结合感悟,提出建议;这些都是对文章主体的延伸,当然也可不作延伸,自然收束全文。

3. 注意事项

(1) 写好调查报告，作者的写作态度很重要，客观公正的态度是调查报告的生命线。写好调查报告，调查是前提、是基础，没有调查也就无所谓报告，报告的内容就是调查的经过和结果，所以写调查报告之前一定要做好调查工作。所以，调查工作要深入细致，努力掌握全面情况。历史的、现实的，主要的、次要的，正面的、反面的，口头的、书面的，各种材料掌握得越多越好。掌握的材料越全面，越能避免研究时出现偏差。调查者的态度要客观公正，不带偏见，才可能获得真实全面的材料。

(2) 写好调查报告，对于事实材料的处理也是关键，要围绕问题展示出重要的、典型的材料。因为调查到的原始材料可能很多，一般不需要全部写入调查报告。写作时应根据说明问题的需要，选择重要的、典型的材料。重要，是指这些材料有助于说明问题的性质，没有它们就会影响人们的判断。典型，是指这些材料具有代表性，有了它们就可以省略很多同类的材料。而对于总体情况的反映，则可以用统计数字来说明。

(3) 写好调查报告，作者表达出来的观点要正确、合理、公允。作者在分析评说中所表达的观点和看法，必须是从材料中得出的必然结论，而不是脱离材料的什么空头理论。对材料做分析，要简短扼要，尽可能用材料本身去说明问题。如果作者觉得分析有困难，有些问题也可以不发表意见，因为调查报告的主要任务不是请作者发议论，所以在文字表述上，在运用夹叙夹议的方式时，应当以叙述为主，议论只作画龙点睛。

范文精选一（媒体写的调查报告）

关于常州外来务工人员就业状况调查

为进一步了解春节期间外来务工人员就业情况，研判就业形势，提供求职就业、企业用工服务，于2021年2月8日至2021年3月8日开展调查。现将调查报告汇总如下：

1. 您的年龄？
A：18～30岁占38.1%　　　　　　　　B：31～40岁占40.48%
C：41～50岁占15.87%　　　　　　　D：51～60岁占5.55%

2. 您的性别？
A：男占86.51%　　　　　　　　　　B：女占13.49%

3. 您的户籍地？
A：本省外市占30.16%　　　　　　　B：外省占69.84%

4. 您的家庭月收入
A：10 000元以下占67.46%　　　　　B：10 000～20 000元占20.63%
C：20 001～30 000元占7.94%　　　　D：30 001～50 000元占1.59%
E：50 000元以上占2.38%

5. 您所从事的工作行业类型？
A：政府机关、事业单位占0.79%　　　B：制造业占57.14%
C：建筑业占4.76%　　　　　　　　　D：金融业占1.59%
E：教育行业占3.17%　　　　　　　　F：住宿、餐饮等服务行业占4.76%
G：物流行业占3.17%　　　　　　　　H：批发和零售业占2.38%

I：房地产业占 0% J：其他占 22.24%

6. 您在常州工作时间？
A：一年以内占 10.32% B：1～5 年占 30.95%
C：6～10 年占 24.6% D：10 年以上占 34.13%

7. 您的单位春节期间是否需要加班？
A：需要占 40.48% B：不需要占 57.94%
C：不清楚占 1.58%

8. 您的单位是否缺工？
A：基本不缺占 38.89% B：少量缺工占 36.51%
C：大量缺工占 24.6%

9. 您单位是否有春节加班补助或节后复工奖励？
A：有可观的补助奖励占 9.52% B：有很少的补助奖励占 28.57%
C：没有补助奖励占 51.59% D：不清楚占 10.32%

10. 疫情是否对您的工作产生影响？
A：没有影响占 16.67%
B：稍有影响，但整体状况良好占 40.48%
C：有一定影响，但能维持正常生活占 30.95%
D：有很大影响，工作难维持或者失去工作占 11.9%

11. 您是否打算留在常州过年？
A：是占 73.81% B：否占 26.19%

12. （多选）您认为吸引外地员工留本地过年的因素是什么？
A：稳岗补贴占 28.57% B：父母子女同在本地占 29.37%
C：疫情影响，担心旅途不安全占 46.03% D：担心被隔离占 52.38%
E：政府建议不返乡占 46.3% F：放假时间短占 33.33%
G：其他占 13.49%

13. 您是否想在春节前后更换工作？
A：工作稳定不需要占 42.06% B：目前有工作，想换工作占 50%
C：没工作，想要找工作占 4.76% D：没工作，近期不想找工作占 3.18%

14. 您对目前就业形势的了解？
A：形势严峻，就业难占 41.27% B：形势正常占 37.3%
C：形势较好，就业容易占 7.94% D：不了解占 13.49%

调查结果分析

本次参与调查的人员 18～40 岁较多，其中男性占比 86.51%，女性占比 13.49%；参加调查人员户籍地为外省的占总人数的 69.84%，从事制造业的占总人数的 57.14%，家庭月收入在 10 000 以下的占总人数的 67.46%，说明外省务工人员占比多，其多数为制造业一线操作工人；大多数参加调查人员表示疫情对工作没有影响或影响较小，表明常州市企业经营情况整体向好，员工福利待遇基本可以保障。春节后少量缺工的企业占 36.51%，大量缺工的企业占 24.6%，有意愿在春节后找工作的人占总人数 54.76%；被调查人员中有 73.81% 的人选择留在常州过年，已有 38.09% 的企业提供春节加班补助或节后复工奖励，说明外来务工人员留常过年工作效果良好,已有部分企业具备"留人"意识。影响人员留常过年的主要因素有疫情影响,担心旅途不安全、担心被隔离、政府建议不返乡,说明疫情防控宣传见成效,群众防控意识增强。

下一步工作

在下一步工作中将进一步关注稳就业、保就业工作,积极应对春节后企业用工问题,切实做好用工服务,确保员工健康安全、企业生产有序、就业形势总体稳定。通过对重点企业进行用工调查监测,定期举办政策信息宣传活动,精准了解企业用工情况,为企业、求职者搭建招聘平台,开展多种形式公益招聘会。

范文精选二(政府机关写的调查报告)

苏州市住房公积金灵活就业人员缴存意愿调查报告

苏州市住房公积金管理中心　发布日期:2020—12—09 13:58

当前新就业形态蓬勃发展,萌生了一大批新兴业态创业者和就业者,为进一步了解该群体情况,更好地保障灵活就业人员享受制度红利,苏州市住房公积金管理中心于2020年11月1日至2020年11月30日,通过市政府网站"苏州市人民政府"开展了"苏州市住房公积金灵活就业人员缴存意愿"网上问卷调查,本次调查采用无记名投票方式,共有12位市民参与问卷调查。现将调查报告汇总如下:

一、基本数据

(一)参与调查的市民基本情况

参与本次调查的人群中,从年龄分布看,30岁以下(含)占41.67%,31~40岁(含)占50%,41~50岁(含)占8.33%。从户籍情况看,苏州本地户籍占58.33%,外地城镇户籍占25%,外地农业户籍占16.67%。从就业情况看,无业(含失业)在家占8.33%,在职职工占83.33%,自由职业人员(非全日制用工、零工、劳务用工等)占8.33%,没有个体工商户业主或雇工参与调查。从收入情况看,2 020元以下占16.67%,2 021~5 000元占25%,5 001~10 000元占33.33%,10 001~15 000元占8.33%,15 001~20 000元占8.33%,20 001元以上占8.33%。

(二)参与调查的市民参与意愿

参与本次调查的人群中,91.67%的市民愿意灵活就业人员自愿缴纳住房公积金,8.33%的市民不愿意灵活就业人员自愿缴纳住房公积金。

(三)参与调查的市民缴存意向

参与本次调查的人群中,从自愿缴存住房公积金的目的来看,80%的市民是为了获得申请住房公积金贷款资格,13.33%的市民是为了在流动人口积分方面取得积分,6.67%的市民是其他目的。从自愿缴存住房公积金的额度来看,33.33%的市民可以承受500元及以下的额度,41.67%的市民可承受501~1 000元的额度,16.67%的市民可承受1 001~1 500元的额度,8.33%的市民可承受2 500元以上的额度。从缴存方式来看,91.67%的市民愿意按月缴存,8.33%的市民愿意按季缴存,没有市民愿意按年缴存。从缴存途径来看,44.44%的市民愿意通过网上银行转账缴纳,38.89%的市民愿意通过微信、支付宝支付,16.67%的市民愿意通过银行柜面缴存。

（四）参与调查的市民使用意向

参与本次调查的人群中，从提取意向来看，58.33%的市民愿意仅可办理购房提取，并留存参与贷款额度的金额，41.67%的市民愿意仅可办理购房还贷提取，并只提取后续缴存金额，没有市民愿意仅可办理租房委托提取。从贷款资格意愿来看，66.67%的市民愿意连续缴存住房公积金24个月，16.67%的市民愿意连续缴存住房公积金36个月，16.67%的市民愿意连续缴存住房公积金更长时间。从贷款停缴处理来看，41.67%的市民认为应补缴少交部分并继续按时缴存，25%的市民认为应提前结清该笔贷款，16.67%的市民认为剩余贷款应按照商业贷款利率计息，16.67%的市民有其他意见。

二、总结分析

从上述数据可知：

1. 灵活就业人员自愿缴存住房公积金的意愿强烈，且年龄集中在40周岁以内，以月均收入1万元以内的苏州本地户籍职工为主。

2. 灵活结业人员自愿缴存住房公积金的主要目的是获得申请住房公积金贷款资格，可承受的月缴存额在1500元以内，愿意通过网上银行、微信、支付宝的线上形式按月缴纳住房公积金。

3. 灵活就业人员在使用住房公积金方面，大部分市民希望连续缴存住房公积金24个月即具备申请住房公积金贷款的资格；希望可以购房并留存有参与贷款额度的金额、还贷提取住房公积金只提取后续缴存金额；对于灵活就业人员申请公积金贷款后停缴，市民认为应补缴少交部分并继续按时缴存。

三、对策建议

1. 探索研究将灵活就业人员纳入公积金制度覆盖，在打破城乡差异的基础上进一步取消职业区别等约束条件，推动制度供给从单位职工扩大到全体劳动年龄人口，有效覆盖劳动者就业全周期。

2. 面向灵活就业人员，充分考量住房需求和行为特征，精准设计相应的住房政策性金融产品。通过自愿缴存的方式实现"供需匹配"，有效提升灵活就业人员的住房消费能力，切实提高公积金的普惠水平。

3. 围绕新产业、新业态发展导向，向市场主体提供更为灵活多元的公积金缴存服务，充分满足劳动力要素自由流动的需求，助力保护和激发市场主体活力，使新发展格局有持续、安全、高效、稳定的动力源和支撑面，为地方乃至区域创新创业发展提供强大助力。

3.4 述职报告

>>> 知识要点

- 了解述职报告的含义
- 理解述职报告的三个特点
- 掌握述职报告的分类情况
- 掌握述职报告的文本格式

>>> **能力要求**

* 能够运用相关的文体知识对述职报告例文进行简单分析
* 领会述职报告的写作方法
* 模拟写作述职报告

3.4.1 述职报告的定义

述职报告是机关、团体、企事业单位的领导干部或专业技术人员向上级领导、专家、组织人事部门和本单位职工如实陈述、评价自己在一定时期内履行岗位职责情况的一种实用文书。

述职报告是近年产生的一种新的应用文种,它是上级领导和组织人事部门了解、考核干部、职工的一种基本形式和手段。其作用在于:有利于用人单位全面地、定期地了解、分析和预测任职人员的基本情况和能力水平;有利于任职人员改进工作,提高自身素质;便于领导考核和群众监督;同时还可以作为干部和职工升降、留任、调动的根据。

3.4.2 述职报告的特点

1. 内容的确定性

述职报告是以陈述任职情况为确定性内容的书面报告。述职者应当根据自己的任职岗位及其职责,述说自己做了哪些工作、取得哪些成绩、工作效率如何、工作作风怎样,还有哪些地方存在不足、有没有失误,等等,不能离开自己工作的范围,漫无边际地东拉西扯。总的来说,任何述职报告的内容都可以确定为:我都做了些什么工作、怎么做的、做得怎样。

2. 表达的述评性

述职报告既要有述,也要有评。述,就是叙述自己履行岗位职责的情况;评,就是对履行岗位职责的情况做出自我评价。表达上,应以"述"为主,述是评的基础,评不可多评,画龙点睛。把自己所做的工作如实地陈说出来,不夸大其词,不虚张声势,一是一,二是二,评就自然可以客观成立,自己的评价也公允而能让人认可。客观而恰当的自评,可以作为上级考核的参考依据。

3. 书面的严肃性

述职报告是成"形"的书面材料,虽然有时也用来当众宣读,其书面材料一般必不可少。因为"述职"这项工作的严肃性,而使得述职报告在书面形式上必须有所讲究、得体、庄重。写作态度要端正,陈述要简明扼要,评价应恰如其分,语言要朴实无华,其严肃性不可忽视。何况它又是作为干部考核、评优、晋升的一个重要依据。

3.4.3 述职报告的分类

述职报告主要有三种分类方法。

1. 以述职时间来分

按照述职时间,述职报告可分为任期述职报告(任现职以来的总体情况汇报)、年度述职报告（本年度履行职务的情况汇报）、临时性述职报告（担任某项临时职务的情况汇报）、阶段性述职报告（对某一阶段任职的情况汇报）。

2. 以内容来分

按照述职报告的内容，述职报告可以分为综合述职报告和专题述职报告。综合述职报告是述职者对任期内履行岗位职责情况做全面的述评，如《××省教委办公室主任述职报告》；专题述职报告是述职者对自己分管某一项工作的专门性的述评，如《我是怎样做好企业租赁经营中思想政治工作的》。

3. 以形式来分

按照述职报告的形式，述职报告可以分为大会述职报告、小组会述职报告；有直接上交书面述职报告、口头宣读述职报告（口头宣读过的书面述职报告需要上交）。纯口头述职报告，比较少，一般任职时间较短而且任职的基层单位较小，为方便而用口头述职。

3.4.4 述职报告的写作要领

1. 标题

述职报告的标题有单行标题和双行标题。

1）单行标题

单行标题有两种写法。

（1）"任职期限＋所任职务＋文种"，如《2000 年至 2002 年任总经理助理的述职报告》。

（2）只写文种，如《述职报告》或《我的述职报告》。

2）双行标题

双行标题，又称新闻式标题。正题用一句话来概括自己的工作情况或成绩，副题与单行标题基本相同，如《思想政治工作要结合经济工作一起抓——我任五羊服装厂厂长的述职报告》。

2. 称谓

在正文上方顶格书写主送单位或听取报告人员的称呼，如"×××领导""×××人事部"；如果在会上述职，则用"各位领导""各位评委""各位同志"等称呼。

3. 正文

述职报告的正文由前言、主体、结语三部分组成。

1）前言

概括介绍自己的基本情况，主要说明自己任职时间、期限、职责、目标、任务；扼要地介绍自己履行职责所取得的主要成绩，也可以对自己的工作表现做一总评价。然后用转接语"现将本人任职期间的情况报告如下"以此引出下文。

2）主体

这是述职报告的重点部分。主要述说自己履行职责和完成任务的情况，以叙述工作实绩为主，兼以议论，自我评价不要多。以"我都做了些什么工作、怎么做的、做得怎样"的思路来行文。一般都要突出两个方面的内容。一方面是思想政治素质。任职期间对党和国家的方针、路线、政策、法规的执行情况，敬业爱岗精神，工作作风等。另一方面是业务实绩。任职期间如何按岗位要求履行职责，对上级交办的事务完成情况，工作中解决了哪些实际问题，取得了哪些阶段性的成果，社会效益和经济效益如何，开拓创新精神怎样，自己的业绩曾得过哪些专家、领导和其他人员的肯定与赞扬。再有就是任职期间存在的问题，要客观地指出自己任职期间的不足，并表示如何改进。

3) 结语

不少述职报告是把存在问题放在结尾部分来写的。以"谢谢大家"自然结束全文。

用套式化结语，一般有"以上报告，请领导和同志们批评指正""以上述职，请予审查""以上是我的述职报告，请指正"等。

4. 署名和成文日期

述职报告一般在标题下面写上述职人的姓名，有时还在姓名前冠以职务名称。也可以在正文的右下方署"述职人：×××"，再在下方写上述职时间。

范文精选一（阶段性述职报告）

清远市史志办公室述职报告

2012年1—8月，我办在市委、市政府的正确领导下，不断创新思路和办法，切实改进工作作风，提升效能，努力推动重点工作。紧紧围绕"幸福清远"建设，全面落实"桥头堡"战略，继续贯彻落实《中共中央关于加强和改进新形势下党史工作的意见》和《地方志工作条例》，高质高效完成上半年主要工作。现将今年前8个月我办各项工作述职如下：

一、年度工作目标任务完成情况

围绕贯彻汪洋书记对地方志工作的指示精神，积极开展读志用志，搞好地情宣传。年初，给新上任的市四套班子领导送地情书，从5月起开展"清远史志"系列明信片编辑宣传工作。党史方面，加强党史宣传教育工作，与市委组织部联合开展了市级党史教育基地评选工作，评定出石板乡农会旧址（清城区思源园）等八个市党史教育基地；完成了《中国共产党清远县历史》一书的出版发行工作；基本完成《广东省清远市革命遗址通览》一书的编辑、修改完善工作；全面启动建市以来历任党政领导口述史的征集整理出版工作。地方志工作方面，完成《清远市志》的编校工作，计划于近期送出版社出版；按时完成《清远年鉴·2012》的组稿和编撰工作，目前正在付梓印刷；完成了《清远市情手册·2012》（清远市概况部分）的组稿上报工作以及《中国地方志年鉴·2012》（清远部分）组稿上报工作；做好地情网站的维护、管理，及时更新史志有关动态，信息化建设数据统计及数据入库工作开展较好。完成了《清远年鉴》1999年至2003年卷及《清远县志》约420万字的扫描、转换、校对、上网工作；深入开展地方志资源开发利用工作。启动了《清远姓氏源流》一书的编纂工作，该书将于近期出版。

二、机关作风建设主要成效及存在问题

根据《清远市"工作落实年"活动及"正风"行动工作任务分解暨机关效能建设工作联席会议纪要》的工作部署，我办积极开展"正风"行动。通过六查六看和工作作风整改，我办干部的思想作风进一步端正，学习风气日益浓厚，工作作风更加务实，组织纪律明显增强，工作效率和主动性明显提高，全办面貌明显改观，服务水平和工作质量有一个大的提升，形成一个你追我赶干事创业的良好氛围。但仍存在一些问题，比如业务知识交流、培训强度不够，工作方式、方法有待进一步创新等。

三、落实党风廉政建设责任制情况

我办根据市纪委的有关文件，认真开展党风廉政建设，积极落实责任制度。明确领导班子、领导干部在党风廉政建设中的职责和任务分工，并按照计划推动落实，领导班子对职责范围内的党风廉政建设负全面领导责任。开展党性党风党纪和廉洁从政教育，组织党员、干部学习党风廉政建设理论和法规制度；贯彻落实党风廉政法规制度，从源头上预防和治理腐败；强化权力制约和监督，推进权力运行程序化和公开透明；严格按照规定选拔任用干部，防止和纠正选人用人上的不正之风；进一步增强领导干部责任意识，落实领导干部廉洁自律规定。

范文精选二（年度述职报告）

市教育局办公室主任述职报告

各位领导、全体同志：

自去年我被试聘为办公室主任。一年来，在局领导的直接领导和全体同志的大力支持下，根据办公室和办公室主任的职责，开展了各项工作。现作述职报告如下。

一、办公室和办公室主任的职责（略）

二、今年办公室所做的重要工作

（一）文秘工作

主要抓了以下六项工作。

1. 制订工作计划，草拟各种制度，安排委内会议。为保证全局机关工作正常运转，年初办公室草拟了《2019年市教育局工作要点》，制订了《市教育局机关工作制度》《市教育局机关为政清廉制度》，以及局机关的文秘、财务、车辆管理等工作制度。办公室还负责协调安排召集了局内的各种会议。

2. 维持办公工作的正常运转。

3. 起草领导讲话和重要文稿。

4. 整理各种档案资料。……

5. 建立"三室"，主办两个期刊。……

6. 保证机要传递、汇总并处理了各种提案。

（二）财务工作

主要抓了以下六项工作。

1. 汇总全局机关财务开支预算。

2. 严格掌握开支。……

3. 压缩了会议。……

4. 车队实行了承包。……

5. 加强了南山教师疗养院建设。……

6. 组织了计划外创收，使职工生活略有改善。

（三）行政工作

主要抓了以下六项工作。（略）

（四）信访工作

主要抓了以下两项工作。

1. 处理上访信件。今年至11月为止，共收到群众上访信件51封，上级有关部门交办信件20件。上述信件已基本处理完。

2. 接待群众来访。全年统计接待上访人员35人次。经过大量耐心细致的思想工作及与有关部门协商，基本上做到了贯彻政策，妥善处理，一些老大难问题也得到了妥善解决。

受时间所限，对办公室工作只能摘其重点向全局同志汇报，不可避免有许多疏漏。上述工作如果说取得了一些成绩，也是局领导关怀、各有关部门的支持以及办公室全体同志勤奋努力工作的结果，我个人的作用是微乎其微的。

三、今年办公室工作中存在的问题

（一）参政意识不强。……

（二）对外宣传成果不大。……

办公室工作之所以出现这些问题，虽然有客观原因，但更主要的还是主观努力不足造成的，我要负主要责任。我的主要缺点是：第一，政策水平不高，缺乏高明的指挥艺术，往往顾此失彼；第二，主观能动作用发挥不够，不能带领一班人经常主动向有关领导同志请示、汇报工作，没有积极向经验丰富的同志请教学习、对办公室工作进行大胆改革；第三，工作中调查研究不够，参政意识不强；第四，思想工作不够深入，没有把办公室全体人员的积极性都调动起来，使办公室的自身建设仍停留在一般水平。

四、今后办公室工作的设想

（一）巩固成果，吸取教训，进一步明确办公室工作的指导思想。

（二）掌握特点，总结规律，正确坚持工作基本原则，提高办公室工作水平。

（三）转变职能，增强改革意识，充分发挥办公室的参政作用。

因时间所限，只作以上汇报，在汇报中可能有许多不当之处，请领导、同志批评指正。谢谢大家！

市教育局办公室主任：夏静波
2019年12月28日

3.5 简　报

>>> 知识要点

- 了解简报的含义
- 理解简报的两个特点
- 掌握简报的分类情况
- 掌握简报的文本格式

>>> 能力要求

- 能够运用相关的文体知识对简报例文进行简单分析
- 领会简报的写作方法
- 学会写作简报

3.5.1 简报的定义

简报是机关、团体、企事业单位编发的反映情况、沟通信息、报道动态、交流经验或指导工作的一种简明扼要的书面报告。

简报是简报类文书的统称,常见的简报类文书有简讯、快讯、快报、动态、信息、工作通讯、情况通报、情况反映、内部参考、摘报等。

简报是用于向上级机关反映情况、反映问题,向下级机关和平行机关传达领导意图和有关指示精神、交流经验、沟通情况、推动工作开展的一种简短的、摘要性的信息载体。一般在党政机关、社会团体、企事业单位内部运转。简报虽不能代替正式公文,但却是使用最普遍最广泛也是最常见的应用文书之一。

3.5.2 简报的特点

1. 简而明

简报在文字上简明扼要。简报是"千字文",一目了然是简报的主要风格。简报不是"简单化"的"简而报之","简"是以说明问题为前提的简,如果简单得连问题都表达不清,使人不得要领,那么简也就失去了意义。它篇幅简短,主旨集中,一事一报,重点突出,用最精练的文字表达最丰富的内容。选题上,小而不求面面俱到;结构上,注重逻辑性,条理清晰,布局严谨;表达上,平实质朴,直截了当,没有空话、套话,不主张描写和修饰。因此,简而明是简报最显著的一大特征。

2. 快而新

简报编发迅速及时,主题新、内容新。简报具有强烈的时效性,要把工作中出现的新情况、新问题用简报的形式快捷地反映出来,及时交流情况、传递信息,及时发现热点、难点问题,或者老问题的新变化,能给人以新的信息、新的启示,这就要求快写、快编、快审、快印、快发、快送。特别是有些会议简报,往往只在一定时间内有效,因此常常是一日一报,甚至一日数报。如果慢了,失却了时效,就变成了"马后炮",降低了材料的价值,失去了报道的意义。所以,快而新是简报又一个显著的特征。

3.5.3 简报的类型

简报种类繁多,可以从不同角度分类。简报从编发的时限分,有定期简报和不定期简报;从内容上分,有综合性简报和专题性简报、动态简报和会议简报;从发送方向分,有上送简报、下发简报和平行交流简报;从性质上分,有工作简报、会议简报、信息简报。这里举出从性质上或从内容上都可以区分开来的、最为常见的两种:会议简报和工作简报。

1) 会议简报

会议简报是简报中编发数量较多一种。它是专门报道重要会议内容和情况的简报。简报的主要内容,就是会议期间的情况,它包括会议概况和进程、主要议题、领导讲话、与会者的重要发言、提出的问题和建议,以及会议的议决事项等。会期长的,全程报道,有时是一日一报，连续编发。当然也有的简报是从某个侧面来报道会议的片段情况。而较多的是反映会议整体情况的简报。如各地召开的党代会、人代会及各种重要的专题会议等都可以用会议简报来反映，它可以使上级机关和与会人员及时掌握和了解会议动态和进展情况。

2）工作简报

工作简报是迅速反映本部门、本系统中心工作或某项重要工作情况的简报。这类简报可以在某项工作全面展开时，立即编发，以反映工作的开局情况；也可以在工作告一段落时编发，用来总结阶段性成果，极具时效性。这类简报还较多地反映本部门、本系统工作上重大问题的处理、出现的重要情况；或推介工作经验，介绍做法，说明成绩；或揭露问题，分析矛盾，并提出解决问题的办法。

3.5.4 简报的写作要领

1. 简报的整体式样

简报类文书一般由报头、主体、报尾三个部分组成。如图 3-1 所示。

秘密　　　　编号

××简报

第×期（总第××期）

×××××编　　　　年　月　日

编者按：

标题

正文：

报：
送：
发：

共印×××份

图 3-1　简报格式图

2. 简报的报头

报头，相当于公文的眉首部分，它的格式安排是约定俗成的，简报的一个突出的特点就是有独特的报头。其项目构成要素有以下五项。

（1）在页面上端用红色字体印上"简报""工作简报"等字样。

（2）简报的正下方印有期数。

（3）期数左下方写主编简报的单位名称，如××办公室编。

（4）右下方写印发的具体日期，包括年月日，再在下面加上一条红线，与主体部分隔开。

（5）（需要保密的）在报头左上角标注密级："内部参考"或"注意保存""机密""绝密"等。

3. 简报的主体

主体一般由按语、标题、正文三部分组成。

1）按语

用来说明编发简报的原因或目的，以引起读者的重视。按语写在报头部分间隔红线之下，标题之上，左右页边最好不要与正文并齐，一般每行各缩进两三个字。

2）标题

拟定标题要尽可能做到准确、简练、新颖、有吸引力，使人一看就知道简报的大致内容。

3）正文

导语：概括交代主要内容或揭示主题或交代所报事实的依据，还可以提出问题，以引起关注。

主体：这是简报的核心部分。写法因内容而异。总的来说，要用事实说话，用具有指导作用和启发意义的典型材料，进行合理的分析议论，并提炼出观点，做到观点与材料相统一。注意突出重点，详略有致，结构布局井井有条，表达上与写新闻报道类似。

结语：有的简报要用结语来深化主题，有的要发出号召，有的提出希望。简报通常不写结语。

4. 简报的报尾

正文写完后，用一条黑线将主体部分与报尾部分隔开，在黑线下写简报的报、送、发单位及简报的份数。

5. 要求事项

1）客观真实

实事求是，客观、公正地反映情况。所用材料要认真核实，做到准确无误，要敢于说真话，有喜报喜，有忧报忧，有成绩总结经验，有问题揭示实质。

2）篇幅要短

简报，内容简明的小报。一份简报，一个主题，抓住关键，揭示本质，切忌拖泥带水，啰唆冗长。

3）思想敏锐

牢记党的路线、方针、政策，思想敏锐，头脑清晰，结合当前形势，促进和指导本系统、本单位的实际工作。

范文精选一（会议简报）

党建工作会议简报

第×期（总第×期）

上海浦东新区人民政府办公室　　　　　　　　　　　　　　2021年4月29日

区委党的建设工作领导小组会议
暨区委党史学习教育领导小组会议举行

　　区委党的建设工作领导小组会议暨区委党史学习教育领导小组会议昨天上午举行。市委常委、区委书记、区委党的建设工作领导小组组长、区委党史学习教育领导小组组长翁祖亮主持会议并讲话。

　　区委副书记单少军，区委常委谈上伟、唐劲松、咸玉箐出席会议。

　　会议学习贯彻市委会议精神，研究新区国有企业和民办教育机构党的建设工作。会议指出，新区国企党建和民办中小学党建工作要进一步抓好党建责任落实。国企党建要在纵向压缩、横向整合等改革中，同步调整组织建制、同步开展党建工作，防止改革过程中出现空白点。民办中小学党建要按要求规范理顺党组织隶属关系，强化实现组织覆盖、工作覆盖、管理覆盖、服务覆盖。要进一步强化政治功能。国企党建要发挥好国企党组织的领导核心和政治核心作用，推动区属国企聚焦区域开发、战略招商、民生保障等领域积极作为。民办中小学党建要把抓好思想政治与德育工作作为首要政治责任，引导学校全面贯彻党的教育方针，引导青少年扣好人生第一粒扣子。

　　会议听取前一阶段全区党史学习教育开展情况汇报，审议《浦东新区党史学习教育重点工作分工方案》，部署安排下一步工作。会议指出，新区党史学习教育开局良好、推进有序，取得良好成效，接下来要继续严格按照中央和市委部署要求，全力推动党史学习教育走深走实。要坚持把学习摆在突出位置，原原本本学好指定教材、不折不扣完成规定动作、全面抓好基层支部学习。要扎实开展"我为群众办实事"实践活动，项目要实、见效要快，不断提升群众的获得感、幸福感、安全感。要努力打造特色品牌，形成更多具有标识度、显示度和影响力的浦东党史学习教育特色品牌，加强对浦东开发开放党的建设经验的提炼总结，进一步做强做亮浦东党建品牌，在新征程上不断提升党建工作质量水平，更好地以一流党建引领一流发展。

　　（报尾略）

范文精选二（工作简报）

创建国家级旅游度假区工作简讯

第28期

常熟市虞山街道　　　　　　　　　　　　　　　　　　　　2021年4月7日

市政府副市长杨晓峰带队赴国家文化和旅游部汇报国创工作

　　为深入推进国家级虞山文化旅游度假区创建，3月29日，市政府副市长杨晓峰带队赴国家文化和旅游部进行汇报对接，争取工作支持。市文体旅局、虞山街道主要负责人、分管负责人陪同参加。

　　杨晓峰向文旅部资源开发司度假休闲指导处有关负责同志介绍了我市"国创"情况。杨市长说，创建国家级虞山文化旅游度假区是常熟市委市政府确定的城市发展重点战略，是推动全域旅游、深化文旅融合发展、城市能级提升的重点举措。度假区坚持贯彻"创新、协调、绿色、开放、共享"五大发展理念，结合文化保护活化与利用、乡村振兴，创新旅游产品，完善公共服务，丰富人文和生态体验、健康养生等新兴业态，全力争创以人文生态度假为特色的国家级旅游度假区。

文旅部资源开发司度假休闲指导处有关负责同志对常熟市委、市政府高度重视"国创"工作，特别是度假区品牌和主题形象给予了充分肯定。并就度假区酒店、规划、管理、运行和宣传投入等问题做了详细了解。最终表态，虞山文化旅游度假区业态丰富，与社会发展联系紧密，文化资源和市场条件突出，希望加强联系，共同打造个性突出具有品牌含金量的国家级度假区，推出更多广大人民喜欢的精品旅游产品。

◆近期工作回顾：
☆省级旅游度假区考核第三方现场审核接待工作
◆部门国创工作动态
◇虞山街道（度假区）持续推进国创工作
◇文体旅局加快推进全域旅游大数据平台暨虞山文化旅游度假区平台建设
（以上文字、图片均有删节）
（报尾略）

3.6 记　录

>>> 知识要点

- 了解记录的含义
- 理解记录的两个特点
- 掌握记录的分类情况
- 掌握记录的文本格式

>>> 能力要求

- 能够运用相关的文体知识对记录例文进行简单分析
- 领会记录的写作方法
- 学会写作记录

3.6.1 记录的定义

记录,是指如实记录有关内容或实际情况的事务文书。

记录文书是对有关内容的实录凭证,具有重要的依据查考作用,也是一种纪实性的书面材料。

3.6.2 记录的特点

1. 纪实性

记录,在内容上具有它的纪实性,在语言上又体现了它的实录性。记录文书完全忠实于实际情况,自始至终坚持它的纪实原则,不断章取义,不歪曲原意,不支离破碎,决不失却原意。当然,记录也不是有事必记、有话必录,而应当去粗取精,去枝节、保重点,以保证记录的完整性。记录文书的语言与其他公文的语言不一样,一般不是作者的语言,而是如实录下别人的语言,撰制者不能把自己的主观感受掺杂在别人的语言里,不允许对别人的发言内容进行加工、整理和修饰。但对那些啰唆的、有语病的话语在保持原意的前提下可进行适当的整理。比如,会议记录。

2. 材料性

记录文书是有关内容和有关情况的实录,它作为一种最直接的原始记载凭据,具有十分重要的查考价值,也正是这一点,充分体现了这种纪实性文书在本质上属于书面材料的特征。记录性文书的材料来源是直接的第一手材料,不是间接的第二手材料。如会议记录,是作者亲自参加会议将与会情况及与会人员的发言如实记录下来,电话记录、接待记录、值班日志也是作者亲耳所闻、亲眼所见,以至亲身经历的直接记载,而会议纪要则主要是根据会议记录的第一手材料整理而成的。比如,大事记。

3.6.3 记录的类型

记录,又称笔录,它是记录类文书的总称,一般包括会议记录、询问记录、电话记录、工作日志、接待记录和大事记等。记录文书的类型较多,这里介绍几种常见的记录。

1. 会议记录

会议记录是开会时如实记载会议基本情况和主要内容的文书。作为会议情况的原始记录,要把会议上所作的报告、讲话、传达的指示、讨论的情况和形成决议等内容记录下来。

2. 电话记录

电话记录是在用电话办理公务时,记载有关通话内容的文书。它是各级机关处理有关公务的依据或凭证。办理公务的电话必须做好电话记录。

3. 接待记录

接待记录是指在接待有关来访人员时,记载有关接待内容的文书。

4. 大事记

大事记是将本机关、本单位经历的重大事件和重大活动,按时间先后顺序如实记载的一种记录性文书。作为对史实的客观记录，大事记具有客观、准确、系统、可信的特点，因而有很高的查考价值。

3.6.4 记录的写作要领

1. 会议记录的写作

会议记录真实地反映会议情况、会议议题、决议和与会人员讲话、讨论和发言内容。全面、客观记录和整理的会议记录，不仅可以作为原始材料长期存查，更重要的是为使会议决事项能在会后得到很好的贯彻执行并为日后检查执行情况提供依据。会议记录还是制作会议纪要、会议简报等公务文书的重要依据。

会议记录主要包括两个部分：会议组织情况，会议的进程和会议内容。

1) 会议组织情况的记录

会议名称，起止时间，地点，出席、列席、缺席人数和姓名及缺席原因，主持人和记录人的姓名，会议主要议题等。

以上所列项目，一般在主持人宣布开会前就写好。

重要会议要使用专用会议记录纸，它的首页一般都将上述项目印制成统一的格式，只要逐项填写即可。

2) 会议进程和会议内容的记录

主持人宣布开会、介绍本次会议的主题和议程。

传达、报告工作的大型会议，要把传达、报告的内容依次记录下来，无论是否有文稿。

布置工作、讨论问题的小型会议，则要记明讨论的问题，发言人的姓名和发言要点，结论意见，通过的决议等情况。

在记录会议表决情况时，要记清表决内容，参加会议的人数和有表决权的人数，具体表决结果，多少人同意，多少人不同意，多少人弃权。

以上记录，要根据会议的具体情况和内容随时记录。最基本的要记下：主持人发言、会上的报告或传达了什么事、讨论了什么问题、做出了什么决议。

3) 会议记录的两种方式

（1）摘要记录。这是一般会议常用的方法，它不是有言必录，而是只记发言要点、结论、讨论的问题、通过的决定和决议等主要内容。

（2）详细记录。这是用于重要会议的记录方法，它要求详细记录，特别是对领导人的讲话和重要决议，要尽量记原话，这种记录可以用速记，但会后要整理。

4) 会议记录注意事项

（1）要求记录人集中注意力，记得迅速、正确、清楚、完整，重点内容要准确、详细。

（2）特别重要的会议，为保证记录的准确，可根据现场录音整理或核对记录稿，也可几人同时记录，而后共同核对、整理。

（3）为了保证会议记录的准确性和有效性，重要的会议记录通常要履行一些必要的手续。一般要求在散会前把记录当众宣读，发现错误或遗漏应立即更正或补充，然后由会议主持人和记录人在记录后边签字，同时还要逐页编写页码，并在首页或记录末尾注明本次记录的总页数。

(4) 会议记录要用汉字书写，字体规范，一般不要用速记符号，以保证作为原始依据的有效性。

(5) 摘要记录要抓住发言的基本精神和要点，记录时，遇到没有听清楚或没来得及记上的主要内容，可以空着，先记下面的，问清楚以后再补记，千万不要凭主观想象，随意撰写，更不能把自己的意思强加到别人头上。

2．大事记的写作

大事记是用简述的方式，按时间顺序，连续记载大事。它既是完备的参考资料，可以提供近阶段工作的全面情况，又可为领导的决策和施政活动提供重要的参考依据，它还对研究工作和史料编纂具有重要的查考和利用价值。

大事记由标题、开头、正文、结尾四个部分组成。

1）标题

大事记的标题有以下两种写法。

(1) 综合性大事记的标题。"机关名称＋时限（内容项目）＋大事记"。如《××大学二〇二〇年大事记》《二〇二〇年国际形势大事记》。

(2) 专题性大事记的标题。"机关名称（内容项目）＋大事记"。如《××大学对外交流大事记》《国内经济大事记》。

2）开头

开头用于说明编写目的、意义、体例及时限等问题。

3）正文

正文主要是解决"记什么"和"怎么记"的问题。简单说，就是记大事、记要事；它由时间和记事两部分构成，就是按年进制以月、日安排记（事情先后顺序。一般用一两句话写完一件事）。

4）结尾

用于说明材料的真实性和使用、处理等有关事项。

5）大事记的写作要求

(1) 要一事一记，记述大事。所谓大事记，就是记大事，要依据特定的时间期限进行精心的选择，做到大事不漏，小事不记。

(2) 要客观真实，高度负责。应本着实事求是的态度，尊重实际，一切从实际出发，真实地加以记述。切勿随心所欲、牵强附会，以致失去了可信性。

(3) 要概括凝练，言简意赅。大事记文字要简明扼要，用词严谨。

3．几种记录表格的参考式样

1）会议记录首页表格

会议记录

会议名称		地点	
会议时间	年　月　日午　时　分至　时　分		
主持人	审阅人（签字）		记录人

续表

出席人员	
列席人员	
缺席人员及缺席原因	
主要议题	
会议议程及发言内容	

2) 接收电话记录表格

（单位）接收电话记录

来电机关		来电时间	年　月　日　时　分
来电人		收电人	
来电内容			
办理结理			
承办人		承办日期	年　月　日

3) 发出电话记录表格

（单位）发出电话记录

发电机关		发电时间	
来电人		收电人	
发电内容			
备注			

4）来访接待记录表格

（单位）来访接待记录　　　　　编号：

接待时间	年 月 日 时 分		接待人姓名	
来访人姓名		性别	年龄	党派	
工作单位及职务				电话	
家庭住址				电话	
反映的情况及要求：					
拟办意见					
办理结果					

范文精选一（会议记录）

×××学院20××年第十次行政办公会议记录

时间：20××年7月×日上午9时。

地点：行政办公楼第二会议室。

与会人：马××、张××、李××、庄××、于××、陈××

缺席人：××因出差缺席

列席人：黄××、周××

主持人：马××

记录人：陈××

马××：今天主要研究两个问题：一、本学期工作总结。二、参加省教育先进工作者会议的人选。先研究本学期工作总结，请张××同志把总结草稿念一下。

张××：读总结草稿。草稿存院办。

马××：本学期即将结束，大家做了不少工作……请大家对总结草稿谈谈自己的意见。

陈××：基本上同意这个总结。但对本学期的政治思想工作写得不够，应充实。

庄××：（略）

于××：（略）

李××：（略）

马××：综合大家意见，基本上同意总结草稿，修改意见：一是突出政治思想工作的作用；二是总结还应更全面。

决议：一致通过。

主持人：（签名）马××

记录人：（签名）陈××

范文精选二（大事记）

淮安市人民政府2021年1月工作大事记

1月4日

省委常委、省委统战部部长杨岳来淮巡查洪泽湖治理保护情况，对淮安市高效落实各项工作任务取得的显著成效给予充分肯定，强调要坚持以习近平生态文明思想为指引，认真贯彻落实新发展理念，大力推进生态文明建设，协同推进经济高质量发展与生态环境高水平保护。省水利厅厅长陈杰，市委书记蔡丽新，副市长肖进方参加巡查。

△市委召开全市领导干部警示教育大会，深入贯彻落实中央关于全面从严治党新要求，通过以案示警、以案促改，教育引导全市领导干部自觉践行党的宗旨，锤炼优良作风，筑牢为政清廉的坚固防线，努力在淮安全面建设现代化新征程中展现更强担当、做出更大贡献。市委书记蔡丽新在大会上讲话，市长陈之常主持会议。

1月5日

市长陈之常主持召开市政府八届第70次常务会议，讨论研究政府工作报告，以及《淮安市国民经济和社会发展第十四个五年规划和二〇三五年远景目标纲要草案》，布置做好常态化疫情防控工作。

△全市执行联动工作调研座谈会召开，听取全市执行联动机制建设情况汇报，部署推动全市执行联动工作提质增效。市委常委、政法委书记赵洪权出席会议并讲话。

△全市宣传思想文化工作调研考评会在涟水召开，总结2020年度宣传思想文化工作，研究部署"十四五"时期和2021年宣传思想文化目标思路和重点工作。市委常委、宣传部部长周毅出席会议。

△市委常委、常务副市长顾坤对做好能源保供工作进行调研，率队前往淮安新奥燃气有限公司、华能淮阴电厂、淮安四方热力能源有限公司，听取企业负责人关于能源储备、市场价格、供需结构、设备运作等情况的汇报。

1月6日

市委常委会召开会议，听取市两会筹备工作情况汇报，政府工作报告（讨论稿）、《淮安市国民经济和社会发展第十四个五年规划和二〇三五年远景目标纲要（草案）》起草情况汇报，市人大常委会、市政府、市政协、市法院、市检察院党组工作情况汇报等。市委书记蔡丽新主持会议。

（篇幅所限，7—30日略）

本章思考与练习

一、填空题

1. 计划是单位或个人对未来一定时期或预定一段时间所要_____或某项工作而做出的安排和_____。

2. 计划的提出，回答的是"为什么要做的问题"；计划的目标与任务，回答"_____"；计划的措施，回答的是"_____""_____"的问题。

3. 总结是单位或个人对已完成的任务、做过的工作进行_____、_____和_____的文书面报告。

4. 总结的主体结构有两种：一是_____；二是_____。

5. 调查报告是针对_____发生的某一事件、某些现象、_____进行调查研究后写成的书面报告。

6. 述职报告是机关、团体、企事业单位的领导干部或专业技术人员向上级领导、专家、组织人事部门和本单位职工_____、_____在一定时期内_____情况的一种实用文书。

7. 简报是机关、团体、企事业单位编发的_____、_____、_____、_____或指导工作的一种简明扼要的书面报告。

8. 记录，是指如实记录_____或_____的事务文书。

9. 记录文书作为实录凭证，具有重要的_____作用，也是一种_____性的书面材料。

二、选择题

1. 用来说明编发简报的原因或目的，以引起读者的重视是（　　）。
　　A. 标题　　　　B. 副标题　　　　C. 导语　　　　D. 按语

2. 按事物性质或问题把材料归纳为若干类，分成几个方面的情况问题或几个方面来写，各个方面相对独立，又相互关联，以严密的逻辑关系构成全文整体。这种结构称（　　）。
　　A. 纵式结构　　B. 横式结构　　　C. 放射结构　　D. 爆炸结构

3. 用于时间比较短，内容比较单一、具体的计划，可称为（　　）。
　　A. 规划　　　　B. 纲要　　　　　C. 设想　　　　D. 安排

4. 记录类文书一般包括会议记录、询问记录、电话记录、工作日志、接待记录和大事记等。按时间先后顺序如实记载的一种记录性文书是（　　）。
　　A. 会议记录　　B. 询问记录　　　C. 工作日志　　D. 大事记

三、简答题

1. 计划的作用是什么？
2. 简述计划的可行性特点。
3. 简述计划的特点。
4. 常用的计划有哪些（至少说出七个）？
5. 总结的作用是什么？
6. 安排和方案有何区别？
7. 简述总结的陈述性特点。
8. 综合性总结和专题性总结在内容上有何区别？
9. 调查报告的作用是什么？
10. 决定调查的选题要从哪三个方面来考虑？
11. 调查报告的开头怎么写？
12. 述职报告的作用是什么？
13. 怎样理解述职报告书面的严肃性？
14. 述职报告正文的主体写些什么？
15. 简报的功用是什么？
16. 简报是简报类文书的统称，常见的简报类有哪些（至少说出七个）？
17. 简报就是"简而报之"？为什么？
18. 简报为何要"快而新"？
19. 会议简报与工作简报有何区别？
20. 报头与报尾写些什么？

21. 记录类文书有哪些?
22. 会议记录有什么作用?
23. 会议进程和会议内容需要记录些什么?
24. 大事记怎么记?

四、论述题

1. 阐述计划正文的写作。
2. 阐述汇报性总结、报告性总结、经验性总结的主体的写作重点。
3. 简述调查报告的纪实风格。
4. 简述调查报告的写作要求和注意事项。
5. 简述述职报告的述评性。

五、分析题

下面是《当代大学生人生价值观调查》的前言,从四个方面对该调查报告做出简明扼要的交代,试分析,并说明接下来的主体部分可以做出怎样的安排。

人生价值是青年们所热切关心的问题,也是十分敏感的问题,那么,当代大学生的人生价值观究竟怎样?

为此,我们1984年上半年在北京市的几所高等院校进行了一次以问卷形式为主的抽样调查。我们编制了一种匿名封闭式问卷,其中包括个人背景、个人价值评价和追求、社会价值评价和追求、对人生的感受、恋爱价值观等内容。

我们先后在北京大学、清华大学、中国人民大学、北京外国语学院、中央音乐学院、解放军艺术学院进行了抽样调查。问卷发放的途径包括:一在全校性选修课课堂上发放,当场填好当场收回;二在综合阅览室对全体读者进行调查,离开阅览室时收回;三通过组织出面,有选择地调查几个班级,指定上交时间;四通过同学关系滚雪球。用这四种方法,共发放问卷750份,收回问卷548份。

六、作文题

以下是《中央宣传部、司法部关于在公民中开展法治宣传教育的第七个五年规划(2016—2020年)》的结构框架,请仿照编写一份××发展规划的提纲。

中国防治慢性病中长期规划(2017—2025年)

国办发〔2017〕12号

为加强慢性病防治工作,降低疾病负担,提高居民健康期望寿命,努力全方位、全周期保障人民健康,依据《"健康中国2030"规划纲要》,制定本规划。

一、规划背景

本规划所称慢性病主要包括心脑血管疾病……慢性病影响因素的综合性、复杂性决定了防治任务的长期性和艰巨性。

近年来,各地区、各有关部……为制定实施慢性病防治中长期规划奠定了重要基础。

二、总体要求

(一)指导思想。

全面贯彻党的十八大和十八届三中、四中、五中、六中全会精神,深入贯彻……提升全民健康素质,……为推进健康中国建设奠定坚实基础。

（二）基本原则。

坚持统筹协调。……

坚持共建共享。……

坚持预防为主。……

坚持分类指导。……

（三）规划目标。

到2020年,慢性病防控环境显著改善,……力争30～70岁人群因心脑血管疾病、……到2025年,慢性病危险因素得到有效控制,……有效控制慢性病疾病负担。

中国慢性病防治中长期规划（2017—2025年）主要指标（表略）

三、策略与措施

（一）加强健康教育,提升全民健康素质。

1. 开展慢性病防治全民教育。……2. 倡导健康文明的生活方式。……（表略）

（二）实施早诊早治,降低高危人群发病风险。

1. 促进慢性病早期发现。……2. 开展个性化健康干预。……（表略）

（三）强化规范诊疗,提高治疗效果。

1. 落实分级诊疗制度。……2. 提高诊疗服务质量。……

（四）促进医防协同,实现全流程健康管理。

1. 加强慢性病防治机构和队伍能力建设。……2. 构建慢性病防治结合工作机制。……

3. 建立健康管理长效工作机制。……

（五）完善保障政策,切实减轻群众就医负担。

1. 完善医保和救助政策。……2. 保障药品生产供应。……

（六）控制危险因素,营造健康支持性环境。

1. 建设健康的生产生活环境。……2. 完善政策环境。……

3. 推动慢性病综合防控示范区创新发展。……（表略）

（七）统筹社会资源,创新驱动健康服务业发展。

1. 动员社会力量开展防治服务。……2. 促进医养融合发展。……3. 推动互联网……

（八）增强科技支撑,促进监测评价和研发创新。

1. 完善监测评估体系。……2. 推动科技成果转化和适宜技术应用。……（表略）

四、保障措施

（一）强化组织领导。……

（二）落实部门责任。……

（三）加强人才培养。……

（四）营造良好氛围。……

五、督导与评估

国家卫生计生委要会同有关部门制定本规划实施分工方案……2025年组织规划实施的终期评估。各地区要建立……推动各项规划目标任务落实。（编者有删节）

第 4 章　经贸商务文书

4.1　意向书

>>> **知识要点**

- 了解意向书的含义
- 理解意向书的三个特点
- 掌握意向书的分类情况
- 掌握意向书的文本格式

>>> **能力要求**

- 能够运用相关的文体知识对意向书例文进行简单分析
- 领会意向书的写作方法
- 学会写作意向书

4.1.1　意向书的定义

意向书，是协作双方就某一合作事项在进入实质性谈判之前进行初步接触、洽谈后所形成的意见性文书。

意向书，又称草签，多用于对外科技协作项目或其他经济活动中。主要记载当事人双方合作意愿，表达初次洽谈后彼此认可的若干原则性、方向性意见，并提出以后洽谈的安排和设想。作为进一步洽谈的基础，它是合同或协议契约的先导，其本身并不具备法律约束力。主要作用在于：一是有助于双方进行下一步的实质性接触和谈判；二是下一步实质性谈判的基本依据，今后双方应当遵循各方在意向书中表示的意见进行谈判。

4.1.2　意向书的特点

1. 临时性

意向书是当事人双方初步接触形成的一个洽谈结果，它反映当事人双方还没有进入实质性谈判，作为合同或协议契约的"前奏"，它必须尽快过渡到正式契约的"主题"。所以，意向书虽属协议类文书，却与合同、协议书不一样，它只是一种临时性的文书，一旦合同或协议书正式签订，它也就完成了使命。

2. 意愿性

意向书反映当事人双方共同合作的设想，它是通过双方初步接触所做的草签，并不是实质性谈判的结果，因此它不像协议书和合同，它对任何一方都没有约束力；同时，由于当事人对对方的资信、能力、条件等情况尚需充分了解，所以它只表示合作或交易的意愿，而不表示合作或交易的决定，也不具有法律效力。

3. 可变性

意向书表示双方愿意合作的共同意见，它是在双方相互协商的基础上达成的，在协商过程中，任何一方都可以提出几个方案供对方选择，对方可择善而从，即使是签订之后，也还可以修改、变动，最终达成共识，形成协议书或合同。当然，意向书也并不意味着当事人双方就一定能够合作。

4.1.3 意向书的类型

意向书在经济活动中应用广泛，使用在不同合作项目的洽谈上，就自然形成不同内容的意向书，也无须按什么角度或标准来分了。比如开发电子产品意向书、合作办学意向书、加工承包意向书、建设工程承揽意向书、货物运输意向书、财产保险意向书、经销总代理意向书等。

4.1.4 意向书的写作要领

意向书的文本格式包括标题、正文、签署三个部分。

1. 标题

意向书的标题一般由项目名称与"意向书"构成，即："项目名称＋文种"；也有的是直接写"意向书"三字为题。如《合作开发卡通电子玩具的意向书》《意向书》等。

2. 正文

正文按开头、主体、结尾三个部分来写。

1）开头

写明合作双方的基本情况（双方单位全称，洽谈代表身份、职务）；双方在何时、何地、就何项目进行洽谈；用转接语"经初步磋商达成如下意向"过渡到下文。

2）主体

意向书的主要部分。分条款式叙写达成的意见。一般要写明初步商洽后达成一致的事项。大体有：合作项目名称、计划安排、合作期限、投资方式及比例、利润分配、其他权利与义务等，这些都可作一原则规定或初步设想。要求表意明确，条项清楚，不必十分详尽具体。

3）结尾

提出落实合作项目的要求和希望。多用"未尽事宜，在正式签订合同（协议书）时予以补充"作结。并写明意向书文本份数及各执情况。有的意向书主体结束就算结尾。

3. 签署

在正文右下方双方签署单位名称及代表人姓名，加盖印章，日期写于署名下方。

4．注意事项

1）文本言简意明

意向书着重要写明规定双方合作的大体原则和方向，不必像合同、协议书那样具体到全面事项及要求，只要把合作项目和双方应做的几件主要事项逐条简明地写清楚就可以了。

2）意见切实可行

意向书对合作双方的意见、设想、安排要切实可行。权利和义务的规定都必须考虑到客观实际，不能定得过高，要为以后的深入谈判、订立协议书或合同留有余地。

3）表达平实得体

意向书的内容是带有协商性的，比较原则而概括，不像合同和协议书那样具有确定性。所以语言要平实，有让步，语词多用"争取""尽可能""适当"，而不要随便使用"必须""应当""否则"等硬性表达。

范文精选一（合作生产意向书）

合作生产××原料的意向书

20××年×月×日至×日，香港××公司×××先生，同上海××厂厂长×××、副厂长×××就双方共同合作生产××原料等事宜，进行了多次洽谈。在此之前，双方在20××年12月，已进行了初步接触。现将有关意向归纳如下：

一、由香港××公司提供适合上海××厂所需要的××粒子，以降低进口成本，提高××原料的品质。

二、合作经营××原料生产，年产量初步匡定为××吨。

三、××原料的生产技术、设备由港方提供，产品大部分返销出口，以求外汇平衡。

四、双方投资比例初步定为：香港××公司为60%，上海××厂为40%，利润按投资比例分成。

五、该合作生产项目计划于20××年×月底正式投入生产。

六、双方准备在20××年×月×日前准备好各自的可行性研究报告的有关资料。20××年×月由上海××厂编写项目建议书上报上级部门，俟批准后，即通知港方。

七、本意向书一式两份，双方各执一份。于适当时候，双方再进一步商讨，以求可行性研究报告的正式完成。

甲方：香港××公司代表×××（签章）
乙方：上海××厂厂长×××（签章）
20××年×月×日

范文精选二（合资建设项目意向书）

合资兴建麦秆草席加工厂的意向书

中国××省××公司、××市××厂与日本东京都××服务中心，本着"友好、平等、互利"的原则精神，中日三方于20××年×月×日至×月×日，20××年×月×日至×月×日，先后两次在中国××省就合资兴建麦秆草席加工厂有关事宜进行了友好协商，在此基础上，中国××省××公司派员于20××年×月×日至×月×日，赴日本东京对此事进行了进一步磋商，日方应全国对外友好协会邀请，于20××年×月×日至×日一行四人在全国对外友好合作服务中心有关负责同志的陪同下，对中国××市××厂进行了实地考察和商定，三方同意利用××市××厂的现有厂房等设施合资兴建一座麦秆草席加工厂，现达成如下意向。

一、整体规划，分期投资

1. 中方以××市××厂现有厂区土地（空坪）2.67公顷，车间6间，办公楼1栋，配电室1间和其他生产生活等设施，作为合资股份，分为两次投资入股。

2.……

二、合营期限与货币计算名称

1. 合营期限

A. 时间从20××年×月至20××年×月止，计10年整，一方如需继续履行此合同，须经三方协商同意后，可重新申请延期并申报有关部门办理延期手续。

B.……

2. 货币计算方式

三、工厂规模

工厂占地面积为1.91公顷，年生产力为21.6万床草席，职工人数为100人。

四、投资金额及比例

合资工厂投资额为×××万美元。日方投资×××万美元，占总投资额的52.1%……中方投资×××万美元，占总投资额的47.9%（其中××省××公司为17%，××市××厂为30.9%）。

五、双方责任分担

中方：

1. 在三个月内办理有关中外合资企业的申报、审批手续和工商登记注册等手续。

2. 对厂区的整体规划，阶段性设施的配套完善及财产保险等工作。

日方：

1. 派遣技术人员3名，为中方培训技术工人，指导生产及设备安装。

2. 包销10年内年生产的全部产品（共计×××万床麦秆草席）。

六、利润分配及亏损分担

1. 中日双方按认可的投资比例分配利润及承担亏损责任，即中方获得全部利润的47.9%（其中××省××公司为17%，××市××厂为30.9%）。日方获得全部利润的52.1%。

2. 亏损按利润分配比例承担。

七、合资兴建工厂的未尽事宜，在正式签订协议书时予以补充。此意向书用中、日两种文字书写，双方各持三份。

中国××省××公司代表：×××

日本东京都××服务中心代表：×××

××市××厂代表：×××

20××年×月×日

4.2 协议书

>>> **知识要点**

- 了解协议书的含义
- 理解协议书的两个特点
- 掌握协议书的分类情况
- 掌握协议书的文本格式

>>> **能力要求**

- 能够运用相关的文体知识对协议书例文进行简单分析
- 领会协议书的写作方法
- 学会写作协议书

4.2.1 协议书的定义

协议书是双方当事人对于特定事由,通过洽谈和协商后而订立的一种契约性文书。

协议书的适用范围十分广泛,它是一种契约文书,也是一种信用凭证。在社会活动、经济活动、外事活动、民事活动中,协议书一经订立,双方当事人的经济关系或其他关系即被确立,它有时可以直接代替合同,与合同具有同等的法律效力。

4.2.2 协议书的特点

协议书是一种具有合同性质的信用文书,较之意向书,其内容相对要正式、具体些;而较之合同,是简单的,协议书有时只是作为合同的补充形式,或在合同履行一段时间后,用于对某些条款的补充和修订。

1. 便宜性

协议书是一种具有合同性质的契约,但又不像订立合同那样详尽、严谨,其内容反映双方合作的真实意思,使合作双方的权利和义务更加明确、具体,使用起来方便、灵活,也不受固定程式的限制。

2. 约束力

协议书是双方当事人协商的结果,双方对协议的内容都有履行的义务,任何一方违背协议,都要承担相应的责任,或承担法律后果。从这个意义上说,协议书对双方的行为均有一定的约束力。

4.2.3 协议书的类型

协议书的种类很多,划分的角度也有所不同。按协议事由划分,有商务协议书、事务协议书等；按协议双方所处地域或隶属关系分，有涉外协议书、（普通）协议书、（单位）内部协议书、家庭协议书等；按协议项目内容分，有联合经营协议书、商品贸易协议书、劳务协议书、服务协议书、承揽协议书、供给协议书等。

4.2.4 协议书的写作要领

协议书的结构一般由标题、正文、签署三部分组成。

1. 标题

协议书的标题有三种写法。

1）完全式

协议双方单位名称＋事由＋文种，如《××大学与××集团关于合作开发××项目的协议》。

2）省略式

省去"协议双方单位名称"，即"事由＋文种"，如《关于合作兴建××的协议书》。

3）直接写文种

如《协议书》。

协议书的标题之下有的写明协议双方单位的全称，并注明甲方、乙方，有时还加上各单位的详细地址和电话号码。

2. 正文

协议书的正文一般由开头、主体、结尾等部分组成。

1）开头

简要交代合作双方签订协议书的目的、原因或者依据，并用"达成以下协议"或"双方经过充分协商，达成如下协议"或"甲乙双方本着友好互利的原则，经过协商，达成如下协议"等，过渡到下文。

2）主体

这部分是协议书的主要内容。写明当事人双方所议定的事项。多采用分条列项的方法，关键要写清双方各自享有的权利和承担的义务，包括协议什么项目、达到什么要求、什么时间完成、报酬价款怎么处理、违约责任，等等。不同种类的协议书，内容各不相同。而总的条款多为：一是标的；二是数量；三是质量；四是价款或报酬；五是履行期限；六是兑现地点方式；七是违约责任；八是变更、终止、仲裁及有关未尽事宜等。

3）结尾

写明协议书文本份数及各执情况。

3. 签署

署名、日期和生效标识。署名在正文下方分别写上合作各单位名称（全称），各自代表的姓名，并加盖印章（或签字）。标明协议书的日期，年月日要写全。

4. 注意事项

1）关键的问题要彰明较著

无论是什么协议书，对于协议事项诸如性质、规模、价款、数据、比例、期限、利润分配等必须一审再审,一校再校,非弄得清清楚楚、明明白白不可。

2) 关键的文字要精准无误

语言表达要简明、周密、严谨、有分寸。关键处的文字处理一定要做到精确无误,比如"订金"与"定金"、"须要"与"需要"之"须"与"需"字,等等。

范文精选一(全面合作协议书)

北京市人民政府、中国科学院全面合作协议书

(20××年9月18日修订)

北京市人民政府(以下简称甲方)和中国科学院(以下简称乙方)为落实国家科教兴国战略,促进科技创新,加快首都经济发展和社会进步,根据国家及北京市的"十五"计划纲要,经友好协商,决定开展长期、全面的合作。现就有关事宜签订协议如下。

一、双方合作的指导原则是:优势互补,互惠互利,协同创新,共同发展。双方将相互依托甲方的政策、土地、资金等优势和乙方的技术、信息、人才等优势,根据双方需求和实际情况,通过多种形式开展全面合作,共同构筑企业、研究机构、政府协同行动的区域创新体系。

二、合力推动技术创新,培育高新技术企业。乙方组织所属研究机构和企业在北京发展高新技术产业。双方共同培育拥有自主知识产权和具有较强市场竞争力的高新技术企业;鼓励和全力支持研究机构与企业共建、联建、协建技术开发中心。

三、共同推进产学研合作,促进传统产业改造和高新技术产业发展。乙方积极组织力量,大力支持首都经济发展,重点支持信息技术、环保技术、新材料、生物技术、光机电一体化等高新技术领域。乙方根据甲方提供的高新技术项目需求和企业技术难题,组织力量进行研究开发,推进成果转化。双方共同推动以资产为纽带的合作及各种形式的产学研联合。

四、携手进行制度创新,推进配套改革。把"改变科技力量游离于市场之外的局面"作为改革的重点任务,加快科技、经济领域的体制与机制的创新,以及高新技术企业产权制度的创新。

五、加强在国际交流方面的合作。双方将联合在北京组织大型国际会议、大型国际科技贸易展览以及高技术成果交流。

六、共同促进中介机构发展,营造有利于科技成果转化的市场氛围。双方共同发展各种类型高新技术产业孵化器和创业创新服务机构。

七、联合建设中关村科学城。双方共同努力把中关村科学城建设成为21世纪国际一流的科学园区和高新技术产业孵化区,使其在推动国家知识创新体系的建立、促进科技成果转化和高新技术产业孵化、培养高水平科技创新人才等方面发挥重要作用。甲方在科学城总体规划的调整、工程立项审批以及市政基础设施建设方面给予有效支持。

八、联合进行信息化基础设施建设。双方共同努力,加速建成以中关村科学城为核心、覆盖中关村地区的高速宽带信息网络平台和以光纤为主的接入网络,为中关村地区的建设和发展提供良好的信息化环境,并成为国家科技信息、交流重要基地之一。

九、扩大信息和人员的交流。双方每年不定期组织科技人员和企业有关人员到对方下属单位访问调研,使科技人员了解市场信息和社会需求,企业有关人员了解高新技术发展趋势和高技术资源。乙方根据甲方的需求,向甲方提供诸如选派科技副职、科技顾问、人才培训

等方面的支持。甲方将根据乙方的需求，向乙方在京的重点企业选派经营管理人员。

十、双方共同组成市院合作委员会。合作委员会主任由北京市市长和中国科学院院长担任；副主任分别由分管副市长和副院长担任；成员为双方有关部门的主要负责人。合作委员会原则上每年召开一次工作会议，总结上年工作，部署下年度工作，协商、协调重大合作事项。

十一、合作委员会下设办公室，负责日常工作。合作委员会北京市办公室设在市科学技术委员会，负责人由该委主任担任；合作委员会中国科学院办公室设在高技术产业发展局，负责人由该局局长担任。

十二、协议中未尽事宜，由合作委员会会议商定，双方合作的具体项目另行签订协议或合同。

范文精选二（联合经营协议书）

合营高级××瓷砖及彩色××砖生产线协议书

甲方：××市新型××材料厂

乙方：香港××××有限公司

双方本着友好合作、共同发展的精神，就高级瓷砖及彩色××砖生产项目，建立合资企业，于20××年9月××日，在××××饭店，进行了认真洽谈，达成如下协议。

一、合资企业名称：

××集团××××有限公司

二、经营范围：

高级××墙地砖

三、生产规模：

年产量为××××万平方米××砖或×××万平方米××砖（按335天计）。

四、合资企业享受国家及省、市有关合资企业的优惠规定。

五、出资方式：

双方均以美元现汇注入。

六、生产及办公用厂房（面积约9 000平方米）的总投资如不超过×××元/m^2（即×××万元人民币），则此部分投资由双方共同投入；水、电、气及生产服务的设施，甲方向合资企业有偿提供。

七、合资年限：

20年（20××年×月×日至20××年×月×日）。

八、销售：

甲方内销××％

乙方外销××％

九、利润分成：

按股本金比例分成，即双方按税后利润的××％分成。

十、双方责任：

甲方：1. 落实注册资金；

2. 配合选择合适场地；

3. 负责组织和申报有关手续，甲乙双方共同编制可行性报告。

乙方：1. 尽快联系与生产有关的制备报价；
　　　2. 落实乙方的注册资金；
　　　3. 甲方需考察设备及工艺，乙方应给以协助并提供方便。
十一、双方商定，在协议经双方签字认可后，即积极开展前期准备工作，在适当的时机，尽早地再做进一步详细洽商，在此期间内，应经常保持联系，努力尽早地完成这一项目。
以上几点，双方代表签字后，各执二份以备考察。

　　　　　　　　　　　　　　　甲方：×××　　××市新型××材料厂
　　　　　　　　　　　　　　　乙方：×××　　香港××××有限公司
　　　　　　　　　　　　　　　20××年×月××日于××

4.3　经济合同

>>> **知识要点**

- 了解经济合同的含义
- 理解经济合同的两个特点
- 掌握经济合同的分类情况
- 掌握经济合同的文本格式

>>> **能力要求**

- 能够运用相关的文体知识对经济合同例文进行简单分析
- 领会经济合同的写作方法
- 学会写作经济合同

4.3.1　经济合同的定义

经济合同，是调整经济活动领域平等主体之间的权利义务关系的文书。

根据《中华人民共和国合同法》"合同是平等主体的自然人、法人、其他组织之间，设立、变更、终止民事权利义务关系的协议"的规定，经济合同是平等主体的自然人、法人、其他经济组织之间，为实现一定的经济目的，设立、变更、终止双方民事权利义务关系的协议。

经济合同作为广泛使用于经济活动领域的文书，它调整的是自然人、法人、其他组织之间的经济贸易关系，它与各类经济活动紧密相连。经济合同作为管理经济的有效手段，也是保护合同当事人的合法权益，维护社会经济秩序、提高经济效益，达到一定经济目的的有效方法。

4.3.2　经济合同的特点

1. 合法性

使用经济合同是经济活动当事人的一种法律行为，必须严格遵守国家的法令法规。依法签订的合同，受法律的承认和保护。按照《中华人民共和国合同法》的规定，合同当事人须具备相应的主体资格，也就是要具有在国家法律允许的范围内的一定的权利能力和行为能力；签订的合同在内容、具体条款、程序，以及要约、承诺等环节上，都必须符合有关法律法规，必须履行相关的法律手续。

2. 约束力

经济合同的法律效力，对双方当事人都产生了严格的约束力。当事人必须全面履行合同规定的义务，任何一方如不履行合同，都要承担由此引起的法律后果。任何一方都不能单方面终止合同。只有在法律规定的特别情况时，才允许变更或解除合同。当事人双方按照合同享有权利，同时也要承担义务，各自从对方取得经济利益而又必须向对方偿付相应的代价，这就是经济合同必须遵循的等价交换的原则。

4.3.3　经济合同的类型

经济合同是多种多样的，不同的分类标准可划分出不同类型的经济合同。

（1）按经济活动事由分，有买卖合同、供电（水、气、热力）合同、租赁合同、承揽合同、运输合同、技术合同、保管合同、仓储合同、委托合同、居间合同等。

（2）按传载方式分，有口头合同和书面合同等。

（3）按合同时效分，有长期合同、中期合同、短期合同等。

（4）按合同的写作格式分，有条文式、表格式、综合式合同等。

4.3.4　经济合同的写作要领

经济合同主要由标题、立约单位、正文、签署四个部分组成。

1. 标题

合同的标题通常直接使用合同名称，以表明合同的性质。如"购销合同""建筑工程合同""劳动合同"等。

2. 立约单位

立约单位写在标题下方、正文之前。分左右两侧写订立合同的单位或个人真实姓名，通常各方当事人要以相同形式分行并列，习惯上将双方分为"甲方"和"乙方"（如有第三方则称"丙方"），或"买方"与"卖方"、"供方"与"需方"、"委托方"与"受托方"等。

3. 正文

这是合同的主体部分，是双方当事人权利义务的具体体现。

1) 开头

简要写明订合同的依据和目的。如"为保护甲乙双方的合法利益，根据《中华人民共和国合同法》等规定，经双方协商一致，同意签订本合同"。又如，"为了完成商定的建筑安装工程，明确发包方与承包方的相互权利义务关系，根据《中华人民共和国合同法》和国务院颁发的《建筑安装工程承包合同条例》，特签订本合同。"

2) 主体

这是经济合同的主要部分。按照《中华人民共和国合同法》第二章第十二条的规定，写明以下条款。

(1) 标的。标的是合同当事人的权利义务指向的对象。标的是合同成立的必要条件，是一切合同的必备条款。没有标的，合同不能成立，合同关系无法建立。因合同种类很多而标的也多种多样。比如，有形财产和无形财产。前者指具有价值和使用价值并且法律允许流通的有形物，如生产资料与生活资料、货币与有价证券等；后者指具有价值和使用价值并且法律允许流通的不以实物形态存在的智力成果，如商标、专利、著作权、技术秘密等。再比如，劳务，指不以有形财产体现其成果的劳动与服务。如运输合同中承运人的运输行为，保管与仓储合同中的保管行为，接受委托进行代理、居间、行纪行为等。

(2) 数量。在大多数的合同中，数量是必备条款，没有数量，合同是不能成立的。只要有了标的和数量，即使对其他内容没有规定，也不妨碍合同的成立与生效。因此，数量是合同的重要条款。对于有形财产，数量是对单位个数、体积、面积、长度、容积、重量等的计量；对于无形财产，数量是个数、件数、字数以及使用范围等多种量度方法；对于劳务，数量为劳动量。一般而言，合同的数量要准确，选择使用共同接受的计量单位、计量方法和计量工具。根据不同情况，要求不同的精确度，允许的尾差、磅差、超欠幅度、自然耗损率等。

(3) 质量。对于有形财产来说，质量是物理、化学、机械、生物等性质；对于无形财产、服务、工作成果来说，也有质量高低的问题，并有衡量的特定方法。对于有形财产而言，质量亦有外观形态问题。质量指标准、技术要求，包括性能、效用、工艺等，一般以品种、型号、规格、等级等体现出来。合同中应当对质量问题尽可能地规定得细致、准确和清楚。国家有强制性标准规定的，必须按照规定的标准执行。当事人可以约定质量检验的方法、质量责任的期限和条件、对质量提出异议的条件与期限等。

(4) 价款或者报酬。价款或者报酬，是一方当事人向对方当事人所付代价的货币支付。价款一般指对提供财产的当事人支付的货币，如买卖合同的货款、租赁合同的租金、借款合同中借款人向贷款人支付的本金和利息等。报酬一般是指对提供劳务或者工作成果的当事人支付的货币，如运输合同中的运费、保管合同与仓储合同中的保管费及建设工程合同中的勘察费、设计费和工程款等。如果有政府定价和政府指导价的，要按照规定执行。价格应当在合同中规定清楚或者明确规定计算价款或者报酬的方法。有些合同比较复杂，货款、运费、保险费、保管费、装卸费、报关费及一切其他可能支出的费用，由谁支付都要规定清楚。

(5) 履行期限。履行期限是指合同中规定的当事人履行自己义务的期限。如交付标的物、价款或者报酬，履行劳务、完成工作的时限。履行期限直接关系到当事人的义务和权利，也是确定合同是否按时履行的客观依据。履行期限可以是即时履行或定时履行；也可以是在一定期限内履行或分期履行。不同的合同，对履行期限的要求不同，期限短的可以按小时、天计，期限长的可以按生产周期、月、年计。期限可以是精确的，也可以是不十分确定的。买卖合同中卖方以交货日期、买方以交款日期为期限，运输合同中承运人的履行期限是从起运到目的地卸载的时间，工程建设合同中承包方的履行期限是从开工到竣工的时间。因此，期限条款还是应当尽量明确、具体。

(6) 履行地点。履行地点是指当事人履行合同义务和对方当事人接受履行的地点。不同的合同，履行地点有不同的特点。如买卖合同中，买方提货的，在提货地履行；卖方送货的，在买方收货地履行。在工程建设合同中，在建设项目所在地履行。运输合同中，从起运地运输到目的地为履行地点。履行地点是确定运费由谁负担、风险由谁承担以及所有权是否转移、何时转移的依据，也是在发生纠纷后确定由哪一地法院管辖的依据。因此，履行地点在合同中应当规定得明确、具体。

（7）履行方式。履行方式是指当事人履行合同义务的具体做法。不同的合同，决定了履行方式的差异。买卖合同是交付标的物，而承揽合同是交付工作成果。履行可以是一次性的，可以是在一定时期内的，也可以是分期、分批的。运输合同按照运输方式的不同可以分为公路、铁路、海上、航空等方式。履行方式还包括价款或者报酬的支付方式、结算方式等，如现金结算、转账结算、支票结算、委托结算、信用结算等。履行方式与当事人的利益密切相关，应当从方便、快捷和防止欺诈等方面考虑采取最为适当的履行方式，并且在合同中应当明确规定。

（8）违约责任。违约责任是指当事人一方或者双方不履行合同或者不适当履行合同依照法律的规定或者按照当事人的约定应当承担的法律责任。违约责任是保证合同履行的主要条款，一般有关合同的法律对于违约责任都已经做出较为详尽的规定。但法律的规定是原则性的，因此，当事人为了特殊的需要，为了保证合同义务严格按照约定履行，为了更加及时地解决合同纠纷，可以在合同中约定违约责任，如约定定金、违约金、赔偿金额及赔偿金的计算方法等。

3）结尾

结尾主要包括合同有效期；认证、公证等鉴证机关的意见；合同附件名称及其件数；合同正本、副本的件数、保存及其效力；解决争议的方法；对条款争议的解释；说明有关未尽事宜的处理办法。

4. 签署

双方当事人签名盖章、各方的电话、电挂、开户银行、账号等。

5. 注意事项

（1）签订经济合同必须符合国家现行的法律法规和方针政策及有关规定；必须严肃认真对待，避免发生任何微小的疏忽和差错，避免使当事人蒙受经济损失或承担法律责任。

（2）条条款款要周密，每一条条款准确而不疏漏。比如，标的，应当清楚明白、准确无误；对于名称、型号、规格、品种、等级、花色等都要约定得细致、准确、清楚，防止差错。特别是对于不易确定的无形财产、劳务等更要尽可能地描述准确、明白。

（3）订立合同中还应当注意各种语言、方言及习惯称谓的差异，避免不必要的麻烦和纠纷。

范文精选一（项目开发合同）

广州市电信局与弘浪科技服务有限公司
关于大客户项目管理系统软件开发合同

合同编号：××××

广州市易宝电脑系统有限公司（简称甲方）委托广州弘浪科技服务有限公司（简称乙方）用 LotusNotes 开发广州市电信局大客户项目管理系统应用软件（详见附件二），双方达成如下协议：

一、合同设备

按附件一电信局提供所需操作硬件，系统开发需求详见附件二《系统需求及设计说明书》。

二、合同总额

合同总金额为人民币 33 000.00 元（大写人民币叁万叁仟圆整）。

三、付款方式

1. 甲方在合同生效之日起 7 个工作日内，将定金，合同总金额的 20％，人民币陆仟陆佰圆整（￥6 600.00 元）汇入乙方指定账户。

2. 在乙方开发、实施完毕，建立符合甲方与广州市电信局要求的大客户项目管理系统应用软件系统，并由甲方与广州市电信局验收合格，稳定运行后 20 个工作日内，甲方将合同余额，人民币贰万陆仟肆佰圆整（￥26 400.00 元）汇入乙方指定账户。

四、交货日期及地点

1. 乙方在合同签字之后开始计算的 20 个工作日，在 1999 年 10 月 8 日以前，按《系统需求及设计说明书》的要求完成软件开发、调试和实施工作。

2. 软件安装地点：广州市电信局。

五、软件版权归属

在本次实施工作中，乙方按照合同附件《系统需求及设计说明书》开发完成的软件版权及源代码归属于甲方，受有关版权保护法律保护。

六、乙方义务

1. 负责完成合同中所有工程项目，包括有关软件开发（附件二）与实施，提供用户培训，系统文档与用户操作手册。

2. 负责用户的培训及所开发软件的 90 天维护。

3. 提供与本系统有关的 90 天技术支援。

4. 乙方应按有关法律和规定交纳各种相关的税金，因税金而发生的问题由乙方负完全责任。

5. 在履行本合同的过程中，确因在现有水平和条件下难以克服的技术困难，导致研究开发部分或失败所造成的损失，风险责任由双方合理承担。本项目风险责任由该领域专家确认。

七、服务条款

1. 乙方对所开发之软件提供 90 天维护服务。

2. 保修期自系统验收合格之日起开始计算。

3. 一般技术支持响应时间以 6 小时为准，若出现重大问题，乙方技术支持工程师必须在 2 小时内到达现场进行服务。

八、索赔

1. 乙方所提供的系统如达不到附件二《系统需求及设计说明书》中要求实现的功能，甲方与广州市电信局有权要求退货，由此产生的一切费用由乙方负担。如果延迟了合同规定的交货日期，按本条第 2 项规定处理。

2. 乙方如不能按期交货，每延期 15 天，扣减合同货款 1％，此项最高索赔金额为合同总额的 5％；乙方如不能在延期 45 天内交货，甲方视乙方为未履行合同，甲方有权终止合同，乙方必须在甲方终止合同的通知之日起 10 天内，将双倍于原合同规定的货款通过银行转账的方式退还给甲方。

3. 甲方如不能按期向乙方付款,每延期15天,乙方有权向甲方索赔合同总额的1‰,最高索赔金额为合同总额的5‰;甲方如不能在延期45天内付清余款,乙方视甲方为未履行合同,乙方有权终止合同,合同设备由乙方收回,且不退还定金。

九、仲裁

执行合同如出现异议,由双方友好协商,如协商不能解决,任何一方可以向广州市工商局经济合同仲裁委员会申请仲裁。

十、其他未尽事项

其他未尽事项,由甲乙双方友好协商确定。

十一、银行账号

1. 甲方:广州市易宝电脑系统有限公司　　2. 乙方:广州弘浪科技服务有限公司

开户行:(略)　　　　　　　　　　　　　开户行:(略)

账号:(略)　　　　　　　　　　　　　　账号:(略)

十二、合同文本

本合同包括正文和附件,一式两份,双方各执一份。合同自签字之日起生效。

十三、签字

甲方:广州市易宝电脑系统有限公司　　乙方:广州弘浪科技服务有限公司

地址:广州市建设六马路××号　　　　地址:广州市天河暨南花园××号

电话:(8620) 83633××　　　　　　　电话:(020) 38898×××

联系人:×××(盖章)　　　　　　　　联系人:×××(盖章)

甲方代表:×××(签名、盖公司章)　　乙方代表:×××(签名、盖公司章)

日期:20××年12月24日　　　　　　　日期:20××年12月24日

(附件略)

范文精选二(买卖合同)

产品购销合同

卖方(供货方):_____

买方(购货方):_____

兹买方向卖方订购下列产品,经双方商定,确立买卖条件如下:

一、订货内容

商品名称及规格

单位_____

数量_____

单价_____

金额_____

合计:人民币(大写)

二、到货地点:_____

运输方式:(　) 送货上门

　　　　　(·) 代发货运

三、购销方式：（   ）现金销售
（   ）赊销于_____年_____月_____日前结清货款。

四、有关事宜

1. 本合同有效期如无特殊规定为壹个月，但已发出的货，合同仍然有效，直至货款结清为止。

2. 如在本合同期内不能付清货款，买方按货款总额的____‰/天支付违约金给卖方，同时不享受本公司一切优惠政策。

3. 买方收到货物的____小时内必须将货物检验完毕，并与卖方随货出库单（"客户联"和"回执联"）核对，如果发现诸如水渍、外包装毁坏等可能导致产品受损的情况，应于收到货物后48小时内书面通知卖方，在此期限内买方没有提出书面异议，卖方将视同买方收妥货物。

五、未尽事宜，由双方协商解决，或向供货方所在地法院提请诉讼。

供货方：（盖章）_____　　购货方：（盖章）_____
地址：_____　　　　　　地址：_____
电话：_____　　　　　　电话：_____
授权代表：_____　　　　授权代表：_____
_____年_____月_____日　　　　_____年_____月_____日

4.4　市场预测报告

>>> 知识要点

- 了解市场预测报告的含义
- 理解市场预测报告的四个特点
- 掌握市场预测报告的分类情况
- 掌握市场预测报告的文本格式

>>> 能力要求

- 能够运用相关的文体知识对市场预测报告例文进行简单分析
- 领会市场预测报告的写作方法
- 初步学会写作市场预测报告

4.4.1　市场预测报告的定义

市场预测报告就是以书面形式反映市场预测活动的情况和结果的报告性文书。

市场预测报告是从当代经济生活中产生出来的新文种，它和普通调查报告差不多。市场调查与预测是用科学方法，对市场的历史和现状做系统周密的考察，总结商品经营的经验和教训，并在此基础上预测未来市场的趋势和情况，揭示市场发展变化的规律，为管理和决策提供科学的依据。

4.4.2 市场预测报告的特点

1. 预见性

市场预测报告是从已知推测未知，由于它运用了历史的、现状的资料，运用了预测学的科学方法和逻辑学原理，讲求对市场现实调查结果的分析研究，所以它对于未来市场情况的形势、变化、趋势有预见性，预见性是市场预测报告的生命价值所在。

2. 综合性

市场预测报告中所做的预测判断是对市场情况进行高度综合的结果，它更倾向于用数字来说明问题，而每个数字的获得，都需要运用经济学、市场学、社会学等众多学科的原理和知识，这也正是综合的结果。

3. 时效性

市场预测报告中所做的预测判断是受时间限制的，如果不考虑时间限制，这种市场预测就没有什么意义，一份准确适用的市场预测报告只有被适时利用，才会有其价值。

4. 科学性

市场预测报告中所做的预测判断要合乎经济规律，不可主观臆断，它的科学性往往在对市场全局的把握上体现出来，市场预测报告的科学性还表现在它的预测方法必须有科学原理，在统计和计算上都要科学的、实事求是的。

4.4.3 市场预测报告的类型

按预测的范围分，有宏观市场预测报告和微观市场预测报告。

按预测的时限分，有当前市场预测报告和未来市场预测报告。

按预测的技术分，有定性市场预测报告和定量市场预测报告。

4.4.4 市场预测报告的写作要领

市场预测报告的写作分为三个阶段：一是市场调查；二是分析预测；三是落实成文。

1. 市场调查阶段

1）为什么要进行市场调查

市场调查是预测的必要前提，没有充分周密的调查，不掌握市场经营的历史、现状和相关的情况，就无法进行预测。

2）调查什么

市场调查主要调查市场四种情况：①市场需求情况；②竞争者情况；③政策法规贯彻情况；④本企业经营战略决策执行情况。

3）用什么方法调查

市场调查主要采用两种方法：①市场信息资料提取；②统计数据分析。

4）调查最终要得到什么

通过市场调查，可以掌握有关情况，为预测提供情报资料。

(1) 市场需求情况。购买力、购买动机、潜在需求，企业产品在过去几年中的销售总额，现在市场的需求量及其影响因素。

(2) 竞争者情况。竞争对手的基本情况，竞争对手的竞争能力、经验战略、新产品、新技术开发情况、售后服务情况，是否有潜在竞争对手。

(3) 政策法规贯彻情况：政府政策的变化，法律、法规的实施对企业的影响，税收政策、银行信用情况、行业的限制等。

(4) 本企业经营战略决策执行情况。产品的价格、销售渠道、广告及推销方面情况、产品的商标及外包装情况、存在的问题及改进情况。

2. 分析预测阶段

根据市场调查掌握的情报资料，开始对市场进行分析推导，做出科学的预测。可用以下方法。

(1) 统计预测法。用过去的实际统计资料，计算其趋势性，并以此来预测未来。

(2) 经济预测法。用以往的经济活动成效、经验和教训，对所遇到的新问题进行推测、判断、预示未来。

(3) 计划预测法。参照计划指标来预测市场发展的趋势和变化。

(4) 定性预测法。依据知识和经验推断预测对象未来发展性质及趋势，以对预测目标的性质进行分析。

(5) 量化预测法。根据市场资料，运用统计公式或数学模型，进行数量分析和测算，推断未来市场趋势，以对预测对象进行量化分析。

3. 落实成文阶段

通过市场调查、分析预测，接下来就是将前期成果落实成文，开始写作市场预测报告。

1) 标题

市场预测报告的标题共有四个部分构成，写法如下。

(1) "预测范围＋预测时间＋预测对象＋文种"。如《北京地区20××年空调市场预测报告》。

(2) 双行标题，正题点明预测主旨，副题点明预测对象和文种。如《光明乳业光明奶永远光明——光明乳业集团20××年北京市场展望》。

2) 前言

简要写明预测的主旨，或概括预测报告的主要内容。或开头就将预测结果提前交代，先声夺人。同时需交代时间、地点、范围、对象、目的、预测方法。

3) 主体

这是全文的核心部分，大致有三个部分：说明现状情况、预测市场需求、提出具体建议。

(1) 说明现状情况：主要从市场调查的材料中，选择有代表性的资料和数据来说明市场的历史和现状，为预测分析提供情报依据。

(2) 预测市场需求：根据统计数据进行科学的定性分析和定量分析，从而预测市场发展趋势和运动规律。要依据科学理论，运用科学的方法，进行综合、分析，以对未来市场发展趋势做出合理预见。内容要反映分析推导过程，要把怎样分析推导、为什么这样分析推导说出来，可以列出数学公式、逻辑公式，以增强预测的可信性。

(3) 提出具体建议。根据预测分析，为适应市场形势发展的变化，向决策领导提出有价值的参考建议。建议要着眼于发挥有利因素，能够排除干扰，促进市场战略的实施，同时还要注意建议的可行性。

最后，有几点注意事项。

①重视市场调查环节，掌握市场信息资料。

市场调查是信息资料的来源，掌握信息资料直接关系到预测的精确度和科学性，为提炼预测结论奠定基础。做好调查、搜集信息、整理资料是写作的首先要务。

②选用适当预测方法，实事求是对待预测。

根据掌握资料的情况，一切从实际出发，实事求是，选用适当的预测方法，以提高预测的精确度，充分体现预测对象的特征和变化规律。

③准确严密合乎逻辑，精练表达预测结果。

分析推导要做到既详尽又简明，富有逻辑性。要准确定性、定量、定时、概率（将发生什么事件、有多大等数量方面变化、将在什么时间发生、发生的可能性有多大）以体现预测结果。

范文精选一（未来市场预测报告）

2019年中国5G手机市场预测

5G，是第五代移动通信技术，是4G之后的延伸，其峰值理论传输速度可达每秒数十Gb，这比4G网络的传输速度快数百倍，整部超高画质电影可在1秒之内下载完成。

随着5G手机逐步进入市场，智能手机市场格局将发生变化。据预测，2021年5G手机市场爆发，2025年全国智能手机出货量或将达到2016年水平。预计在2020—2023年，智能手机市场将迎来5G换机潮。现在就来预测一下5G手机2019年在中国市场的前景。

一、5G产业现状

5G的应用场景主要包含增强型移动宽带、大规模机器通信以及高可靠低时延通信，与4G相比，宽带需求提升100倍，时延要求降低10倍。

据了解，国际电信联盟（ITU）去年6月定义了5G三大典型应用场景：增强移动宽带、大连接物联网、超可靠低延时通信。在此之前，我国IMT－2020（5G）推进小组发布的《5G概念白皮书》中也明确了四大应用场景：连续广域覆盖、热点高容量、低功耗大连接、低时延高可靠。其中，5G手机通信是覆盖面广、用户规模大的重要应用方向之一。

当前，5G正在阔步前行，它将以全新的网络架构，提供至少十倍于4G的峰值速率、毫秒级的传输时延和千亿级的连接能力，开启万物广泛互联、人机深度交互的新时代。

根据相关预测，2030年5G间接拉动的GDP将达到3.6万亿元。按照产业间的关联关系测算，2020年，5G间接拉动GDP增长将超过4 190亿元；2025年，间接拉动的GDP将达到2.1万亿元；2030年，5G间接拉动的GDP将增长到3.6万亿元。十年间，5G间接拉动GDP的年均复合增长率将达到24％。

二、5G手机市场分析

5G技术背景下，用户在手机设备上将从速度上直面感受到5G技术与4G技术的不同，而这种提速也将使用户在工作、娱乐、社交等多方面更具效率、便捷。然而目前市面上的主流手机机型并不支持5G网络，用户想要用上5G就需要换一台手机设备。对于部分消费者来说 4G 手机即可满足日常需要，在一定时间内，5G 手机市场不会迎来明显增长。

据悉，今年有超 30 款 5G 移动终端上市，但短期内不会大范围普及。因此，近几年，智能手机出货量将不会大幅增长。据中商产业研究院发布的《2019 年中国 5G 手机市场发展前景及投资研究报告》预测，今年智能手机出货量将继续下跌，按照智能手机 2～3 年换机频率再看，预计跌幅或收缩，全年智能手机出货量将达 3.5 亿部。随着 2021 年 5G 手机市场爆发，2025 年全国智能手机出货量或将达到 2016 年水平。

从市场结构来看，目前，手机市场仍然以 4G 手机为主。2019 年，预计 4G 手机仍占 95％以上的市场份额，而 5G 手机占比不足 1％。

到 2020 年，部分 5G 手机推出，用户选择性更换手机，5G 手机市场份额将超 10％；4G 手机市场占比下滑。

2023 年，随着 5G 手机的商用推广落地，市场迎来换机潮，5G 手机市场份额将超五成；4G 手机市场占比将进一步下滑。

三、5G 手机发展趋势

1.5G 手机向中低价位下探

随着 5G 手机逐步进入市场，智能手机市场格局将发生变化。对于大众消费者来说，性价比是购买手机时会考虑的重要因素之一，平价手机的用户群体占比很大。虽然现阶段的 5G 手机售价仍处于高位，但平价手机的趋势不可阻挡。此外，据中国移动高层表示，到 2020 年底 5G 手机终端会向中低价位下探，部分 5G 手机的价格可能会降至 1 000～2 000 元。

2.5G 手机将成为电子消费新风口

近年来，居民收入不断提高，电子产品逐渐成为大家普遍消费的产品之一。随着产品技术提高、新概念频出，智能手机的更新迭代十分加快，而智能手机市场呈现低迷态势，出货量下跌。但随着 5G 手机的推出、量产，同时结合折叠屏、混合光学变焦摄像头等新技术，智能手机市场将迎来新风口，换机潮有待激活。

3.2020—2023 年迎来换机潮

所以目前，市面上主流的手机为 4G 手机，对于部分消费者来说 4G 手机即可满足日常需要，在一定时间内 5G 手机不会出现换机潮。此外，目前手机厂商的 5G 手机设备只有部分机型量产商用，同时运营商在 5G 网络的架设方面仍处于布局阶段，5G 手机的大规模铺开商用条件尚未成熟。预计在 2020—2023 年，5G 手机技术成熟，网络通信基础设施铺设完备，市场将迎来换机潮。

范文精选二（当前市场分析报告）

20××—20××年中国真皮包（袋）行业消费者偏好调查（提纲）

第一部分　真皮包（袋）目标客户群体调查

一、不同收入水平消费者偏好调查

二、不同年龄的消费者偏好调查

三、不同地区的消费者偏好调查

第二部分　真皮包（袋）的品牌市场调查

一、消费者对真皮包（袋）品牌认知度宏观调查

二、消费者对真皮包（袋）的品牌偏好调查

三、消费者对真皮包（袋）品牌的首要认知渠道

四、消费者经常购买的品牌调查

五、真皮包（袋）品牌忠诚度调查

六、真皮包（袋）品牌市场占有率调查

七、消费者的消费理念调研

第三部分　不同客户购买相关的态度及影响分析

一、价格敏感程度

二、品牌的影响

三、购买方便的影响

四、广告的影响程度

五、包装的影响程度

4.5　经济活动分析报告

>>> **知识要点**

- 了解经济活动分析报告的含义
- 理解经济活动分析报告的三个特点
- 掌握经济活动分析报告的分类情况
- 掌握经济活动分析报告的文本格式

>>> **能力要求**

- 能够运用相关的文体知识对经济活动分析报告例文进行简单分析
- 领会经济活动分析报告的写作方法
- 初步学会写作经济活动分析报告

4.5.1　经济活动分析报告的定义

经济活动分析报告，是对经营单位特定时期的经济活动情况进行系统分析并给予确切评价的书面报告。

经济活动分析报告，实际上就是以经济活动的数据分析说明为主要内容的书面材料。它依据计划指标、会计核算、统计报表和调查的情况，运用科学的分析方法，对某一经济组织的经济活动或某一经济现象，进行分析研究，从中总结经验，探索经济规律，评价成败得失，探讨其中原因，提出措施，为决策提供依据。

4.5.2　经济活动分析报告的特点

1. 以分析为使命

经济活动分析报告主要是将各种数据进行定量、定性、定时的分析，以此来找出相互间

的关系，又从不同侧面、不同角度对宏观的和微观的、全面的和局部的、有利的和不利的等多种因素进行深入分析和比较说明。在经济活动分析报告形成的整个过程中表现出它的很强的分析性。

2. 以数字为依据

经济活动分析，分析的主要依据是数字，通过数据的对比，才有鉴别，才能明辨得失优劣，从中找到突破点和线索。不同的经济活动由不同的经济技术指标构成，检验每一项经济指标的完成情况，以及相关因素，必须通过数字对比（包括图表等）来加以表示、说明。

3. 以说明为主要表达方式

写作经济活动分析报告的最终目的是准确地指出经济活动存在的得失，从中找出提高经济效益的最佳途径。这就必须对所涉及的经济现象、特征、指标、数据等加以细致说明，以此揭示经济活动的规律，为科学管理提供依据。

4.5.3 经济活动分析报告的类型

经济活动分析报告在经济活动中应用十分广泛，种类也很多，按范围分，有宏观经济活动分析、微观经济活动分析；按时间分，有定期经济活动分析、不定期经济活动分析。这里主要介绍常见的三种：综合分析报告、专题分析报告、个案分析报告。

1. 综合分析报告

综合分析是对企业进行全面性的分析、检查、评估。通过大量的指标和资料比照，在计划经营和结果中揭露不平衡现象，抓住经营中的主要矛盾，查明主要因素，促进全面改善，提高经济效益。

2. 专题分析报告

专题分析是对某些方面或某些重要问题进行的分析。它可以沿着综合分析继续并深入，也可根据日常发现的问题和企业发展的要求随时进行。

3. 个案分析报告

个案分析是对具有代表性的某个单位或部门进行深入分析。它试图用个别来推导一般，从而揭示经济活动的一般规律，以指导或促进其他单位或部门的工作。

4.5.4 经济活动分析报告的写作要领

1. 做好材料准备

经济活动分析报告的写作，必须充分占有、使用材料，对于各种材料进行分析研究，去粗取精，去伪存真，使其系统化，并根据主题的需要，提炼观点，运用材料来阐述证明观点。真实有力的材料是判断情况、分析原因、总结经验教训、提出对策的依据。一般来说，本企业各项计划和定额方面的资料；本企业的各种核算资料；调查研究搜集到的与本企业相关的其他现实资料；企业各项规定、标准及政策文件等。至少要具备这样几个方面的材料才有可能进行分析研究，同时在写作中也可以不断地去发现、收集有关材料。

2. 学会运用几种分析方法

经济活动分析报告，需要运用科学的分析方法，来揭示经济活动的规律。经济活动分析是一门科学，写经济活动分析报告，只有掌握并运用科学的分析方法，才能把宏观分析与微观分析结合起来，透过现象看本质，使写出的分析报告具有严密的科学性，从而正确地指导经济活动。常见的分析方法如下。

1）比较分析法

比较分析法是将两个或两个以上具有可比性的指标，放在同一基础上进行对比，用以说明和反映两个事物之间的差别、联系，并分析产生差别的原因。大多是从三个方面对比：比计划、比历史、比先进。

2）因素分析法

因素分析法是将综合经济指标分解成若干个因素，然后分别测定这些因素对整个经济指标完成结果的影响程度，并找出其因果关系。

3）综合比较法

综合比较法是将多种经济指标放在一起进行对比、计算，分析出影响经济活动总体变化的诸多因素。

4）动态分析法

动态分析法是将不同时期的经济活动中的同类指标的实际数值进行比较，进而分析该项指标的增减和发展情况。

3. 写标题

标题有四种写法。

（1）"单位名称＋分析时限＋分析主题＋文种"，如《中国吉利集团2007年第一季度营销状况分析报告》。

（2）省略写法，如《电脑软件产销分析》《关于财务收支情况的分析》。

（3）用分析结论作题，如《北京地区的"售后"需要狠抓》。

（4）双行标题，正题点明报告主旨，副题说明分析对象和文种，如《光明地盘扩而再扩——上海光明乳业集团企业战略分析》。

4. 写正文

正文写作分三步：前言—分析—意见。其基本思路是：提出问题—分析问题—解决问题。

1）前言

这是正文的开头。简述经济活动分析的基本情况或者分析的结论。一般来说，要简明交代经济活动分析的目的和意义、分析的内容和范围、指标完成情况、存在的问题等，要给出一个总的评价。这部分要说明所分析的经济活动情况到底"怎么样"？

2）分析

这是正文的主体部分。主要是对前言交代的基本情况进行分析和评价。分析中，要把情况和问题摆开来，善于用质疑揭示矛盾，分析问题产生的症结，并运用适当的分析法（对比分析法、因素分析法），说明完成任务的程度，指明造成问题的各种因素及其影响，并对经济效益做出客观评价。这部分要明确回答"为什么这样"？

3）意见

这是正文的结尾。在主体分析的基础上,提出相应对策和切实可行的措施。建议要有针对性,要从提高经济效益出发。这部分回答的是"应该怎么做"。

5. 注意事项

(1) 写经济活动分析报告重在分析,先要把问题分析透彻,再相应提出切实可行的对策。

(2) 要用最适当、最有代表性的材料来说明问题,数据一定要准确。

(3) 语言文字一定要简洁明了,没有空话、套话。

范文精选一（知照型决定）

全市经济稳中向好 新动能新机遇释放新活力
——2021年上半年北京经济运行情况解读

上半年,全市科学统筹疫情防控和经济社会发展,落地落实各项政策措施,加快推动在紧要处落好"五子"工作任务,重点行业、新兴领域共同发力,重要政策、重点工作逐步显效,市场主体经营持续好转,总体经济稳步恢复,发展质量继续提升。

全市实现地区生产总值19 228.0亿元,按可比价格计算,同比增长13.4%,与2019年同期相比,两年平均增长4.8%,比一季度提高0.2个百分点。消费价格温和上涨,上半年居民消费价格同比上涨0.5%。居民收入稳步增加,全市居民人均可支配收入同比实际增长9.8%,两年平均增长4.4%。

一、重点行业稳固基础,新兴领域提升动力

重点行业稳固基础。从工业看,医药、电子等支柱行业发挥重要支撑作用,上半年对规模以上工业增长的贡献率合计超过8成,工业机器人、集成电路产量分别增长79.1%和32.0%。从服务业看,金融业、信息服务业、科技服务业等优势行业占服务业增加值的比重超过5成,对服务业增长的贡献率超过5成。

新兴领域加快成长。从新经济看,上半年,全市实现新经济增加值7870.8亿元,按现价计算,同比增长26.1%,两年平均增长13.2%,占全市地区生产总值的比重为40.9%,同比提高2.4个百分点。从新基建看,新基建投资同比增长34.6%,快于全市投资25.4个百分点,占全市固定资产投资的比重为9.4%,同比提高1.8个百分点,5G建设、车联网、数据中心等领域加快布局。从新消费看,限额以上批发零售业、住宿餐饮业实现网上零售额同比增长24.6%,两年平均增长25.2%;占社会消费品零售总额的比重为33.4%,同比提高1.6个百分点。1—5月在线体育、在线教育、在线娱乐、在线医疗4个领域企业收入合计增长35.3%,高于规模以上服务业平均水平10.8个百分点。

二、企业经营效益提高,市场主体活力增强

企业生产经营好转。从工业看,规模以上工业企业利润自年初以来同比成倍增长,1—5月同比增长2.2倍,两年平均增长64.9%;企业收入利润率为12.0%,分别高于一季度和上年同期1.8个和6.9个百分点。从服务业看,规模以上服务业企业利润同比增长51.2%,两年平均增长13.4%;企业收入利润率为14.8%,分别高于一季度和上年同期4.9个和4.5个百分点。

市场预期稳中向好。从企业看,上半年全市新设企业11.6万户,同比增长63.4%,两年平均增长 12.5%,高于一季度 1 个百分点;其中占比超 4 成的科技型企业同比增长 62.6%,两年平均增长 16.8%。从居民看,消费者信心调查显示,二季度消费者信心指数为 123.6,继续处于高位区间运行。

三、"两区"建设蕴育新机遇,科技创新释放新潜力

"两区"建设稳中提质。资金聚集效应显现,1—5 月服务业扩大开放综合示范区重点领域实际利用外资占服务业利用外资的比重超过 8 成;自由贸易试验区实际利用外资占全市的比重超过 1 成。示范引领作用增强,服务业扩大开放综合示范区重点领域规模以上企业收入两年平均增长 9.1%,高于服务业企业 2.2 个百分点;自由贸易试验区内规模以上工业和服务业企业①收入两年平均增长 11.9%,高于规模以上工业和服务业企业 4.3 个百分点。

科技创新释放发展新潜力。随着全市加快推进国际科技创新中心建设,创新主体活力不断增强,1—5 月全市大中型重点企业研究开发费用同比增长 29.0%,两年平均增长 20.6%,比 1—2 月提高 4.5 个百分点;中关村示范区企业技术收入占总收入的比重为 19.4%,同比提高 0.5 个百分点。科技创新中心主平台加快建设,上半年"三城一区"固定资产投资同比增长 19.4%,快于全市投资 10.2 个百分点,"十三五"时期布局的 29 个科学设施已有 27 个主体结构封顶;1—5 月区域内大中型重点企业研发费用占全市大中型重点企业的比重为 69.2%,同比提高 0.4 个百分点。

上半年,在市委、市政府坚强领导下,全市持续统筹疫情防控和经济社会发展,总体经济呈现稳步恢复、稳中向好态势。下阶段,要坚持以习近平新时代中国特色社会主义思想为指导,坚决贯彻落实党中央、国务院和市委、市政府决策部署,持续巩固经济恢复基础,持续推进首都经济高质量发展。

北京市统计局　国家统计局北京调查总队

范文精选二(专题分析报告)

聚力高质量 上半年京津冀经济持续恢复向好

(2021 年 8 月 30 日)

北京市统计局

上半年,京津冀三地持续统筹推进疫情防控和经济社会发展,生产需求逐步恢复,新兴动能培育壮大,协同发展稳步推进,区域经济呈现稳定恢复、稳中向好态势。

一、经济运行稳步恢复,社会民生保障有力

上半年,京津冀实现地区生产总值 4.5 万亿元。其中北京、天津、河北分别为 19 228.0 亿元、7 309.3 亿元和 18 739.3 亿元,按可比价格计算,比上年同期分别增长 13.4%、11.4%和 9.9%,与 2019 年同期相比,两年平均分别增长 4.8%、3.5%和 4.6%,比 1 季度均有所提高。

生产继续好转。北京、天津、河北规模以上工业增加值同比分别增长 41.4%、17.3%和 8.7%,两年平均分别增长 16.7%、5.2%和 4.7%。服务业增加值同比分别增长 10.1%、9.2%和 12.3%,两年平均分别增长 3.3%、3.3%和 5.3%,部分受疫情冲击较大的行业均有不同程度好转。

---

① 统计口径为经营地在自由贸易试验区规划范围内的规模以上工业和服务业企业。

需求逐步恢复。北京固定资产投资（不含农户）同比增长9.2%，两年平均增长3.7%，新基建投资、高技术制造业投资保持较快增长；天津固定资产投资（不含农户）同比增长6.2%，两年平均增长1.0%，制造业投资增势较好；河北固定资产投资（不含农户）同比增长0.4%，两年平均增长0.6%，服务业投资发挥支撑作用。三地社会消费品零售总额同比增速继续保持两位数，北京、河北两年平均分别增长0.6%和3.4%，天津限额以上社会消费品零售总额两年平均增长1.5%，已恢复到疫情前规模。三地通信器材类、金银珠宝类等升级类商品消费需求持续释放。

民生持续改善。从就业看，调查显示，北京上半年有用工需求的企业接近8成，已恢复至2019年同期调查水平；天津新增就业20.7万人，完成全年目标任务的59.0%；河北城镇新增就业51.7万人，比上年同期增加7.8万人。从居民收入看，北京、天津、河北居民人均可支配收入分别名义增长10.3%、11.6%和11.5%。

二、新兴动能增势良好，市场活力持续提升

（一）新动能催生新供给新需求

新产业引领发展。上半年，北京高技术制造业、工业战略性新兴产业增加值同比分别增长1.3倍和1.1倍，对规模以上工业增长贡献率均超8成（二者有交叉，下同）；天津高技术制造业、工业战略性新兴产业增加值同比分别增长24.4%和23.0%，均快于规模以上工业平均水平，占比稳步提升；河北高新技术产业增加值增长19.2%，占规模以上工业增加值比重同比提高1.9个百分点，工业战略性新兴产业中，生物化学农药及微生物农药制造、显示器件制造、城市轨道交通设备制造等领域增幅均在30%以上。

高端产品生产快速增长。上半年，北京工业机器人、集成电路产量同比分别增长79.1%和32.0%；天津新能源汽车、集成电路产量分别增长1.6倍和67.6%；河北太阳能电池、集成电路产量分别增长34.3%和1.2倍。

网上零售显现活力。北京限额以上批发零售业、住宿餐饮业实现网上零售额比上年同期增长24.6%，占社会消费品零售总额的比重为33.4%，同比提高1.6个百分点；天津限额以上批发零售业网上零售额同比增长2.1%，两年平均增长12.2%；河北网上零售额同比增长36.1%，高于全国12.9个百分点。

（二）市场主体发展向好激发内生动力

企业效益持续改善。上半年，京津冀三地规模以上工业企业利润同比分别增长2.0倍、96.1%和80.6%，均高于全国平均水平（66.9%），两年平均分别增长72.1%、12.4%和20.9%；营业收入利润率同比分别提高6.8个、2.5个和1.7个百分点。京津冀三地规模以上服务业企业营业收入同比分别增长22.3%、29.9%和15.6%，两年平均分别增长8.6%、5.9%和12.6%。

新设企业较快增长。上半年北京新设企业11.6万户，同比增长63.4%，两年平均增长12.5%，其中科技型企业占比超4成；天津新增市场主体同比增长18.7%，基本为民营主体；河北6月末全省法人单位150.0万个，同比增长10.2%，增速比3月末加快0.4个百分点，延续上年以来逐季加快的增长态势。

三、区域协作不断加强,"两翼"建设稳步推进

(一)跨区域产业协作和创新联系日益增强

京津冀三地坚持优势互补,持续增强产业对接协作。上半年,京津转入河北单位2 417个,其中法人单位1 461个。北京、河北企业在津投资到位额768.6亿元,占天津全部引进内资的比重超过4成。北京科技创新资源对津冀辐射带动作用明显。上半年,天津滨海—中关村科技园新增注册企业391家,其中北京企业占比超过3成。北京输出津冀技术合同2 232项,成交额178.8亿元,同比增长1.7倍,占输出外省市技术成交额的比重同比提高3.6个百分点。

(二)"两翼"加快建设发挥重要承接作用

上半年,北京城市副中心完成固定资产投资447.1亿元,同比增长9.0%,两年平均增长4.1%。行政办公区二期启动区、副中心交通枢纽等重点项目建设加快。雄安新区进入承接非首都功能和建设同步推进的重要阶段,上半年域内完成投资同比增长36.6%,雄安商务服务中心建设进度过半,雄安城市计算(超算云)中心、雄安国际酒店等项目建设加快实施。截至5月份,央企在雄安新区设立子公司、分公司及各类分支机构达100余家。

4.6　可行性研究报告

>>> 知识要点

- 了解可行性研究报告概念的含义
- 理解可行性研究报告的三个特点
- 掌握可行性研究报告的分类情况
- 掌握可行性研究报告的文本格式

>>> 能力要求

- 能够运用相关的文体知识对可行性研究报告例文进行简单分析
- 领会可行性研究报告的写作方法
- 模拟写作可行性研究报告

4.6.1　可行性研究报告的定义

可行性研究报告,是运用调查研究的方法在项目建议、设立、引进和投资上,对项目的可行性进行深入细致的分析论证后编制的关于研究结果的书面报告。

可行性研究是一种分析研究的方法。可行性研究报告,就是运用调查资料,对拟建项目的技术、经济及相关因素进行全面综合的可行性论证而形成的书面材料。它是在某一建设或科研项目决策之前,通过调查研究,进行全面系统的分析,严密论证其是否具有实施上的可行性、技术上的合理性、经济上的合算性,为项目决策提供科学依据。

4.6.2 可行性研究报告的特点

1. 论证的严密性

可行性研究报告的写作是建立在严格的理性分析基础上的一种研究活动。就某一项目建设而言,它既要从经济、技术、财务、市场销售等方面,对项目进行分析论证;还要从法律法规、方针政策、环境保护、科技发展及对社会的作用和影响等方面,对项目进行分析论证。只有通过这样严密的论证,才能做出科学合理的评价,从而得出可行性的结论。

2. 分析的系统性

可行性研究与某种现象研究、问题研究不同,它需要从大局出发,关注宏观,并着眼微观。可行性研究报告提出的可行性主张,必须建立在系统分析的基础之上,对可能影响可行性的各种因素的剖析,会涉及许多方面的经济因素与技术指标,这些因素和指标,互相关联,不可孤立求证,因此,系统分析便成为可行性论证的必要手段,这也是事物内在联系的必然结果。

3. 作文的专业性

可行性研究报告的写作过程,是一个调动专业知识的过程,还要依靠多学科的知识和方法,在严密的论证和系统的分析中,需要运用经济和技术上的理论原理,还需要运用大量的数据资料,形成的书面报告也要体现出专业的水准。

4.6.3 可行性研究报告的类型

可行性研究报告的类型没有统一的划分标准,以下列举不排斥其他角度的划分。

(1) 按照报告的内容划分,有经济建设项目可行性研究报告,有文化教育事业建设项目可行性研究报告,科技建设项目可行性研究报告。

(2) 按照报告的性质划分,有综合性的可行性研究报告,有专题性的可行性研究报告。

(3) 按照报告的立项划分,有基本项目可行性研究报告,新建项目可行性研究报告,扩建项目可行性研究报告,改建项目可行性研究报告。

4.6.4 可行性研究报告的写作要领

1. 标题

(1) 完全式标题。"单位名称+项目名称+文种",如《××厂与×国××公司合资开发××××的可行性研究报告》《××药业集团关于兴建××制药厂的可行性研究报告》。

(2) 省略式标题。"项目名称+文种",如《关于兴建××制药厂的可行性研究报告》。

(3) 只写文种。如《可行性研究报告》。

标题下面署明编制单位及编制人、编制日期。另一种是在标题下面写项目的名称、主办单位、经济负责人、技术负责人、参加调研及报告人员等。另外,有的报告带有附件也可在正文前面注明。

2. 正文

1) 前言

这是可行性研究报告的总论。主要是交代项目概况。简要陈述项目提出的背景、依据和范围、投资的目的、必要性及意义、预测经济效益和社会效益等。

2）主体

这是可行性研究报告的分析论证部分。要求以系统分析的方法，以经济效益为中心，围绕影响项目投资的各种因素，运用各种数据资料，论证拟建项目的可行性。具体包括以下几个方面。

（1）市场需求情况。根据市场调查和市场预测的结果，分析确认市场对项目、产品的需求情况，同时可以拟定项目的生产规模。

（2）原材料、能源、交通情况。主要包括确定能源、水源、运输、原材料、燃料等物料的种类、技术规格和供应数量及其供应方案，同时还分析对公用设施的可利用程度。

（3）项目选址和建设条件。主要包括对项目厂址、设备、产品设计、原材料、能源、水源、运输、地质、气象、劳动力及周围风俗文化等对项目产品生产影响因素的分析。

（4）技术设备和生产工艺。主要包括技术名称、技术水平、技术引进、工艺流程和要求、设备名称、型号、规格、数量、质量及配套工程、辅助设施等情况。

（5）资金方面。主要是投资估算和资金筹措，分析项目投资的资金来源及在实施过程中资金的流向等。

（6）财务分析。主要包括资金投入的分析论证，投产后经济效益、社会效益的预测，总成本、总利润、盈亏保本点、投资回收率、回收期等。

（7）人员、劳保、环保、安全防护。主要包括企业组织、劳动定员、人员培训和在项目实施过程中对劳动者合法权益的保护，还有企业组织机构的人员和设施的配备等，同时，分析该项目实施对环境的影响。

3）结尾

这是可行性研究报告的结论部分。从市场、技术、条件、资金、效益等各方面进行比较、评价，明确做出该项目是否可行的结论。

3．注意事项

（1）确认可行的项目必须从实际出发，放宽视野；可资论证的材料不仅要真实可靠、准确无误，更要注意它的"新""先"（不过时而具有先进性）。

（2）推理论证要注意逻辑顺序，使用系统分析方法不要有漏洞。

（3）表述简洁练达，要言不烦，不能啰唆。

范文精选一（新建项目可行性研究报告）

建设30万吨合成氨厂可行性研究报告

一、总说明

随着改革开放的深入，××地区农牧业有了很大的发展，原有的几个小型化肥企业的产品已不能满足当地的需求，近几年来，每年都要进口部分尿素。为了适应××地区农业生产发展的需要，减少化肥进口，节省外汇支出，建设一个大型化肥厂实属当务之急。

该项目拟由当地一个中型化肥厂主办。该厂现有职工1 200人，主要产品合成氨年产5万吨，产品质量好，19××年被定为国家二级企业。

厂址选在该厂东侧，濒临××河，交通方便，以天然气为原料，占地为贫瘠的荒地。

该项目拟从×国引进必要的技术软件、关键设备及部分特殊材料。总投资为××××万美元；设计年产能力为30万吨合成氨，全部加工成尿素为年产52.88万吨。

二、市场分析

1. 改革开放以来，农业生产的规模有了较大的发展，对化肥的需求量逐年增加。目前，该地区合成氨总产量达年产12万吨，但仍然不能满足需要。

2. 根据向当地农业生产资料公司调查，每年都要从内地调进20万～30万吨化肥，通过外贸进口10万～20万吨。尽管如此，仍有一些农民需要购买高价化肥。

3. 根据调查，当地治理荒地，改造沙漠已初见成效，可耕地还在不断扩大，对化肥的需求也呈上升趋势。

三、原料和能源供应

主要原料和燃料均采用天然气，通过管线直接送厂区经测算平衡，该项目所需天然气基本保证供应。

四、厂址选择

该厂选在××省××市××区××化肥厂东侧。交通方便，占地面积45公顷，厂区与地理环境适合建化肥厂。

五、设备与技术

该项目拟引进×国×厂商技术软件和×国××公司主要设备、仪器。部分配套设备由国内供应（专利技术与设备清单见附表）。

六、建设周期

该项目建设期为3年，19××年正式投产，试生产6个月。试生产后，正式投产第一年负荷为生产能力的75%；第二年为90%；第三年可按满负荷生产。

七、财务测算

1. 该项目总投资为××××万美元，其中形成固定资产×××万美元，流动资金×××万美元。固定资产所需外汇由国内贷款解决，银行利率10%，人民币全部由建设银行贷款，年利率8%。

2. 正式投产后，19××年销售尿素为××万吨，按每吨单价×××元计算，年销售收入为××××万元，前三年每年按10%递增，到第四年全年销售收入可达×××万元。

3. 生产成本估算：

（1）原材料、燃料、动力消耗定额估算（略）；

（2）原料、燃料、动力按市场现行价格计算；

（3）职工工资及福利基金估算；

（4）生产车间副产品估算；

（5）车间经费、企业管理费估算。

最终产品尿素单位成本为×××元。

4. 销售税金按出厂价5%计算。

5. 销售利润：

销售收入－销售成本－税金（包括城建税、教育费附加）＝销售利润

销售利润±营业外收支净额＝利润总额

该项目投产后年利润可达×××万元。

八、偿还贷款估算（见附表）（略）

九、评价

1. 本项目建成投产后，每年可获优质尿素52万吨。不但满足了地区农业生产的需求，促进农作物增产，而且可以取代进口化肥××万吨，节省外汇支出××××万元。

2. 考虑到物价因素的影响，如今后3年的物价上涨指数为×％，则依此测算，尿素成本还应提高×％，单位成本应为×××元，年利润相应减少××万元。

3. 尿素出厂价格×××元/吨是按全部自销计算。如通过专销部门批发，每吨销售价格则平均降低××元，企业每年减少销售收入×××万元，企业呈微利或保本。

4. 产品销售税金按5％计算，如按20％计算，每年多支出税金×××万元，企业亏损。

在××地区建设这样一个化肥厂实属利国利民的急需项目，对促进该地区农业以至整个经济的发展十分有利。根据以上各方面分析，建设该项目是十分可行的。因此，建议政府部门在价格和税收上采取优惠政策，予以扶持。

附图表（略）。

范文精选二（加工项目可行性报告）

山东省××兔业公司关于兔产品深加工的项目可行性报告

一、项目提出的背景

养殖业是21世纪全球最具发展势力的产业，五莲县则具有传统养兔的习惯，养殖资源及养殖经验和技术。随着全球经济一体化对兔产品深加工要求日益突出，公司通过对市场的深入研究和考查论证，认为对兔产品深加工已非常必要，为使公司年回收的300万只商品兔能进一步达到加工增值的目的，争取更好的企业效益和社会经济效益，公司认为建设兔产品深加工项目具有最佳时刻和商机。

二、项目建设单位的基本情况

本公司地处五莲县城罗山路东首，东邻青岛，北靠潍坊，南近日照，公路、铁路、机场、码头相距甚近，交通十分便利。公司占地180亩，固定资产580万元，现有种兔笼位1万多个，种兔1万余组，发展养殖户近两万户，年产商品兔300万只，直接社会效益8 000多万元，公司技术力量雄厚，现有专业技术人员32名，已发展成集科研、教学、机械制造、兔种繁育、疾病防治、回收商品兔为一体的畜牧产业化龙头企业。公司引进培育的优良兔种子2001年初被山东省家兔育种委员会组织的专家组评为可面向全国推广的优良品种，公司现已在省内外发展养殖育种基地40处。养殖户遍布日照、临沂、莱芜及河南、辽宁、陕西等省市，已形成一个庞大的养殖网络，能保证该项目的原料供应。

三、国内外生产技术概况

目前，在世界发达国家的超市里较原始的粗加工商品已不多见，人们习惯食用省工和营养丰富的精致产品，而我国进入国际市场的畜禽产品相对还较落后，深加工的发展相对滞后，就连五莲县这个传统的养兔大县也无一家加工厂家（即兔产品熟制品等）。公司认为建设兔屠宰加工项目必定为公司为社会创造巨大的效益。

四、项目资金来源及投资估算

1. 资金来源

20××年在上海召开的国际控股暨农副产品加工合作项目洽谈会上，公司与美国绿峰国际公司洽谈成功了"肉兔养殖屠宰加工"项目，项目总投资300万美元（折合人民币2 400万元）。由美国绿峰国际公司投资70％（210万美元，折合人民币1 680万元），合作期限12年。中方投资90万美元（折合人民币720万元），占该项目投资总额的30％，其资金来源是自筹592万元，省农科院拨款128万元。

2. 投资估算

（1）基建投资单位（表略）。

（2）设备及工程投资单位：万元（表略）。

3. 项目所需流动资金及铺底流动资金

（1）根据日屠宰费及销售形势预测，项目所需流动资金540万元，铺底流动资金260万元。投资估算构成表（表略）。

（2）技术服务费140万元。

五、产品名称、特征与生产能力及销售方向

1. 产品名称：白条兔及剔骨兔肉。

2. 特征：冷冻固体物。

3. 生产能力：根据养殖户调查和销售预测，生产能力年屠宰300万吨商品兔，折合毛兔7 500吨，兔肉4 500吨，副产品2 000吨。

4. 销售方向：出口外销80％，主要销往日本、韩国、欧盟等，国内销售20％。主要销往上海、广东、福建、深圳等省市。

六、主要原材料、电力、能源、交通运输、协作条件

1. 主要原料：公司现已发展养殖户2万余户，年收购商品兔300万只，有充足的兔源。

2. 电力：电力设施齐全。

3. 能源：容量充足，能满足项目电力需求。安装2.5吨蒸气锅炉，能满足该项目用气需求。

4. 交通运输：购置卡车5辆，4吨冷藏车3部，货车6辆，能满足该项目运输要求。

5. 协作：已同美国绿峰公司成功洽谈有关该项目的投资和产品销售，与上海悦丰公司达成技术协议，协作关系良好。

七、管理体制与项目实施计划

1. 管理体制：在公司机构的统一领导下，实行目标管理责任制。

2. 定员：定员设计按二班制工作计算用人，清扫卫生及辅助用人。

八、环境保护

1. 主要污染源与污染物

（1）废水：车间用水，生产用水。

（2）废渣：本项目废渣来自污泥脱水后的泥饼。

2. 综合治理与利用方案

3. 绿化

本项目应充分利用路边、空地进行绿化，美化厂容厂貌，创造一个良好的环境卫生条件。

九、经济效益分析

1. 本项目投产后，每年可生产商品兔肉4 400万吨，兔副产品实现销售收入15 000万

元,利润4 350万元,税1 400万元。

2. 经过测算,兔肉单位成本6 500元/吨,总成本2 860万元,其中固定成本1 550万元。

3. 生产产品80%出口外销,年可创汇400万美元,外汇平衡有余。折旧费160万元,销售利润率29%。

4. 项目投资为2 400万元,项目投资利润率267%,投资利税率239.5%。

十、结论

1. 本项目经考察论证,认为项目投产后,项目总投资:2 400万元;销售收入:15 000万元;年利润:4 350万元;税金:1 400万元;投资回收期:半年。

2. 本项目风险性小,有较好的经济效益,具有较强的生命力,对我县的兔业稳步发展具有十分重要的意义。

3. 本项目采用国内先进技术和设备,生产效率高、产品质量好、规格品种齐全,劳动条件好,产品可达出口标准。

4. 本项目各项环境措施切实可行,生产线投产后各项环境指标可达到环保要求。

综上所述,建设兔屠宰加工项目是可行的。

本章思考与练习

一、填空题

1. 意向书是协作双方就某一合作事项在进入实质性谈判_____进行_____所形成的意见性文书。

2. 协议书是双方当事人对于_____,通过洽谈和协商后而订立的一种_____文书。

3. 经济合同是调整经济活动领域平等主体之间的_____的文书。

4. 市场预测报告就是以书面形式反映市场预测活动的_____和_____的报告性文书。

5. 市场预测报告按预测的范围分,有_____市场预测报告和_____市场预测报告。

6. 经济活动分析报告是对经营单位_____的经济活动情况进行系统分析并_____的书面报告。

二、选择题

1. (　　)是协作双方就某一合作事项在进入实质性谈判之前进行初步接触洽谈后所形成的意见性文书。

　　A. 协议　　　　B. 合同　　　　C. 草签　　　　D. 条约

2. 调整经济活动领域平等主体之间的权利义务关系的文书,即(　　)。

　　A. 意向书　　　B. 协议书　　　C. 合同书　　　D. 裁决书

3. 它是合同当事人的权利义务指向的对象;它是合同成立的必要条件,是一切合同的必备条款;没有标的,合同不能成立,合同关系无法建立。它就是合同中的(　　)。

　　A. 标的　　　　B. 数量　　　　C. 质量　　　　D. 价格

4. 根据市场资料,运用统计公式或数学模型,进行数量分析和测算,推断未来市场趋势,以对预测对象进行的量化分析。这种分析法称作(　　)。

A. 量化预测法　　　　　　　B. 定性预测法
C. 计划预测法　　　　　　　D. 经济预测法

5. 对具有代表性的某个单位或部门进行深入分析。它试图用个别来推导一般，从而揭示经济活动的一般规律，以指导或促进其他单位或部门的工作。这种经济活动分析报告，称为（　　）。

A. 综合分析报告　　　　　　B. 专题分析报告
C. 个案分析报告　　　　　　D. 一般经济报告

三、简答题

1. 意向书的主要作用是什么？
2. 为什么说意向书是临时性的？
3. 意向书的主体主要写什么？
4. 协议书的便宜性表现在哪里？
5. 协议书的正文开头一般怎么写？
6. 经济合同的作用是什么？
7. 经济合同的类型有哪些？
8. 合同的开头和结尾写什么？
9. 经济合同的签署部分主要包括哪些要素？
10. 市场预测报告有哪些特点？
11. 市场调查主要调查什么？
12. 市场预测报告标题的完全式怎么写？
13. 市场预测报告大致有哪三部分内容？
14. 经济活动分析报告的作用是什么？
15. 经济活动分析报告的主要特点是什么？
16. 经济活动分析报告的综合分析报告主要有哪些内容？
17. 可行性研究报告的特点是什么？
18. 可行性研究报告的结论部分结尾写什么？

四、论述题

1. 协议书较之意向书和合同有何不同？
2. 为什么要进行市场调查？
3. 简述经济合同的主要特点。

五、分析题

以下是一份意向书的开头部分和一份协议书的开头部分，请比较二者的不同之处。

意向书的开头：

中国××省××公司，××市××厂与日本东京都××服务中心，本着"友好、平等、互利"的原则精神，中日双方于20××年×月×日至×月×日，20××年×月×日至×月×日，先后两次在中国××就合资兴建麦秆草席加工厂有关事宜进行了友好协商，在此基础上，中国××省××公司派员于20××年×月×日至×月×日，赴日本东京都对此事进行了进一步磋商，日方应全国对外友好协会邀请，于20××年×月×日至×月×日一行四人在全国对外友好合作服务中心有关负责同志的陪同下，对中国××市××厂进行了实地考察和商定，中日三方同意利用中国××省××市××厂的现有厂房等设施合资兴建一座麦秆草席加工厂，现达成如下意向。

协议书的开头：

为实施国家科教兴国战略，共同开发人力资源和发展高新技术产业，建立甲乙双方面向二十一世纪的长期稳定、优势互补的战略合作关系，在充分协商的基础上，本着自愿、平等、互利、守信的原则，甲乙双方达成如下协议。

六、作文题

仿照范文《广州市电信局与弘浪科技服务有限公司关于大客户项目管理系统软件开发合同》拟写一份产品研发或生产、经营项目的合同书。

第5章　宣传告启

5.1　广　告

>>> 知识要点

- 了解广告的含义
- 理解广告的四个特点
- 掌握广告的分类情况
- 掌握广告的文本格式

>>> 能力要求

- 能够运用相关的文体知识对广告例文进行简单分析
- 领会广告的写作方法
- 学会写作广告

5.1.1　广告的定义

广告是企事业单位或个体向消费者或服务对象介绍商品或服务内容的一种宣传方式。

"广告是工商业、事业单位、机关团体以及公民个人以公开付费方式，通过一定的媒介或形式向社会公众宣传商品、劳务、服务及其他信息，或向社会或公众提出某种主张、意见、建议所进行的特殊宣传活动。"(《广告管理》国家工商行政管理局) 现代社会广告已经成为传播经济信息，促进供需，沟通产销，活跃市场，丰富人们生活的重要工具。

广告曾从属于新闻学科，目前已形成了一个独立的学科体系。这里所讲的"广告"是从应用文体的视角来看的，作为应用文的一个文种，广告所指的也只是广告学科中的一个分支，即广告文案。而实际上，广告也就是用来进行广告宣传的文稿。

5.1.2　广告的特点

1. 传媒性

广告能够传递信息，沟通生产、流通、交换、消费各个环节，介绍新产品，推广新技术，促进科学技术的研究发展。

2. 激活性

广告能够活跃经济，增加盈利，有些商品由于缺少宣传，默默无闻，而一旦通过广告的宣传，就此身价倍增。

3. 实效性

广告提高了企业声誉，提供了大量可供选择的商品信息，指导消费，满足人民群众不断增长的物质和精神文化需要，在这个过程中，同时可以提高企业的知名度，创建名牌，保证公平竞争。

4. 审美性

好的广告不仅能打动人心，刺激消费，促进经济发展，而且还能给人以美的享受，增强人的进取心，使人心情舒畅，有爱心，提高工作效率，促进社交活动，获得美好的精神享受。

5.1.3 广告的类型

按照不同标准，广告可以分为若干类型。

按广告传媒方式分，有电视广告、广播广告、报纸广告、杂志广告、路牌广告、灯箱广告等。

按广告内容分，有商品广告、服务广告、公益广告、教育广告、科技广告、出版广告、体育广告、文化广告、社会福利广告、社会保险广告等。

按广告诉求方式分，有采用理性诉求的广告、感性诉求的广告、理性诉求和感性诉求相结合的广告等。

5.1.4 广告的写作要领

广告（文案）由广告语、标题、正文、随文四个部分组成。

1. 广告语

广告语，就是在广告中长期存在的并反复使用的简短的口号性语句。

广告语的主要功用，是为加强诉求对象对企业、产品、服务的印象，从长远的销售利益出发，向广大受众和消费者传达一种长期不变的理念。同时，广告语对现代消费者的影响力有时远远超出纯粹消费的范畴，从而成为流行语。如"立马沧海，挑战未来"（杉杉男装）；"我选择，我喜欢"（安踏运动鞋）；"不在乎天长地久，只在乎曾经拥有"（铁达时表）等。

广告语的显著特征，就是简短有力，口语化、好记、诗化、宣言式、单一明确，反复使用。如"味道好极了！"（雀巢咖啡）。

广告语的写作，要力求做到传播企业和产品最基本的诉求和品牌的核心特性，以建立消费者的观念，形成长期的印象和回想，成为企业形象和品牌形象的标志性符号。如"海尔，中国造！"

2. 标题

标题是对广告内容的概括，起到引导、提示、吸引受众注意力的作用。

标题设计要紧扣创意，集中于一点，运用个性化的语言，字数能多能少，关键要有深意、有新意，不能平铺直叙，不要拾别人的老话；要反映产品、服务给人带来的好处，传达有用的信息；标题的字要与正文区别开，放在醒目显要的位置上。

广告标题的写作，还要注意重要信息的创造性传达，并以趣味诱导消费者。

3. 正文

正文主要是对广告信息进行展开说明，对诉求对象深入说服。它虽然是广告的主体，但最容易被受众忽视，所以更要把它写好。

首先要找出一个诉求重点。就某一产品而言，不能方方面面都宣传，方方面面又都说不好，比如产品的性能、作用、特点、使用方法、价格等，不能平均用力，一定要选择一点，把这一点突出出来，说好，说透，说出强人之处。要特别重视对消费者利益承诺的诉求，承诺要说得具体一点，使消费者动情、动心，能够真正行动起来。

其次要找出对诉求重点的支持点。比如，当把某产品性能作为诉求重点时，不只说它的性能，还要在同类比较中，提供更丰富的信息作为佐证，可以用本企业的历史、长期经验、销售业绩等来支持诉求重点；还可以用对消费者利益的承诺来支持，比如保修期、售后服务等；再比如优惠、赠品等也是比较好的支持点。

另外，还要注意有一个最后推动，就是发出行动号召。吁请参与，号召购买，号召使用，以实现重点诉求。

正文的语言要通俗易懂，还要讲究技巧。可以利用名人效应、讲故事、寓言、小说、诗歌等都能很好地增强正文的诉求效果。

4. 随文

随文是广告所传达购买商品或接受服务的方法等基本信息。如公司经营部的地址、电话、传真、邮码；某一种产品的原料、配方的说明、数据，服务的方法方式；联系人的姓名，接待时间，等等。

5. 注意事项

(1) 要讲究创意，广告说什么，怎么说，要创造性地表现出自己的风格。

(2) 要深入理解产品、理解市场，面向消费者，服务营销，把知识能力和广告实践结合起来。

(3) 要深入理解消费者，对现实生活中的消费行为及其背后的因素做敏锐、准确的分析和判断。

(4) 熟悉广告表现手法，从现当代广告的经典作品中吸取营养，善于运用语言文字作多样化表现。

范文精选一（公益广告：香港政府新闻处防止青少年犯罪系列电视广告）

1. 标题：我最想打破我们的隔膜

   （画面）一少年在打破别人汽车玻璃。

   广告语：子女好与坏在乎沟通与关怀

2. 标题：他们坏，但比你对我更关怀

   （画面）一少年与两个街头混混在一起。

   广告语：子女好与坏在乎沟通与关怀

3. 标题：我最想偷是你的关心

   （画面）一少年在超市里偷东西。

   广告语：子女好与坏在乎沟通与关怀

范文精选二（公益广告：美国阻止虐待儿童协会广播广告）

标题：姥姥不仅传下了她的瓷器，还有更多……

正文：

遗憾的是，没有人曾经教过姥姥应该怎样做个好家长，或是如何处理日常生活中的难题。于是，无奈的姥姥，只好拿她的女儿出气。

如今，当女儿有了自己的孩子，这些孩子开始承受妈妈的辱骂，而妈妈正是从德高望重的姥姥身上学到这一点。

请帮助打破这种家庭世代相传的陋习吧！当人们无助的时候，爱心也变得黯然。据估计，在美国每年至少有一百万虐待儿童的事件发生，而多数屡遭虐待的儿童，长大后也成为虐待儿童者。虐待儿童是无可挽救的。请大家找出一种可以打破这种恶性循环的方法。

广告语：禁止虐待儿童　全国阻止虐待儿童协会

范文精选三（企业形象广告：韩国三星集团企业形象宣传册广告）

世界上现存的少量蓝鲸不是食肉动物"人"的对手，人类仅在21世纪以来就随随便便地从地球上消灭了800条蓝鲸的生命。

像其他所有海洋动物一样，蓝鲸需要依靠清洁的海水生存。

三星集团已经设计并正在制造一种双层船身、双层底板结构的油轮，这种结构防止了石油溢出。

为美国和欧洲的主要石油公司制造的这种油轮，证明了技术可以使人类成为动物的保护者而不是食肉动物。

三星，为生命服务的技术。

范文精选四（产品广告，马爹利酒电视广告）

标题：（字幕）马爹利金燕传奇

正文：（画外音）

在法国近郊马爹利干邑世家一望无际的酒库上空，散发着一股醉人芳香，流传着一个动人故事。

每年，有超过一百万公升的上等干邑白兰地在漫长的酝酿过程中不断升华到空气中，成为对天使的奉献。

大约三百年前，这种芳香，将一只燕子深深吸引，依恋不舍。最后，它终于化身金黄，超越平凡。

每年初春，数以千计的燕子都在这里悠然翱翔，而金燕子也依然不断出现在每一瓶马爹利干邑白兰地之上，标志着法国马爹利。

广告语：干邑世家，经典无价

范文精选五（产品广告，Heineken（喜力）啤酒报纸系列图文广告）

1.（两酒瓶做碰杯状）有的人你只和他一杯到底，有些朋友你会和他一辈子到底。

2.（两酒瓶并排，各露一半标签，对起来正好完整）够味才能对味。

3.（两个没有标签的酒瓶和一张脱落的标签）够交情，就不用表面文章。

4.（几个空瓶的俯视图）酒虽然空了，心却是满的。

范文精选六（产品广告，七喜汽水杂志广告）

标题：七喜——非可乐

正文：比可乐更胜一筹。新鲜，纯净，爽口。不含过多的糖分。后没有异味。具有可乐的一切优点，并且比它们更多。七喜，非可乐，唯一的非可乐。

广告语：新的生活时尚的倡导者

5.2 启 事

>>> 知识要点

- 了解启事的含义
- 理解启事的三个特点
- 掌握启事的分类情况
- 掌握启事的文本格式

>>> 能力要求

- 能够运用相关的文体知识对启事例文进行简单分析
- 领会启事的写作方法
- 学会写作启事

5.2.1 启事的定义

启事是陈述某一事项，以告知公众或吁请公众参与的一种日常应用文书。

启事就是个人或单位有事情要告知大家，并把事情用文字公布出来，或在公共场所张贴，或通过报纸、广播、电视等新闻媒介广为传播的一种应用文。

5.2.2 启事的特点

1. 式样灵活，不具有法定效力

启事这一日常应用文种，它不像行政公文那样有法定的通用文种规范、要求严格的公文格式、特别规定的适用事项，也不具有法定效力，它形式较为灵活，使用极为广泛。

2. 知照公众，不具有约束力

启事与带有告启性质的行政公文如公告、通告等不同，它对于公众不具有约束力和强制性，即告启者一方只能提请人们注意某件事情的发生或变化，吁请人们参与某项活动，而不能强制人们去关注、去参加。这是启事这一文种的主要特点。

3. 一事一启，不宜说题外话

启事一般要求一事一启，即一则启事只陈述一件事情。这种单一性，有利其发挥效用。几乎任何一类事项都可以用启事向公众陈述。有的启事在使用中被赋予了广告性质，但大多数还是事务性的。

5.2.3 启事的类型

启事的应用极为广泛,种类繁多,划分角度不一。

(1) 从内容上来看,有招聘启事、征稿启事、招领启事、鸣谢启事、征订启事、迁址启事、开业启事、遗失启事、更正启事、寻人启事、寻物启事、招商启事、招租启事、出租启事、征集启事等。

(2) 从制作上来看,有印刷启事、书写启事、录音启事、影像启事等。

(3) 从传播上来看,有向公众散发的启事、在公共场所张贴的启事、登载报刊启事、广播发布启事、电视发布的启事、电脑网络启事等。

5.2.4 启事的写作要领

1. 标题

(1) 写文种名称即启事二字,如《启事》。
(2) 文种前写明性质事由,如《停业启事》。
(3) 告启者名称+性质事由+文种,如《〈半月谈〉征文启事》。
(4) 不标明文种,只写出具体事由,如《敬告洗衣机用户》《饭店招聘下岗女工》。

2. 正文

陈述不同事项的启事,其正文会有不同的内容及重点。一般来说,至少要包括以下几部分。

(1) 开头。开头总说事由。要以简明的文字在正文开始部分说明发布启事的主要目的。必要时也可以同时对告启者本身组织的概况作一简介。

这部分必须简要明确、突出主旨,使人一目了然;不宜说得过多,使人无法迅速把握文章的主要意图。现时媒体上登载的启事极多,如果文字繁乱,既不能很快抓住读者,也会增加费用。

(2) 主体。主体具体陈述事项。说明事由之后,大多数情况下需要进一步讲清启事发布者所提请公众注意和参与的具体内容和实际方式。以招聘启事为例,在这一部分中就要至少讲明下列情况:招聘对象,拟聘岗位、人数,条件要求,薪金待遇,报名方法、地点、日期等。

这部分内容的撰写,一是善于为有意参与此事的公众着想,使所述事项明确而有可操作性;二是措辞诚恳逊让,避免使用命令式或带有刺激性的词语。具体项目陈述必要时可采用表格方式。

(3) 结尾。结尾以附启方式列明诸如单位地址、联系人、接待电话、有效时间等次要项目。

3. 署名及日期

将告启者组织名称和发布日期署于正文右下方。组织名称如已在标题或正文中出现,亦可不署。如系登载在报刊等容易辨识时间的媒体之上,日期可以省略。

4. 注意事项

(1) 标题要求醒目、居中、准确。启事的体式多样,写法可以不拘一格,但是,必须一事一启。

（2）有的内容特别简单的启事，一句话就能表达清楚，结构上自然不必求全。应根据实际需要，调整结构，安排文字。

（3）有的启事，经常标上其他文种名称，如标为《声明》《通告》《公告》《票据遗失声明》，其实都属于启事一类。但却认为使用其他文种名称更具权威性，公众信服，有号召力。其实往往适得其反，它会使阅读者在心理上产生隔阂，更不易为公众所接受。所以，最好不要把不具有强制性和约束力的事项轻易标注其他文种，那样不仅是题不对文，更是削弱了公告、通告等规范性公文的严肃性和权威性，同时对发布者也助益无多。

范文精选一（招聘启事）

诚聘技术人才

××陶瓷集团为香港上市公司，市值50亿港元。根据国内合资企业的用人需求，经国家人事部门全国人才流动中心批准，特委托××陶瓷技术工程有限公司在全国范围内代集团在各瓷业产区兴建的合资企业聘请：

总工程师，男性，大学本科以上学历，在工业企业工作5年以上，具有陶瓷行业的生产管理经验者优先。

总工艺师，无机非金属材料类专业本科以上学历，在陶瓷生产企业工作5年以上。

电气工程师，相关专业本科以上学历，在工业企业有5年以上本专业工作经验。

应聘人须身体健康，年龄在45岁以下，可长期在陶瓷产区工作。具有中级以上英语水平者优先。

工作地点是××陶瓷集团在全国瓷业生产区兴建的合并生产企业。

欢迎您加盟××陶瓷集团。请将个人中英文简历、求职意向、身份证、学历及职称证书的复印件、两张近照及联系地址、电话等寄到××陶瓷技术工程有限公司行政人事部。

地址：北京市朝阳区新源西里中街18号渔阳饭店803房间。

电话：010-6255×××× 、136×××3536 邮编：100021。

范文精选二（征稿启事）

美术设计·征稿启事

四川电视台卫星节目目前正处于前期试运行，近期将正式播出的四川电视台卫星节目是一套崭新的综合性节目体系，每天滚动播放18小时。为了构成一流的节目形象，特面向社会征集以下栏目的片头美术设计：

1.《四川新闻》，要求在运动中体现出气势，新颖、庄重、大方，有四川特色。

2.《经济广角》，要求新颖活泼，充分体现当代经济生活的丰富多样性。

以上栏目片头时间长度约10秒，设计稿应包括文字创意、图案设计和图案运动变化说明。可提供全部或单片头设计。对投稿单位或个人将赠予纪念品，中选稿件除在节目正式播出的一段时间内注明作者外，还将给予酬谢。

来稿请寄四川电视台李×收　邮编610015。

范文精选三（寻人启事）

寻人启事

北京昌平区东沙屯村学生刘×，女，19岁，穿淡紫色马海毛上衣，黑裤子，白色布鞋，骑一辆永久牌26自行车，车牌号×××××××，于4月23日晚离家出走，至今未归。

有知情者请与北京昌平区百善乡东沙屯大队刘××联系。

电话：××××××× 邮政编码：102200。

范文精选四（失物启事）

寻车启事

××××年×月×日上午×时许，蓝天出租汽车公司京AG××××号红色夏利出租车，由司机王××（男）××驾驶外出营运，至今未归，该车发动机号为：×××××××，车架号为：×××××××××，车门上印有"蓝天出租汽车公司"字样，如有线索，请速与蓝天出租汽车公司联系，有重谢。

联系电话：××××××× 联系人：王××

蓝天出租汽车公司
××××年×月×日

范文精选五（招领启事）

招领启事

今天上午本商场体育用品柜台拾到手提包一个，内装人民币若干元，另有手机、信用卡等物。望失主到商场三楼办公室认领。

××市××商场
××××年×月×日

范文精选六（迁址启事）

迁址启事

各位顾客：

本店从××××年×月×日起，将搬至××街××号新址营业，新店开业五天内，所有服饰一律八折优惠。欢迎各位新老客户光顾。

××服装店
××××年×月×日

范文精选七（求租启事）

求租启事

本人求租40平方米左右的铺面房开服装店，要求店铺的地理位置最好在××区××一带。有房出租者请拨打电话6075×123或手机1391000×123联系。

联系人：×××
××××年×月×日

5.3 声　明

>>> **知识要点**

- 了解声明的含义
- 理解声明的两个特点
- 掌握声明的分类情况
- 掌握声明的文本格式

>>> **能力要求**

- 能够运用相关的文体知识对声明例文进行简单分析
- 领会声明的写作方法
- 学会写作声明

5.3.1 声明的定义

声明是国家政府机关、社会团体、企事业单位和个人出于维持自己权益，就某一重要事项公开表示态度、主张、立场的知照性文书。

声明的适用范围广大，上至国家政府，下至单位个人均可使用。声明通过发表文告来说明有关重要事项的真实情况，向受众表明态度、观点和立场、以维护社会公众利益或个人权益。

声明与启事不同。启事除向公众陈述某一事由外，还希望公众关注、吁请公众参与；而声明只是宣布某一事项，表明态度，一般不提希望或要求。

5.3.2 声明的特点

一般来说，声明都具有公开性、告知性、宣传性的特点。但还有两个特点。

1. 使用方便不受限制，但却有它的严肃性

声明，任何团体组织或公民都可以发表，但必须慎重。严肃性是声明的最大特点。无论是政府机关和社会团体，还是企事业单位和个人，使用声明这一文种形式来公布事项、说明问题、表明态度、发表主张，都是十分严肃的事。

2. 在政府机关使用时，就有它的权威性

权威性这一特点主要体现在国家政府机关发布的声明上面，它不仅具有严肃、庄严性，还具有权威性。政府机关的声明属于专用公文，其权威性不言自明。当然，要是政府机关发表一则遗失声明，其特点也无异于其他声明。

5.3.3 声明的类型

声明按内容性质可分为两大类：一类是有关政治的声明；另一类是有关事务的声明。

（1）有关政治的声明，多用于国家对外声明，如政府声明、联合声明等。

（2）有关事务的声明，多用于维护自身权益的声明，如著作权、专利权、产权等声明，还有挂失、作废之类的声明。

5.3.4 声明的写作

1. 标题

声明标题的构成："发布者名称＋事项＋文种"。

（1）有关政治的声明，标题多写完全式，也可省略事项，但发布者名称不能省，文种更不可省。

（2）有关事务的声明，通常写明事项和文种，也有只写文种的。

另外，有的为了突出态度，在"声明"二字前冠以"严正""郑重"等词语。

2. 正文

正文开头交代声明的缘由（背景、目的、依据）；接着写明声明的具体事项和理由，必要时，还可分条列项来写；最后以"特此声明"作结。也有的不用结语。

3. 署名和日期

在正文右下方写明声明单位名称或个人姓名，写上年、月、日。

4. 注意事项

（1）要比较其他知照类文种如通告、启事等，确认使用声明这一文种是否必要。

（2）事项内容力求单一，不能杂。

（3）要做到观点明确，语言简练，严肃、庄重。

范文精选一（遗失声明）

遗失声明

我单位于20××年3月20日不慎丢失空白转账支票两张，号码：4078392、4078393。兹（或"现"）声明作废（有的不用"兹"的字样）。

××学院财务科
20××年3月21日

范文精选二（与某个人关系的声明）

声　明

×××，身份证号310××××××××，原系上海×××××公司员工。××××年×月×日已离职，已与本公司脱离关系。最近×××以本公司名义在外进行一些不法商业活动，现本公司严正声明：

×××在外的一切商业行为一概与本公司无关，同时本公司还将追究×××相关的法律责任。

特此声明。

上海×××××公司
20××年××月×日

范文精选三（与某企业关系的声明）

严正声明

近日发现上海××××公司利用与本公司合作的名义，未经本公司同意擅自对外进行一系列商业活动。现在本公司声明与上海某××××公司仅属××××上面的合作关系，上海×××××公司在外的商业行为，一概与本公司无关，本公司不承担任何法律责任。

特此声明。

上海×××××有限公司
20××年×月×日

5.4 海　报

>>> **知识要点**

- 了解海报的含义
- 理解海报的视觉冲击力、格式化文本、艺文性语言的特点
- 掌握海报的三种分类情况
- 掌握海报的文本格式

>>> **能力要求**

- 能够运用相关的文体知识对海报例文进行简单分析
- 领会海报的写作方法
- 学会写作海报

5.4.1 海报的定义

海报是预报文化体育讯息、影视表演或其他娱乐活动并吸引鼓动公众参与的一种招贴型应用文种。

一般认为海报起源于旧时上海等地的戏曲演出。当时人们将从事职业性的戏曲戏剧演出称为"下海"；用作预告剧目演出的张贴宣传品，便被称为"海报"。后来，海报由行业性的应用文体逐渐扩大了其适用范围，不仅仅限于戏剧演出了。凡是表演类及其他大型活动，包括学术性、娱乐性、商业性的活动，都可以利用海报进行普告和鼓吹。

5.4.2 海报的特点

1. 视觉的冲击力

海报的突出特点就是视觉冲击力。它直接诉诸人的短暂视觉，而不顺从人的口头表达，如果用海报的语言文字来宣讲或播送，就会因较之其他文体而相形见绌。而人们对于海报，多数时候是在不经意间的短暂阅读，先被它所吸引，接着才去意会它说的是什么。海报重视的是受众的第一眼印象，具有触目动心的形式特征，有一个"抢眼点"，使人在漫步街头或

信手翻阅报刊的一瞥之间，引起再次阅读或进一步阅读的向往。

2. 文本的格式化

海报的文本格式是分行书写，各行文字参差排列，不连续书写。这是它在文字表现形式上最基本的特点。而那种普通连续书写的文字形式，海报一般是拒绝使用的。分行书写或印刷，文字词句错落有致，各项意义要素均另行起行，若干意义单位呈跳跃式呈现。采用这种形式，可以有效地形成对观众的视觉冲击力，同时使人产生丰富的联想与想象。

3. 语言的艺文性

海报的语言就是用在海报文本上的语句语词，即运用数行简练概括的语句表述海报主要内容。这些词语诗意色彩浓厚，流行、时尚而诗性十足，这是海报的又一特点。海报的每一行文字可以是一句话，也可以是一组或若干组词、词组、短语，不用或少用虚词；择取最重要最吸引人的信息传达给观众，而省略其他冗余信息。

5.4.3 海报的类型

（1）按照海报登载方式来分，有张贴海报、网络传播的海报、灯箱海报、影视映前的海报、广播播送的海报，报纸登的海报、杂志载的海报、车身印出的海报、散发传单式海报等。海报的基本登载方式是张贴。近年来也常见之于报章，但其表达方式与张贴的海报大体相同，只不过因为已成手持式读物，字体可以缩小，文字有所增多而已，但张贴型仍为海报的正宗。

（2）按照海报制作方式分，有印刷的海报、手写的海报、电脑制作的海报等。一般来说，手写是正统的海报制作方法。它用毛笔以美术字或正楷字书写，亦可附简单的图案装饰，这种样式制法方便，成本低，适用于规模不大，观众、听众数量较少的活动。但电脑制作的海报，比如动漫类型的海报，大多设计精致、讲究构图、富于动感和装饰性、色调明快、现代、时尚，这类海报制作成本较高，适于大批量需要，宣传效果强烈。

（3）按照海报的内容分，有影视剧的海报、表演的海报、竞赛的海报、讲座的海报、联欢的海报、节庆的海报、展览的海报，还有具有广告性质的商品销售的海报、介绍商业服务的海报、开业造势的海报等。

5.4.4 海报的写作要领

海报的构成要素有：主题语、诱导语、告启。

1. 主题语

一般写法，是在标题位置写上"海报"二字。也可以直接用海报内容作题，如"球讯""杂技表演""学术报告会"等。

比较讲究的写法，会在标题上下功夫，因为标题是居于中心位置的主题语，是对所预告的活动的核心内容的揭示，也是海报写作的基础功法。主题语首先要求能够准确规范、精练简明地表达出活动的主题即核心内容。在形式上，主题语位置应突出、醒目。在平实写法中力求大气，如"20世纪华人经典音乐会"，"96中国艺术博览会"。要力避冗长、烦琐，也要避免苟简。主题语表述不当，会导致观众对活动内容的误解，不符合信息真实性的原则。

2. 诱导语

这是正文部分,是写海报的具体内容。主要是对主题事项的说明,更见功力的是诱导语的设计。所谓诱导语,就是诱导观众注意的富于吸引力和鼓动性的语句。如"浪漫之夜","温故知新","北京新年音乐周","世纪高手决战申城"。诱导语可以在主题语之前,也可以安排在其后,前者往往起提引作用,后者常常对主题起说明作用。

诱导语应当突出活动主旨,侧重于唤起公众的公益觉悟,如"献出你的爱心""期待着您的支持"等;要适度地突出活动主角,利用公众对知名人士的崇敬或喜爱心理着意点染主要人物的身份、地位、知名度、精彩技艺,如"网络专家现身说法","诺贝尔奖得主××先生莅会","体操王子一展惊人绝技"等;还可以突出活动特色,如"万人同场唱《黄河》"(广州纪念冼星海音乐会),"品质超群,气概非凡"(××名品展示)等。

诱导语的设计可以是多角度的,不必拘泥。多挖掘活动本身蕴藏的闪光点,善于把握受众心理,找出活动主题与观众欲求的契合点,使其或一见倾心,或一目了然,或一见之下兴趣盎然,或阅读之后思见其人。如此富于鼓动性和吸引力,才能真正发挥海报的特长。

3. 告启

这也是正文的一部分。这部分内容要明确无误,写作不必讲究技法。写清活动的时间、地点、参与方法,活动的主办、承办、协办及需要鸣谢的组织等。这部分一般不可缺少。要求诸要素交代清楚、简明。此外,有时还要对活动细目进行介绍,也以间隔排列的词组短语形式表达。如活动内容较单纯,这部分亦可省略。

另外,需要特别说明的是,不少海报在告启部分写明活动时间、地点、参与方法等之后,就不署名和成文时间了,这也未尝不可。有的在右下方写出发布海报的单位名称和日期。这一点可以随意。

4. 注意事项

(1) 要把写海报与启事区分开来。写启事是陈述某一事以提请公众关注并希望得到公众协助;而海报是预报文化、娱乐、体育等方面消息的。启事只用文字表述,而海报除了文字,还可能作美术加工。可见,在适用范围和制作上,二者是有所不同的。

(2) 要把写海报与写广告区分开来。海报基本上用来传播文化方面讯息,而广告则大多用来传播商品营销信息。在市场经济条件下,海报不可避免地常常被用于商业活动,但海报写作并不能因此而对商业性目的过分渲染。

范文精选一(张贴,演艺海报)

2022年五校元旦联欢晚会

难得一遇,中外唱匠同台

沉醉今宵,领略巨星风采

时间:一月一日晚七点

地点:学校体育馆

门票:各校学生会负责发售

××大学学生会 承办

范文精选二（张贴，学术活动海报）

大师神韵　　高山仰止

微软创办人比尔·盖茨演讲

时间：×月×日

地点：电影院

门票：学院团体票

5.5　产品说明书

▷▷▷ 知识要点

- 了解产品说明书的含义
- 理解产品说明书的科学性、简明性特点
- 掌握产品说明书的两种分类情况
- 掌握产品说明书的文本格式

▷▷▷ 能力要求

- 能够运用相关的文体知识对产品说明书例文进行简单分析
- 领会产品说明书的写作方法
- 学会写作产品说明书

5.5.1　产品说明书的定义

产品说明书，简称说明书，是就某一产品的性能规格、构造用途、使用方法、保养和维修等事项进行书面解释、指导消费的一种应用文书。

产品说明书跟随着产品一起进入社会生活的各个领域，在生产、交换、分配、消费四个环节中是完成交换和消费两个环节的重要手段，又是连接生产和消费的桥梁，它是指导人们消费、扩大销售、反馈信息的重要工具。

5.5.2　产品说明书的特点

科学性和简明性，是产品说明书的两大特点。

1. 科学性

产品说明书的科学性在于它真实、客观、准确地反映产品的实际情况，并经得起实践的检验。在介绍产品特点、性能、用途和使用方法时，要涉及对有关知识和原理的阐说，这也正是说明书具有的科学性的具体表现。所以说明书遵循的是科学的法则，恪守的是科学的道德，而不能违背科学原理随从于某种商业上的投机，不可夸大其词，不得弄虚作假，或掺杂个人好恶，或附庸伪科学。实事求是，有一说一，有二说二，比如说差，不能说得一无是处，说好，当然也就不能说得十全十美，这就是科学的态度，也是写说明书的态度。

2. 简明性

科学性是产品说明书的首要特质，而简明性，更多地体现出消费者对说明书写作的愿望和需求。任何消费者无论使用怎样的先进产品，都希望看到一个既比较简单又十分明白的说明书。因此简明性成为说明书写作努力实践的目标，以说明为表达方式的运用，在逻辑条理上讲求用图示、表格、照片及光盘影像的配合，达成清晰的说明，明白的告诉，给人以知，教人以用，消费者对产品的特点、性能、使用方法、保养维修等便了然于胸，简而明的文字表达跃然纸上。

5.5.3 产品说明书的种类

产品说明书的种类繁多，划分方法多种多样，这里有两种划分方式。

（1）从产品门类上看，有工业产品说明书、农业产品说明书、农副产品说明书、科技产品说明书、电子产品说明书、文化产品说明书、体育器材产品说明书、海产品说明书、水产品说明书等。

（2）从说明书写作方法上看，有详解型产品说明书、简略型产品说明书、描述型产品说明书、质疑型产品说明书、图表式产品说明书、表格式产品说明书、影像加解说方式的产品说明书等。

5.5.4 产品说明书的写作要领

一般产品说明书的文本要素有：封面；安全提醒；说明书简介或总说明；说明书目录；工作原理；主要技术数据；使用方法；保养和维修；附件及备用工具；封底等。

1. 封面

封面上要写"××使用说明书"或"××使用手册"字样，产品商标、规格型号、厂家名称，有的还附上产品图样。

2. 安全提醒

安全提醒，又称安全警告、安全措施。主要是交代使用该产品应该注意的安全事项。

3. 说明书简介

说明书简介，这部分是产品总说明。一种情况是对使用说明书的交代，一种情况是概括介绍产品的主要性能和特点；还有的是对产品先进性的介绍。

4. 说明书目录

说明书目录主要是标明说明书所分章节的名称和页码。没有成册的说明书不用目录。

5. 工作原理

工作原理部分简述产品的设计原理，或机械原理，或电路集成，采用图示加文字说明的方式。

6. 主要技术数据

主要技术数据部分列出新产品的各种性能指标的数据，对有关部件给出规定性的参考数据，以确定使用指标。多采用表格形式显示。

7. 使用方法

使用方法部分是介绍产品的使用方法和步骤。通常采用图示配说明文字。

8. 保养和维修

保养和维修说明产品在使用中的维护和保养事项，交代故障排除和维修的有关事项。

9. 附件及备用工具

附件及备用工具写明名称、用途、件数，复杂的器械还要说明使用方法。没有配备的，该项不写。

10. 封底

封底写明厂址、电话号码、传真、电子邮箱等。

范文精选一（详解型产品说明书）

广州光华药业股份有限公司

活性钙片

活性钙片主要成分为活性钙，是以海洋生物牡蛎的壳作为原料，经特殊工艺加工精制而成。该牡蛎壳的主要成分除钙之外，还含有微量钾、镁、铁、磷等各种人体所需成分。活性钙片与普通钙片的最大区别是它极易被人体吸收，能透过毛细血管进入组织间质和脑脊髓液内，具有重要的生理作用。钙离子在血液凝固上是不可缺少的主要因子，细胞内由于钙离子的移动和增加可直接引起糖、蛋白质、脂肪等代谢酶系统的变化。因此在组织细胞代谢反应中，以及许多激素在细胞内发挥作用时，钙是必要的物质基础。

作用与用途：活性钙有助于骨质形成，维持神经传导和肌肉收缩，维持毛细血管正常渗透压，保持血液酸碱平衡。可用于男女老少健身补钙，预防和治疗缺钙引起的慢性疾病。对易产生缺钙的孕妇、产妇、老人和发育旺盛期的儿童确有防疾、健身补钙的功能。

用法与用量：口服，饭后白开水冲服，每次2～4片，一日3次。儿童、产妇、孕妇、用量酌增或遵医嘱。

注意：服药后要多饮水，不要嚼服。

规格：每片含钙25mg。

贮藏：密封，在干燥处保存。

批准文号：卫药准字××××第××号

地址：××市××区××路×号

电话：××××××××

范文精选二（描述型产品说明书）

上海日用化学品二厂

养颜之宝凤凰高级胎盘膏

皮肤，尤其是面部皮肤的状态是衡量衰老的主要标志。

皮肤衰老的主要原因是由于随着年龄的增长，皮脂腺和汗腺的新陈代谢功能逐渐衰退和真皮内具有保持皮肤韧性和弹性功能的胶原蛋白质分子也逐渐变硬。

根据现代美容技术，我们要延缓皮肤衰老和改善已经衰老的皮肤是完全可以做到的，这就要靠平时对皮肤的保养和护理，经常不断地给皮肤提供营养、保湿和滋润等物质。

当今，国外许多化妆品厂已采用水解蛋白作为化妆品的营养物质。原料的来源主要是牲畜的皮骨之类骨胶原蛋白质。关于胎盘化妆品的报道极少，目前只见德国、法国的专刊报道中有，且对胎盘化妆品的评价很高。

我厂与宁夏轻工业设计研究所，经过多年合力研究和临床试验，在国内营养性化妆品中首创采用名扬中外的宁夏滩羊胎盘经科学方法制成羊胎盘水解液。此羊胎盘水解液的氨基酸和蛋白质等有效成分均在人胎盘组织液的××倍以上。

羊胎盘水解液除含有极易渗入皮肤的氨基酸和蛋白质等营养物质外，还含有卵磷脂，它也是一种很好的营养物质。此外粘多糖类是一种理想的保湿剂，能使皮肤表面保持适量水分，从而使皮肤保持自然的柔软性和弹性。

凤凰高级胎盘膏不但采用营养价值极高的羊胎盘水解液，且在膏体基质方面也经过多年研究，特别重视原料对皮肤的滋养性和安全性，膏体质地柔软、细腻，质量达到当今西欧先进水平。搽用后，能在皮肤表面立即融化成一层营养护肤薄膜，舒适滑爽，毫无黏腻的感觉。

根据临床试验，本品具有加速血液循环，促进新陈代谢，延缓皮肤衰老，防止皱纹增生，减退雀斑、黄褐斑、老年斑的功效，经常搽用，能使皮肤柔嫩洁白、滋润光滑。

使用方法：

晨起洗脸后和晚上临睡前各一次，每次用手指取本品少许均匀地搽于脸部，并轻轻地按摩片刻，要特别重视眼睛、嘴和前额周围的按摩。

重量：每瓶40克。

附告：本厂为对消费者负责，在国内化妆品厂首创，将配方中所有成分都标明。由于羊胎盘中的营养成分，个别有皮肤过敏者会引起不适，停止使用后，皮肤即能恢复正常。

本章思考与练习

一、填空题

1. 广告是企事业单位或个体向消费者或服务对象_____或_____一种宣传方式。广告实际上就是指用来进行广告宣传的_____。

2. 启事是_____，以告知公众或_____的一种日常应用文书。

3. 声明是国家政府机关、社会团体、企事业单位和个人出于_____、就某一重要事项公开表示_____、_____、_____的知照性文书。

4. 海报是预报_____、影视表演或其他_____活动并吸引鼓动公众参与的一种招贴型应用文种。

5. 产品说明书，简称说明书，是就某一产品的性能规格、构造用途、使用方法、保养和维修等事项进行_____、_____的一种应用文书。

二、选择题

1. 它是指导人们消费、扩大销售、反馈信息的重要工具。它跟随着产品一起进入社会生活的各个领域，在生产、交换、分配、消费四个环节中是完成交换和消费两个环节的重要手段，又是连接生产和消费的桥梁，它就是（　　）。

　　A. 产品说明书　　　　　　　　B. 产品包装
　　C. 产品商标　　　　　　　　　D. 产品检验书

2. 海报源于旧时的戏曲演出，当时人们将从事职业性的戏曲戏剧演出称为"下海"；用作预告剧目演出的张贴宣传品，便被称为"海报"。一般认为起源于（　　）。

　　A. 上海　　　　B. 北京　　　　C. 南京　　　　D. 广州

3. 个人或单位有事情要告知大家，并把事情用文字公布出来，或在公共场所张贴，或通过报纸、广播、电视等新闻媒介广为传播，这种应用文，即（　　）。

　　A. 公告　　　　B. 通告　　　　C. 通知　　　　D. 启事

4. 为加强诉求对象对企业、产品、服务的印象，从长远的销售利益出发，向广大受众和消费者传达一种长期不变的理念，在广告中长期并反复使用的简短的口号性语句，叫（　　）。

　　A. 标题语　　　B. 广告语　　　C. 主旨句　　　D. 提示语

三、简答题

1. 广告按广告诉求方式分为哪些类型？
2. 广告语的特征是什么？
3. 广告语的写作有什么要求？
4. 广告正文应当怎么写？
5. 启事的特点有哪些？
6. 简述海报的特点。
7. 从制作上来看，启事有哪些类型？
8. 有关事务的声明有哪些？
9. 简述声明的特点。
10. 声明正文的写作要点是什么？
11. 从制作方式来看，海报有哪些类型？
12. 产品说明书一般有哪些文本要素？

四、论述题

1. 简述广告的特点。
2. 有的启事经常标上其他文种名称，如标为《声明》《通告》。对此，你怎么看？
3. 阐述启事的写法。
4. 阐述海报的诱导语的写作。
5. 阐述海报、启事、广告的异同。
6. 阐述产品说明书的特点。

五、分析题

分析以下这则招生启事在写作上的缺失。

英语速成班招生启事

1. 招生对象：高中毕业的男女青年，有一定英语基础者。

2. 教学时间为1年，毕业时达到能一般英语对话，阅读报告的能力。
3. 教学时间：每周一至周五晚上6：00—8：00。
4. 学费：全年350元。
5. 报名办法：12月5日前持本人近期免冠照片2张，报名费10元。
6. 上课地址：本校。

外语系（公章）
11月15日

六、作文题

1. 就学校的某一球赛写一则海报。
2. 就某一生活用品或文具写一篇产品说明书。

第 6 章　讲话致辞

6.1　讲话稿

>>> 知识要点

- 了解讲话稿的含义
- 理解讲话稿的三个特点
- 了解讲话稿的种类
- 掌握讲话稿的结构和内容方面的有关知识

>>> 能力要求

- 能够运用相关的文体知识对讲话稿例文进行简单分析
- 领会讲话稿的写作方法
- 学会写作讲话稿

6.1.1　讲话稿的定义

讲话稿，通常是指各级领导在各种会议上使用的讲话文稿。

讲话稿不同于发言稿，也有别于演讲稿。人们一般把领导人在会议上的发言称为"讲话"，把以群众身份在会议上的发言称为"发言"，而把演讲活动中的连讲带演、声情并茂的发言称为"演讲"。

还有一种情况，在社交活动中，如酒会、招待会等，主人要发表热情友好的讲话，以表示欢迎；客人也要相应地发表讲话，来表示感谢。这类讲话，通常称为致辞，也称致辞。常见的有欢迎词、欢送词、祝酒词、答谢词、告别词等。

自从首届中央国家机关公文写作技能大赛把"领导讲话"确定为16类竞赛文种之一、并排列在会议纪要、总结报告、指导意见、工作规划等文种之前，领导讲话在公文写作中越来越受到重视，各级公务员招考、事业单位招考，几乎逢考必有讲话稿。而在大学生未来职业生涯中，讲话稿也是我们自身离不开的写作。

6.1.2　讲话稿的特点

讲话稿与纸媒文章的最大不同，是在受众官能上的差异，也就是说，从讲话中获取信息是通过耳朵来听,从纸上文章中获取信息是通过眼睛来看;看不懂的文章,可以再看一遍,但听不懂的讲话,却不能再讲一遍。所以写好一篇讲话稿,做好一次讲话,比写一篇纸媒文章要更多些讲究,这是因为讲话稿有一些独特的文种特性。

1. 身份性

作为领导的"讲话",讲话人自身的职务确定了不是以群众的身份在会议上所做的"发言",因此讲话稿不同于发言稿,首先要立足"本位",即从本身的职务出发,所讲内容、话语态势、语言分寸、慎重程度等,一切都要符合讲话者的身份。

2. 直接性

讲话是直接面向群众的,是领导与群众面对面的直接交流,不需要绕弯子,直入主题,以解决问题、推动工作为目的,讲究务实,不说题外话,不要语言技巧,直接表达中心思想。这就要求讲话稿必须预先考虑群众的心理反应,有时还要根据群众的反应和情绪对讲话内容作适当的调整。

3. 针对性

讲话是讲给群众听的,要考虑到群众的理解程度和接受能力,针对不同的讲话场合和对象,做出具有针对性的准备,使讲话稿简明达意,通俗易懂,讲者上口,听者入耳。因此要求口语化,不要在文字上作秀,不用文言古语,少用书面语,多用短句,以达到讲话的预期效果。

6.1.3 讲话稿的种类

(1) 讲话稿作为领导讲话的专用文稿,讲话者的身份,决定了文稿类型主要是以政务讲话为主,即各种工作会议上的讲话,除此而外,还有礼仪性讲话、演讲等。这是根据讲话事由或内容来区分的。

(2) 根据讲话的不同场合区分,有大会讲话、现场讲话、广播讲话、电视讲话、互联网讲话等类型。

6.1.4 讲话稿的写作要领

讲话稿分为标题、称谓、正文三个部分。

1. 标题

标题是用以表明讲话稿主旨或讲话事由的简短文字。标题有主标题、副标题(讲话稿通常没有引题),在讲话实地,副标题通常不念出来。标题的写法一般有单行、双行两种。

(1) 单行标题,也称单一标题,通常用于表明讲话主旨或事由。如《市委书记蔡丽新在七届市纪委六次全会上的讲话》《在抗疫防控工作表彰大会上的讲话》。

(2) 双行标题,也称复合标题,主标题揭示讲话主旨,副标题注明讲话事由。如《奋进新征程,彰显新作为 ——戚寿余在政协淮安市八届五次会议闭幕会上的讲话》《抢抓时代新机遇,闯出一片新天地 ——市委书记张敬华在南京市政协十四届三次会议上的讲话》。

2. 称谓

称谓是讲话者对出席会议的领导、部属、与会群众的称呼。要根据不同会议、不同场合、不同对象，选用不同的称谓，关键是要得体。讲话开始必须有称谓，讲话中间也可适当地运用称谓，以起到提示作用，也表明讲话将进入另一个层次或内容。

3. 正文

讲话稿正文没有固定格式，一般由开头、主体、结尾构成。

1) 开头

开头又称开场白，写法灵活。有开门见山，亮明主旨的；有概括要点，明确主旨的；有提出问题，表明态度的；有设疑设问，引入正题的；等等，总之，要紧扣讲话主题，有效地吸引听众注意力，自然地引出讲话主体。

2) 主体

主体是讲话稿的主要内容。必须紧紧围绕讲话的主题（主旨、中心思想），把讲什么、为什么讲、怎么讲考虑清楚，讲起来有条有理，逻辑严密，以免东扯西拉，信口开河；摆事实，讲道理，材料要真实、可靠，是活生生的事，或实实在在的理，才有说服力、有可信度；可略施文采，增强吸引力，要有新意，避免陈话、老套、枯燥、乏味；讲究一点技巧，注意语势强弱、表意让渡、分寸感、话题切入角度、语境角色转换；可用小标题、主旨句分若干部分、若干层次来讲，可顺着形势、对策、任务、方法这样的路子来讲，都是不错的。

3) 结尾

结尾是讲话的归结、收束。或总结讲话内容，加深听者印象；或发出号召，或提出希望、要求；或展望未来，给群众以信心和鼓舞。

范文精选一（领导讲话）

对标南通，找差补短，再创泗阳教育新辉煌
——胡梅局长在全县教育工作会议上的讲话
（2020年8月27日）

各位领导、同志们：

过去的一学年，在县委、县政府前瞻引领下，全系统以办好人民满意教育为目标，努力拼搏，泗阳教育取得了一定的成绩。但是，对照群众的期待透视泗阳教育，对照高质量发展的要求审视泗阳教育，我们仍面临着许多亟待解决的短板问题。与南通教育相比，我们的教育教学理念不新、对教育方法的研究不透、对教学的思考不深，这些是造成我们与其差距的症结所在。新的学年，我们将按照教育优质发展的要求，全面对标南通教育，以提升教育教学质量为核心，以转变教育系统工作作风为抓手，加快推动我县教育事业高质量发展。

一、矢志不渝守初心，咬定三年目标不放松

我们将以县委县政府教育优质发展三年行动计划为统领，对内强化集团、联盟办学，对外全面对接南通教育，深化与如皋、海门等地区教育合作，在教学理念、管理模式、教学手段上借鉴南通好的做法，努力缩小城乡之间、校际的差距，缩短与教育发达地区的差距。按照教育规律办事，以建强校长队伍为切入点，以"师生同步成长"驱动"教育优质发展"，确保教育优质发展三年行动计划核心目标真正落到实处，将三年优质发展计划收好官、结好尾，为开启下一轮工作奠定基础。

二、突出均衡谋发展，加快提升教育质量水平

围绕人民群众对优质教育的需求，我们将突出抓好学前教育普惠发展、基础教育优质均衡、高中教育品牌打造、职业教育内涵优化，全面提升教育教学质量。一是以教学质量为核心，深度推进课堂教学改革，努力形成学前教育重游戏、小学教育重活力、初中教育重品质、高中教育重成效、职业教育重技能的课堂特色，全县所有学校形成特色鲜明的校本课程。二是持续推进义务教育集团化、联盟化办学，推动优质教育资源向城郊、乡村辐射；大力实施"名校办分校"工程，打造好泗阳海门实验中学、如皋泗阳相文路、北京路实验学校等一批合作办学重点学校。开展"名师空中课堂"资源拓面工程，全力推动薄弱学校共享名师和优质课堂教学，扎实开展集体备课及教学研讨活动，提升课堂教学质效。三是做强高中教育"品牌"。对标南通教育，加强与海门、如皋等名校的合作交流，每月一次深入到海门、如皋课堂教学一线，开眼界、学经验，结合泗阳实际定目标、找路径，提升我县高中教学效率。坚持实施育苗优培工程，泗阳中学、致远中学充分利用自身的资源和课程基地优势，建立六年优生培养体系，确保一人一案、优生优培，有效减少优生外流。牢固树立"一年高考六年抓"理念，实行优生培养计划和初高中六年系统化、一贯制培养机制，确保 2021 年高考本科达线率全市第一，清华、北大录取数实现新突破。四是坚持搭建"3+3"普职融通，构建产教融合、校企合作的产、学、研一体化办学模式，使职业学校更好地服务泗阳经济建设。力争 2021 年职业教育对口单招本科达线率保持全市第一；技能大赛省一等奖数全市领先。

三、强化师德抓作风，不断加强师资队伍建设

没有教师的高素质，就没有教育的高质量。教育系统将持续贯彻落实县作风建设大会要求，积极开展"强作风、优环境、促发展"专项行动和"强'三真'、比担当"深化作风活动，切实加强全系统作风建设，以作风建设的大提升，促进教学质量的快速提升。加大对作风不细不实人员的处理力度，通过负面惩戒、警示教育全系统教职员工，提高工作效能，全面精塑泗阳教育的良好形象，促进教育事业更好更快发展。

一是架设师德高压线。完善教师荣誉制度，每年评选出 10 名"师德标兵"、100 名"优秀班主任"，强化正面典型引领，弘扬向上正能量。全面落实新时代教师职业行为"十项准则"，划出师德失范行为红线，将每年 9 月定为"师德师风建设专题月"，组织教师学习工作要求并集体宣誓，层层签订承诺书；完善教师从教行为防控网络，每学期至少开展一次教师从教行为问卷调查工作；严厉查处个别教师师德失范行为，重点治理教师打骂讽刺学生等体罚行为及酒驾、失信等有损教师形象问题，对师德失范造成不良社会影响的，一律从重从快顶格处理，并在职称评聘、晋职晋级等方面实行师德问题"一票否决"，让广大教师学有榜样、知敬畏、守底线，真正发挥其为人师表的示范作用。

二是筑牢纪律防线。深入持续开展教育系统作风建设年活动和教育领域人民群众反映强烈突出问题专项治理工作，结合县委机动巡察问题整改，紧盯招生收费、伙食费管理、财务制度执行等易发生腐败的关键环节，实施行风建设负面清单管理，通过深化警示教育、强化纪律约束，推动教育系统各级党员干部守住廉政底线，把廉洁自律各项规定执行贯穿于教育工作全过程。

三是严守安全工作底线。加强未成年人保护工作，实行校园安全监管全领域"一校不落"。建好用好校园安全视频监管平台，做到"星级平安校园"创建全覆盖，定期邀请法治

副校长和心理咨询师开展法治教育、安全教育、心理健康教育；加强与公安、城管、市场监管等部门联动，加大校园周边环境整治力度，进行全方位、拉网式排查，发现问题，及时处理，确保校园安全稳定万无一失，为未成年人身心健康成长营造良好环境。

适逢新时代，站位新起点。全县教育系统将迅速贯彻落实此次大会精神，切实统一思想、付诸行动，振作精神、扛起责任，以时不我待的紧迫感和舍我其谁的责任感，推动县委、县政府的决策部署在教育系统落实，为泗阳高质量发展奉献教育人的力量！

范文精选二（群众发言）

酿高品质洋河酒，做高品质洋河人
——洋河酒厂一位"头排酒"师傅的发言

尊敬的领导、各位同事：

昨天，国家品牌体验日——铁粉探秘"头排酒"活动在我们洋河圆满结束，今天，厂团委和团县委又在这里举行"2021纪念五四，选择奉献，选择高尚"励志大会，我很荣幸，能有这个机会代表我们车间700多名团员上台来发言。

刚刚，我分享到了三位同仁的青春故事。

双沟江苏大区双沟盐城办事处主任刘旺先生，5年酿酒人，一朝入市场，以营销业绩为标尺，不放过每一个"小目标、小增量"，做好"营销万花筒"，成就别样的市场"风景"。

分公司酿酒107车间副主任吉启毅先生坚守信仰，扎根到了洋河最苦最累的生产一线，把对酿酒事业的喜爱和骄傲，融入每一粒粮食、每一甑酒醅、每一口窖池。

酒体设计中心主任陈诚先生，国家白酒评委的背后，是27万杯酒、数十扎笔记心得和无数个不眠之夜。他用最细微的感知去雕琢每一滴酒，以科研驱动，让绵柔魅力绚烂绽放。

三位青春故事，正如习近平总书记所说"青年时代，选择吃苦也就选择了收获，选择奉献也就选择了高尚"。值得学习。

我是我们厂"头排酒"生产一线的员工，在酿酒上，有一种工艺叫作"压窖"，就是在夏季把酒醅继续放在窖池里，持续发酵，通常压窖30多天。但是，洋河酒厂的压窖时间长达90天，夏季三个月都不蒸酒，所有的酒醅在全厂7万口窖池里都进入休眠状态。

从30天压窖时间增加到90天，是个什么概念呢？这意味着洋河将因此损失了2/3的产量，意味着企业利润被大幅度地摊薄，意味着一台高效的"印钞机"被自动放慢了节奏，意味广大员工的"钱袋子"都跟着瘪下去。

这就是我们的选择，那90天压窖后酿出来的酒，我们称它"头排酒"，酒中"头牌"。海之蓝、天之蓝、梦之蓝蓝色经典系列酒，大多都来自不同年份的"头排酒"。为了"头排酒"，我们厂放弃了太多的利润。

作为生产一线的员工，我们做不出什么惊人之举，但是，我们却能做一个踏踏实实的酿酒师傅，厂里为了"头排酒"品质能放弃利润，我们就能为酿造洋河美酒奉献我们的青春。这里，我代表车间表一下决心：酿高品质的洋河酒，做高品质的洋河人。

6.2 开幕词 闭幕词

>>> **知识要点**

- 了解开幕词、闭幕词的含义
- 理解开幕词、闭幕词的两个特点
- 掌握开幕词、闭幕词的结构和内容方面的有关知识

>>> **能力要求**

- 能够运用相关的文体知识对开幕词、闭幕词例文进行简单分析
- 领会开幕词、闭幕词的写作方法
- 学会写作开幕词、闭幕词

6.2.1 开幕词、闭幕词的定义

开幕词，是在大会开始时由主要领导人向大会发表的阐明会议宗旨、任务、说明会议议题和议程、注意事项、向与会人员提出希望的讲话文稿。

闭幕词，是在大会结束时由主要领导人向大会发表的概括大会主要精神、总结大会成果、指出会后努力方向的文稿。

开幕词和闭幕词，是讲话类文书中的致词类文书。开幕词对于大会具有方向性、指导性和揭示会议主题、定基调、让与会人员有一个总体认识的作用；闭幕词的作用主要是对大会总结、评价，提出今后任务，激励与会人员，宣布大会结束。

6.2.2 开幕词、闭幕词特点

开幕词和闭幕词都是主要领导人在大会上的讲话稿，它们的特点相当显著、明了。
（1）开幕词的特点在于它的指导性、方向性和基调性。
（2）闭幕词的特点在于它的总结性、激励性和评估性。

6.2.3 开幕词、闭幕词的写作要领

1. 开幕词

1) 开头

在"各位代表、同志们"等称呼之后，以简短有力、有鼓舞性的语言宣布"××会议"在什么情况（背景、形势、客观条件）下，"今天在这里正式开幕了"，然后简介组织情况，如出席人、会议规模等。

2) 正文

这是全文的核心。通常开宗明义，提出会议的指导思想和会议宗旨，交代会议的主要任务、议程，说明会议的意义和作用，对与会人员提出希望和要求。有的是先回顾以往工作得

失，然后说明大会议题、任务，分析解决这些议题、任务的有利条件，指出解决这些问题时机、条件已经成熟；再交代大会议程，即大会的主要活动安排情况。

3）结尾

结尾通常要提出要求和希望，以概括性语句对大会作预示性评价，"这将是一次具有深远历史意义的大会""这次会议将进一步推动××××"等，最后，用习惯语"预祝大会圆满成功"作结。结尾要有鼓动性、预示性，为大会创造良好的气氛。

2. 闭幕词

1）开头

概括总结会议的主要成效，对会议做出基本评价。

2）正文

阐述会议取得的成果，总结大会情况，强调会议的重要意义，说明会议的各种决议内容和今后的任务，提出贯彻执行的意见，分条分项列出宣传、贯彻的主要内容、方法、措施和要求等。

3）结尾

通常以具有号召力和鼓舞人心的语言表明对实现今后任务的信心，最后，郑重宣布"××××会议胜利闭幕！"

6.2.4 注意事项

（1）要提前理解掌握会议的基本精神，明确会议的目的、要求和会议安排，围绕会议主题，确立中心思想。

（2）要集中突出会议的主题和主要议程，但不要过细罗列会议的具体事项。

（3）要有条理地安排文稿的结构，上下连贯，并能够照应会议议程，闭幕词还要能够与开幕词呼应起来。

范文精选一（开幕词）

首届北京网络安全大会开幕词

（2019 年 8 月 21 日）

中国电子信息产业集团有限公司董事长　芮晓武

尊敬的各位领导、各位来宾，女士们、先生们：

大家上午好！

今天，我们齐聚北京，共同探讨网络安全事业发展、推动网络安全产业合作。首先，我谨代表中国电子信息产业集团有限公司，对北京网络安全大会的隆重召开表示热烈的祝贺！对各位嘉宾莅临本次大会表示热烈的欢迎。

当今世界面临百年未有之大变局，全面提升网络安全水平，推进网络空间命运共同体建设，已成为事关全人类福祉的一项伟大事业。

第一个融合是"理念融合"。命运共同体，讲究和而不同、各美其美，倡导团结协作、互利共赢。为此，中国电子携手各方，打造北京网络安全大会这个面向全球的平台，广泛邀请全球网络安全行业的从业者、研究者和关注者相聚北京，树立正确的网络安全观，寻求由内而外、由本质安全到过程安全的解决之道，凝聚智慧、把脉未来。

第二个融合是"模式融合"。近年来，中国电子努力走出一条兼容历史、融入当代、链接未来的技术发展之路，构建国内最先进、最富有朝气的网信技术生态，全面融入移动生态，支持5G、云计算等新技术，拥抱万物互联的新时代。特别是网络安全发展到今天，加快推动本质安全和过程安全的深度融合已经刻不容缓。中国电子坚定不移地推动本质安全和过程安全相融合、相促进。

第三个融合是"产业融合"。中国电子坚信，网络安全产业的持续健康发展依赖良好的产业生态和开放的产业合作。今年5月，中国电子战略入股奇安信，这是由中国电子的初心和使命驱动的战略投资。中国电子在本质安全领域产业生态领先，奇安信在过程安全领域成绩斐然，两家公司的强强联合必将加快构建一体化网络安全体系和发展平台，从而携手打造我国网络安全的新引擎。

各位领导、各位来宾，"志合者，不以山海为远"。展望未来，中国电子愿与业内优秀企业和有识之士一道，以本次大会为契机，共担网络安全使命，壮大网络安全生态，努力实现"建设网络强国、链接幸福世界"的美好愿景，有力支撑网络强国战略。

最后，预祝2019北京网安全大会取得圆满成功。

范文精选二（闭幕词）

中国作家协会第九次全国代表大会闭幕词

（2016年12月3日）

中国作协主席　铁凝

各位代表，同志们、朋友们：

在党中央亲切关怀和领导下，在全体代表共同努力下，中国作家协会第九次全国代表大会圆满完成各项议程，就要胜利闭幕了。这是一次高举旗帜、催人奋进的大会。习近平总书记在开幕式上的重要讲话，闪耀着马克思主义真理的光辉，充满了中华民族朝气蓬勃开创未来的豪情壮志，充分体现了对文艺规律的深刻把握，充分体现了对广大文艺工作者的期待和信赖。全体代表认真学习习近平总书记重要讲话，围绕坚持中国特色社会主义文学发展道路，推动中国文学更大繁荣进行了热烈的讨论，凝聚起坚强的共识，汇集起磅礴的力量。本届代表大会取得的丰硕成果，必将对中国文学产生重大深远的影响。

大会审议通过了钱小芊同志代表中国作协第八届全国委员会所作的工作报告。过去五年，对中国作家来说，是潜心创作、硕果累累的五年，对中国作家协会来说，是热诚服务作家、服务社会，各项工作取得新进展的五年。特别值得铭记的是，习近平总书记在文艺工作座谈会上和文联十代会、作协九代会开幕式上发表重要讲话，中国社会主义文学方向更加明确，道路无限宽广。本次大会上，我们以高举旗帜、改革创新、激发文学创作活力、推出无愧于时代的优秀作品为主线和中心，深入规划未来五年中国文学的发展和中国作协的工作。我们的使命光荣而重大，我们的任务艰巨而繁重，我们对未来充满信心，全国广大作家和文学工作者团结奋进，中国社会主义文学事业必将迎来生机勃勃的崭新局面，中国文学必将迎来群峰耸峙、气象万千的壮阔景象。

本次大会选出了作协新一届领导机构。在此，我谨代表中国作家协会第九届主席团和全委会向大家表示诚挚的感谢。广大会员、广大作家的信任和期望，是巨大的鼓励，更是郑重的嘱托。我们深知肩上的责任，我们将兢兢业业、全力以赴，深化改革、加强引领、加强联络、增强本领、加强沟通，为文学服务，为广大作家和文学工作者服务，为人民大众服务，使中国作家协会成为更温馨更有效的纽带、桥梁和家园。

此时此刻，在即将别离的时候，我想用一个词与大家共勉，这个词就是：创造。这几天在讨论中、在交谈中，很多朋友反复谈到习近平总书记在大会开幕式上的一席话，总书记说："文运同国运相牵，文脉同国脉相连。实现中华民族伟大复兴，是一场震古烁今的伟大事业，需要坚韧不拔的伟大精神，也需要振奋人心的伟大作品。"我想，我们大家都会从总书记的讲话中更加强烈地意识到个人的写作与时代和人民的深切联系，更加强烈地意识到我们正在用笔参与着中华民族创造历史的宏伟事业。当重新回到书桌前的时候，我们领受着一份沉甸甸的责任，我们充满了前行的力量，这责任和力量来自中国文学的光辉传统，来自时代给予我们的丰盛机遇和深刻挑战，来自党和人民的殷切期待。我们所要做的，就是创造，以真挚的热爱、聚精会神的探索和日复一日的辛勤劳作，触摸人民生活最深处的心跳和脉搏，让中国故事和中国精神在卓越的艺术创造中焕发璀璨的光芒，跨越国界、跨越时空，不懈地追求当代的和永恒的价值，把追求光明和正义、美好和幸福的人们从精神上紧密地团结在一起。

本次代表大会就要结束了。我相信，同志们、朋友们都会想到下一次代表大会，那是2021年，是中国共产党建党一百周年，也是中国全面建成小康社会的一年。在那一年，当新老作家再次相聚时，"两个一百年"的第一个奋斗目标已经胜利实现。我们比历史上任何时期都更接近中华民族伟大复兴的目标，比历史上任何时期都更有信心、有能力实现这个目标。在这伟大征程中，中国作家在人民中间，和人民一道前进，让我们高举习近平总书记系列重要讲话的旗帜，坚持中国特色社会主义文学的前进方向，创造无愧于时代、无愧于人民的作品，共同书写中华民族伟大复兴中国梦的壮丽史诗！

现在，我宣布，中国作家协会第九次全国代表大会闭幕！

谢谢大家！祝大家创作丰收、健康吉祥！

6.3　欢迎词　欢送词　答谢词

>>> **知识要点**

- 了解欢迎词、欢送词、答谢词的含义
- 理解欢迎词、欢送词、答谢词的三个特点
- 掌握欢迎词、欢送词、答谢词的结构和内容方面的有关知识

>>> **能力要求**

- 能够运用相关的文体知识对欢迎词、欢送词、答谢词例文进行简单分析
- 领会欢迎词、欢送词、答谢词的写作方法
- 学会写作欢迎词、欢送词、答谢词

6.3.1 欢迎词、欢送词、答谢词的定义

欢迎词是以主人的身份对客人的到来表示热烈欢迎的一种讲话类文书。

欢送词是以主人的身份在送别客人时表达良好祝愿的一种讲话类文书。

答谢词是作为客人在受到主人的盛情款待时向主人表示感谢的一种讲话类文书。

6.3.2 欢迎词、欢送词、答谢词的特点

(1) 针对性。针对不同的对象表达不同的态度。

(2) 时空性。特定的场合、一定的时间要求表达确切的内容。

(3) 情感性。真情实感，发自内心，以情感人。

6.3.3 欢迎词、欢送词、答谢词的写作要领

欢迎词、欢送词、答谢词的格式和写法大体相同。

1. 开头

开头首先要交代欢迎、欢送、答谢的对象，即称谓。应用尊称、敬语，即在姓名或职务前写上"亲爱的××"（先生、女士或小姐）、"敬爱的××"（先生、女士或小姐）、"尊敬的××（先生、女士或小姐）"等。有时在讲话中间，称对方职务时也可以加上"先生""女士""小姐"，如"总统先生""总经理女士""总裁小姐"。对方是一行人的，就要概括完全，要用"女士们""先生们""朋友们"。

然后用"请允许我代表××××"的客套语，以热情洋溢的语言向客人们表示欢迎、欢送或是对主人的盛情表示谢意，要充分流露自己的友好心情。

2. 主体

1）欢迎词

欢迎词要向客人介绍自己有关方面的情况；称赞客人在某方面的成就或其他突出之处；如果客人曾在某方面帮助和支持过自己，可借此机会向客人们表示感谢；此外，也可以就某个问题、某方面的情况表达自己的立场、观点及看法。

2）欢送词

欢送词需先简要回顾客人访问所取得的重要成果，极力肯定这段时间双方建立的深厚感情，然后对客人表达良好的祝愿，并欢迎客人再次来访。

3）答谢词

答谢词要对主人在某方面所作出的功绩给予充分肯定；对于主人的崇高精神与品质给予高度评价；对于双方共同关心的问题或有关双方的事情，可以表达自己的意愿、观点和看法。

3. 结尾

欢迎词、欢送词、答谢词的结尾要对主体部分的内容做出总结，对有关双方共同的事项表达期待，提出希望，也可发出号召，携手响应。写作时应使用一些具有激励性、鼓舞性的话语，振奋人心，表达美好祝愿。

4. 注意事项

（1）要有身份意识，宾是宾，主是主，讲话各有尺度，热情洋溢，不宜有过火、过界言词。

（2）要选用宾主都熟悉的材料，引用大家都感兴趣事实材料，不要掉书袋子。

（3）要多用口语、俗语、常用语，把握节律感，注意活跃现场气氛，力戒故弄玄虚。

范文精选一（欢迎词1）

在 IFHP 第 46 届世界大会上的市长欢迎词

朋友们：

国际住房与规划联合会（IFHP），是住房与规划领域的一个世界性组织。第46届世界大会在天津召开，我们感到非常荣幸。首次由我们承办的这个盛会，得到了国内外各个方面的大力支持和帮助。我们相信，这次盛会一定会取得圆满成功，达到预期的效果。

天津是中国的四大直辖市之一，也是中国首批对外开放的沿海港口城市。改革开放20多年来，天津发生了令人瞩目的变化。国民经济持续快速健康发展，各项事业蒸蒸日上，城市面貌日新月异，人民生活水平明显提高，投资环境不断改善，整个社会充满了生机与活力。我们真诚地欢迎海内外朋友到天津来，参加 IFHP 这个有着近百年历史的盛会。届时您将欣赏到天津独特的建筑风貌，既有典雅朴实的古建筑，又有新颖别致的欧式建筑，还有许多现代建筑。这些中西合璧的建筑风格，众多流派的建筑杰作，以及气势宏伟的城市规划，将使您体察到21世纪中国城市发展的崭新风貌。

在天津金风送爽的秋季，我们将相会在渤海湾边，欢聚在海河两岸，共同研讨"21世纪的城市发展"。我们期待着，在 IFHP 第46届世界大会上，海内外专家学者欢聚一堂，共同为世界城市的发展贡献自己的聪明才智，描绘出更新更美的蓝图。

朋友们，1 000万热情好客的天津人民期待着您的到来！

范文精选二（欢迎词2）

对合作伙伴××集团董事长的欢迎词

尊敬的××董事长先生、各位来宾：

我们厂与××董事长先生旗下的××公司合作已经两年，今天××董事长亲临我厂对生产技术、经营管理等多方面进行指导，我们感到无比的荣幸并表示热烈的欢迎。

两年来，使我特别高兴的是，我们双方的合作得到××董事长的大力支持，合作关系得到了稳步的发展，并取得了骄人的业绩。

我应当满意地指出，我们友好合作关系能够发展到今天这样的境界，是与我们双方严格遵守合同和协议、相互尊重和平等协商分不开的，它是我们双方共同努力的结果。

我相信，通过这次××董事长亲临我厂进行指导，将进一步加深我们双方相互了解和信任，更能进一步增进我们双方友好合作关系的发展，使我厂更加兴旺发达。

最后，让我们以热烈的掌声，向董事长表示欢迎！

范文精选三（欢送词1）

在告别专家晚宴上的欢送词

尊敬的各位专家，女士们、先生们：

省政府经济社会发展咨询团成立大会暨第一次会议，经过两天紧张的工作，今天圆满结束了。这是一次高效率的会议。

在过去的两天里，各位专家认真听取了我省省情及当前经济、社会发展情况的介绍，讨论并修订了"省人民政府经济社会发展咨询团"章程，并对我省经济社会发展提出了许多很好的意见和建议。大家在会上畅所欲言，各抒己见。专家们的真知灼见和金玉良言，丰富了我们的见识，开阔了我们的视野，拓展了我们的思路，必将对我省经济、社会的发展产生有力的推动作用。

中国古代有句名言，叫作"决胜料势，决战料情"。我们事业的成功与决策咨询研究有着极为密切的关系，这一点已经被我们的实践所证明，今后还将继续得到证明。在迈向新世纪的进程中，诚招高层次人才，集中多方面智慧，对我省跨世纪的发展思路和对策开展广泛的决策咨询，制定更加科学、合理的决策是我们将长期坚持和认真实施的一项重要战略措施。

各位专家，各位朋友，明天你们就要离开春城，有的要赶回去处理繁忙的事务，有的则要到我省各地考察参观。两天的时间虽然短暂，但我们的友谊长存；两天的会议虽然规模不大，但对我省经济社会发展的影响极大。我们将重视专家们的建议，把它们贯彻到全省经济社会发展的实际决策中去。希望各位专家回去之后，认真地对我们提出咨询的问题和题目进行思考，及时地为我们提供国际、国内经济、社会、科技发展的最新动态和信息，在明年我们如期迎来各位的时候，为我省的发展献出更多、更好的智慧和韬略。

最后，我代表省人民政府，再一次感谢大家的光临。感谢大家给我们提供宝贵的意见和建议。我提议，让我们举杯，祝大家归途愉快，工作顺利，身体健康，干杯！

范文精选四（欢送词2）

在×××教授告别宴会上的欢送词

同志们、朋友们：

在两个星期前，我们愉快地在这里欢聚一堂，热烈欢迎×××教授。今天，在×××教授访问了我校之后，我们再次欢聚一起，更感到特别亲切和高兴。×××教授将于明天返回××大学。

×××教授的访问虽然短暂，但是极其成功的。在我校期间，他会晤了有关方面的领导，参观了相关学科的重点实验室，与我校广大师生进行了充分的交流，并为我校相关专业的学科建设提出了建设性的意见。

在向×××教授告别之际，我们真诚地希望×××教授在日后的工作与生活中万事顺利，同时更希望×××教授日后能给我们提出更多的批评、指导和宝贵意见。

祝×××教授一路平安，身体健康！

范文精选五（答谢词1）

国际贸易代表团团长在宴会上的答谢词

杨副主任、中国朋友们、同事们、女士们、先生们：

我谨代表我们代表团的所有成员对杨先生今晚为我们举行如此丰盛的晚宴表示衷心的感

谢。我们也感谢张先生，今天上午他带领我们参观了交易会。同时也要感谢李先生，他昨天到机场迎接我们，今天又为我们的谈判做出了妥善的安排。我期望这次会谈将在不久的将来结出丰硕的果实。

你们对我们的热情款待给我留下了深刻的印象。你们为我们做出这些安排一定花了大量的时间，在此，我再次感谢你们为我们提供的一切帮助。

我希望杨先生和其他中国朋友能到我国访问，以便我们将来有机会作为东道主来感谢你们的款待。

除了贸易交往外，这次会见肯定有助于加强我们之间的了解和友谊。俗话说："好的开端是成功的一半。"我深信，这次访问将带来将来更多的互访。

最后，请各位举杯，为我们之间的贸易和友谊，为杨先生的健康，为中国朋友们的健康，为我的同事们的健康，为在座所有女士们、先生们的健康——

干杯！

范文精选六（答谢词2）

南京潮汕商会副会长张国侨在闭幕酒会上的答谢词

尊敬的各位领导、各位嘉宾、各位代表：

第二届潮商大会，在大家的共同努力下，已顺利完成了各项议程，即将闭幕。在此，请让我代表第二届潮商大会主席团及南京潮汕商会对本届大会的圆满成功表示热烈祝贺，对与会的领导、嘉宾及全体代表，表示衷心的感谢，对所有工作人员的辛勤劳动致以亲切问候！

本届大会，共有海内外60个潮籍工商社团近800名代表参加。全国政协、全国工商联，江苏、广东省，南京和汕头市、潮州市、揭阳市的领导，以及海内外知名人士30余人也应邀出席了大会。

在大会开幕式上，全国政协黄孟复副主席做了重要指示，蔡诚老部长、广东省政协李统书副主席、海外知名人士代表庄学山先生等作了热情洋溢的讲话，揭阳市的领导和汕尾市政府及海内外的不少潮团都给大会发来了贺信、贺电，何厚铧、林若、吴南生、庄世平、饶宗颐、李嘉诚、陈有庆、陈伟南、王荣大、蔡诚、朱良等许多潮籍老领导、知名人士为大会题了词，南京市蒋宏坤市长给大会特刊作序并题词。为大会题词的还有李仁、郁美兰、钱继红、蒋裕德、陈刚等江苏省和南京市的领导。所有这些都使大家深受鼓舞，也说明有关各级领导、社会各界和乡亲们对本届潮商大会的关心和支持。

商机互动、共谋发展是本届大会的主题。在大会开幕式上，南京市领导向海内外嘉宾介绍了南京的经济发展情况和投资环境，当场举行了几个项目的签字仪式。大会期间，也邀请部分代表和嘉宾参加了南京重大项目洽谈会。这些都为广大潮商和各地潮汕商会构筑了一个与南京长期合作的平台，为今后的交流合作、共同发展提供了契机。在产业对接暨经验交流座谈中，几位卓有成就的潮籍企业家介绍了他们企业发展的成功经验以及汕头市总商会郑定平会长就振兴潮汕商会的现实意义所做的发言，不仅从实践向理论的升华上提高了我们的认识能力，加深我们对"国三十六条"的理解，而且也为今后潮商之间的交流合作、相融共赢打下了一定基础。

本届潮商大会是在乡情浓郁、场面热烈的喜庆气氛中进行的，开得成功，开得有生气，是一次圆满成功的大会，团结奋进的大会，大会之后，我们海内外的广大潮商将会更好地发扬坚忍不拔、勇于开拓的潮人精神，继承潮商先辈诚实守信、爱国爱乡的优良传统，抓住机遇、携手共进，谱写潮商发展的新篇章。第二届潮商大会得到了广东潮商企业促进会，上海潮汕商会、深圳潮人商会、珠海潮联会、广西潮人商会、河南潮人海外联谊会，深圳粤豪集团、香港东神集团、无锡市总商会潮汕商会，香港四洲集团贸易有限公司、深圳不得了酒业、广东黑牛集团、汕头家乐食品公司、南京宇泽商贸公司、上海中韩晨光文具制造有限公司等单位的赞助和支持，我在这里向上述赞助单位表示衷心的感谢！

最后，祝各位领导、各位同仁、各位朋友身体健康，事业发达，家庭幸福！谢谢大家！

范文精选七（祝酒词1）

在海峡论坛大会欢迎酒会上的致辞

各位嘉宾，各位朋友：

谢谢大家刚刚参加完上午的海峡论坛大会，就不辞辛苦地赶过来出席我们的这个欢迎酒会。

此次台湾25个县市和各个界别的代表齐聚大陆，是两岸交往中一件了不起的事情。我们知道，你们中的不少人最终得以成行并不容易，有的还需要克服困难，排除干扰。尽管昨天福建省已经为大家举行了欢迎晚宴，但我们中共中央台办和国务院台办还是愿意尽一下地主之谊，一是衷心欢迎各位的到来，二是真诚感谢各位对论坛的支持。

海峡论坛从筹划到举办，备受两岸各界关注，有着各种各样的议论。其实，我们举办这个论坛的目的很单纯、很明确，就是要在两岸关系不断改善和发展的新形势下，为两岸同胞特别是两岸基层民众的交流与互动开辟更大的空间，搭建更好的舞台。因此，组办新的大型民间交流活动就自然提上了日程。海峡论坛实际上是应运而生，因为它在此时、此地举办，称得上是"天时、地利、人和"。

所谓"天时"，指的是两岸关系自去年5月以来终于峰回路转，不断取得重大改善，步入了良性互动、和平发展的正确轨道。这为两岸同胞加强交流创造了有利条件，提供了难得机遇。

所谓"地利"，指的是论坛选择在福建举办。这里与台湾一衣带水，隔海相望，往来最为便利；血脉同根，"五缘"相连，渊源最为深厚；语言相通，风俗相近，交流最为顺畅。

所谓"人和"，指的是随着两岸关系呈现新局，两岸同胞渴望交流的愿望强烈地迸发出来，只要是有利于加强两岸交流、促进两岸合作、增进两岸福祉的活动，都会受到两岸民众的欢迎和支持。

因此，我们有足够的理由相信，海峡论坛凭着"天时、地利、人和"的独特优势，一定能够扎根福建，茁壮成长，成为两岸交流中最重要的平台之一。

在这里，我还要特别提到的是，就在海峡论坛开幕前夕，大陆方面正式公布了《关于支持福建省加快建设海峡西岸经济区的若干意见》。从此，以福建为主体的海峡西岸经济区，作为两岸人民交流合作的先行先试区域，将在对台各领域的交流合作中发挥先导和示范的作用。这一重大政策的出台，不仅有利于海峡西岸地区的经济社会发展，也必将有利于两岸互利合作的进一步深化。

最后，让我们共同举杯，为海峡论坛成功举办，为海西经济区加快发展，为两岸民众的大交流、大融合与大团结，干杯！

范文精选八（祝酒词2）

在第三届中国昆明国际旅游节欢迎晚宴上的祝酒词

尊敬的各位来宾、女士们、先生们、朋友们：

值此第三届中国昆明国际旅游节开幕之际，美丽的春城百花争艳、春潮涌动，迎来了四海宾客、八方友朋。

今晚，旅游节组委会和省人民政府在这里举行欢迎晚宴，热忱欢迎莅昆参加开幕系列活动的海内外新朋老友，对各位长期以来给予云南经济社会发展的关心、支持，表示衷心感谢！

随着人类进入新的世纪，旅游已成为新的生活时尚，极大地促进了人们的交流与合作，发展旅游产业已为世界人民所共识。中国国家文化和旅游部和省人民政府共同举办中国国际旅游节，目的在于为中国人民和世界各国人民搭起友谊的桥梁，为我们共同的发展创造更多的机遇和舞台。

我们真诚地希望，感受云南的神奇美丽和多姿多彩，并一如既往地关心云南、支持云南，把云南介绍给更多的朋友，介绍给世界人民。

现在，我提议：为第三届中国国际旅游节的圆满成功，为各位来宾的身体健康和工作顺利，干杯！

范文精选九（活动主办方代表致辞）

福建省广播影视集团总经理庄志松在海峡论坛故事汇上的致辞

各位领导、来宾、朋友们：

大家下午好！

在国台办、省台办的精心指导与大力支持下，福建省广播影视集团很荣幸携手中国台湾网、台湾联合报，在第十届海峡论坛开幕前夕，共同主办"海论十年、精彩无限"海峡论坛故事汇。我谨代表主办单位福建省广播影视集团对各位领导、嘉宾的到来表示热烈的欢迎和真挚的问候，对热心两岸交流的各位故事讲述人及社会各界朋友表示衷心的感谢！

秉承"扩大民间交流、加强两岸合作、促进共同发展"理念，海峡论坛这一两岸民间交流盛会走过了十年，这当中留下了许多感人的温情故事。今天的"海论十年、精彩无限"故事汇将带大家走近因海峡论坛结缘的十位讲述人，他们是经过两岸专家多轮评选、从上百位选手中脱颖而出的，通过我们搭建的这个平台为大家分享他们亲历亲闻的海论故事，以小见大、深情表达，两岸民众从基层交流中获益的深刻体验，形象阐释"两岸一家亲"理念。我们还将通过中国台湾网、央视国际视通、福建网络广播电视台"海博TV"、海峡卫视《今日海峡》脸书面向两岸同胞直播，让两岸民众共同感受海论十年的丰硕成果！

福建省广播影视集团是福建省最大的全媒体传播平台，也是大陆离台湾最近的省级媒体。近年来，我们携手台湾同行，对接台湾基层民众，特别是青年族群的收视需求，持续打造了《青春最强音》两岸高校音乐大赛、《梦想新声音》海峡两岸主持新人大赛、《发现最美海峡》两岸大学生微视频采风活动、两岸广播春节大联播、亲亲闽台缘台湾听友会等两岸交流活动，通过广播、电视和新媒体融合传播，举办线下推广活动，吸引两岸民众踊跃参与，增进两岸民众交流情感。其中，《青春最强音》网络触及率连续两届创下台湾脸书直播史最好成绩，成为两岸青年在文化交流上持续时间最长、参与人数最多的热门赛事之一。

海峡论坛举办十年来，集团每届都深度参与，包括制作论坛大会宣传片、承办分论坛活动、协助邀请台湾嘉宾、开展新闻宣传报道等，见证了两岸民众交流交往日益热络的变化发展，我们一直都在用镜头述说着海论十年的故事！

海论十年，精彩无限！预祝今天的故事汇圆满成功！

谢谢大家！

范文精选十（共同主办方代表致辞）

台湾联合报总经理方桃忠在海峡论坛故事汇上的致辞
（2018年6月5日）

各位领导，各位贵宾，

以及过去十年来曾参与海峡论坛，共谱出无数动人故事的

各位主角们：

大家下午好！

联合报是来自台湾影响力最大的媒体，在两岸各项议题上都扮演着沟通角色和交流平台。2018年联合报很高兴能够在海峡论坛组委会指导下，与海峡卫视及中国台湾网共同主办海峡论坛十年故事汇。我们期盼借由此活动，让曾经参与海峡论坛并有着深刻回忆的嘉宾们，通过分享自己的故事，将海论十年所发生过的动人篇章永存于两岸之间。

海峡论坛十年，不只是两岸民间最大型交流活动，更交织着两岸人民共同生活的点滴回忆。本活动（海峡论坛十年故事汇）推出后，短短一个月内就收到上百篇故事（作品）。许多来自台湾的民众希望与大家分享因海峡论坛而在两岸婚姻、残障公益、求学历程、创业就业等各领域里的接触与体会，也因海峡论坛如何改变他们的思维，甚至影响他们的人生，使得他们的人生变得更加精彩，充满希望。

海峡论坛不只是一个大型活动，更是属于两岸民间的共同生活回忆。联合报希望借由此次活动，能够更加增进两岸间彼此互动交流。除了延续过去十年所发生过的精彩故事，我们更希望未来海峡论坛能够持续见证两岸间的生活情义。

今天早上我遇到高雄市一位里长，他说高雄的里长大约有891位，参与过海峡论坛或者跟两岸交流有关系的里长大概是100多位。所以，海峡论坛就基层人民交流而言，还有很大空间等着让我们去做。让我们一同努力，再接再厉！

最后预祝2018海峡论坛及海峡论坛故事发表会圆满成功！

本章思考与练习

一、填空题

1. 讲话稿通常是指各级领导在_____的文稿。人们一般把领导人在会议上的发言称为"_____"，把以群众身份在会议上的发言称为"_____"，而把演讲活动（如政治演讲、学术演讲、法庭演讲等）中的连讲带演、声情并茂的发言称为"_____"。

2. 讲话稿的特点是_____、_____、_____。

3. 在社交活动中，如酒会、招待会等，领导要以主人的身份发表热情友好的讲话，这类讲话，就是"_____"。

4. 欢迎词是以主人的身份对客人的到来表示_____的一种讲话类文书。

5. 欢送词是以主人的身份在送别客人时表达_____的一种讲话类文书。

6. 答谢词是作为客人在受到主人的盛情款待时_____的一种讲话类文书。

二、选择题

1. 从身份性特征来看，领导讲话主要立足于他的（   ）。
    A. 职务   B. 态势   C. 内容   D. 语言

2. 先简要回顾客人访问所取得的重要成果，极力肯定这段时间双方建立的深厚感情，然后对客人表达良好的祝愿。写这样内容的是（   ）。
    A. 答谢词   B. 欢迎词   C. 欢送词   D. 祝愿词

3. 在大会上，由主要领导人向大会发表的阐明会议宗旨、任务、说明会议议题和议程、注意事项、向与会人员提出希望的讲话文稿，是（   ）。
    A. 祝愿词   B. 欢迎词   C. 开幕词   D. 闭幕词

4. 对大会总结、评价，提出今后任务，激励与会人员，宣布大会结束的文稿是（   ）。
    A. 答谢词   B. 欢迎词   C. 欢送词   D. 祝愿词

5. 写作欢迎词、欢送词、答谢词时，要求注意的事项不包括（   ）。
    A. 要有身份意识，宾是宾，主是主，讲话各有尺度，热情洋溢
    B. 要选用宾主都熟悉的材料来，引用大家都感兴趣事实材料
    C. 要多用口语、俗语、常用语，把握节律感
    D. 必要时可以掉书袋子，以活跃现场气氛，但不宜有过火、过界言词

三、简答题

1. 如何理解讲话稿这一概念？
2. 欢迎词、欢送词、答谢词的特点是什么？
3. 欢迎词、欢送词、答谢词开头怎么写？
4. 欢迎词、欢送词、答谢词运用敬语的尊称怎么写？

四、论述题

1. 阐述讲话稿的特点。
2. 阐述讲话稿正文的写作。
3. 阐述开幕词、闭幕词写作的注意事项。
4. 阐述欢迎词、欢送词、答谢词主体的写法。
5. 阐述欢迎词、欢送词、答谢词写作应该注意的事项。

五、分析题

阅读下列《对标》评析，仿照其评论视角，分析《首届北京网络安全大会开幕词》（6.2范文）的整体布局、主旨阐说及语言特色。

《对标》评析

《对标南通，找差补短，再创泗阳教育新辉煌——胡梅局长在全县教育工作会议上的讲话》（简称《对标》，见 6.1 范文精选一）是一篇优秀的讲话稿，它具有的范本素质，值得细心揣摩、研习。

首先，从讲话的整体布局来看

1. 这篇讲话的主旨是再创泗阳教育新辉煌。

讲话的三部分：开头，找出问题，明确态度——表明主旨，要讲什么
　　　　　　　主体，解决问题，实施举措——围绕主旨，讲要做什么、怎么做
　　　　　　　结尾，明确站位，表达决心——呼应主旨，要落实所讲

2. 开头扣题"对标南通，找差补短"，先用两个"对照"把"短板问题"找了出来，这是自检，再他比，与南通比，找出了"三不"为问题的"症结所在"。接下来，既然发现了问题，自然就来到了如何解决问题的事情上，于是，扣住"再创泗阳教育新辉煌"的题旨，提出举措：将按照……全面……提升……转变……加快……发展。这样，讲话的中心思想就出来了，为下述讲话列出了总纲，统率全篇。

3. 主体依开头总纲，由总—分，分列三个小标题，一则讲三年目标，二则讲教育质量，三则讲师德和师资。这三个小标题，虽同为一级标题，却不是平等并列的，而是呈纵深层进的布排。按上级计划目标在前，然后先教育、后教师，这种先讲后讲的顺序，当然是事理逻辑使然，但也有讲话所涉范围、层级、权重的考虑，而讲多讲少，则以讲话所要强调的因素或指标的相对重要程度，得其所宜，内容比重不同，讲话时长也不同。

先讲三年目标，这是贯彻上级指示精神，并且，以县委县政府三年计划为"统领"，有旗帜意义，领会目标，并作目标推进，这在下述举措实施或有重拳管控，也是师出有名。

再讲教育质量，这是关键问题，虽然常见老生常谈，但这里却也讲出新道道，如"特色课堂、教育资源共享、高中教育品牌对标南通、升学率"，让听者眼前为之一亮。

然后讲师德师风、师资队伍，这部分是讲话的重点，列"架高压线、筑防线、守底线"三个二级小题，讲话时长及文字量，占全篇讲话将近一半。教育行政管理、教育管理、学校管理等各方面，诸多问题，诸多措施落实，尤其讲到，严查师德失范，严防收费、伙食、财务上腐败，严格监管校园安全。一个部门管理者旋乾转坤的雷厉之风、领导力，就在于此。行政之德若风，从而化之若草。

4. 结尾以两"新"字句作结，由分—总，收束全文。鼓舞，振发，作总体要求，呼应讲话开头。

其次，从讲话的细部处理上看

1. 讲话为什么不讲道理？

所谓摆事实、讲道理，但这篇讲话，选择不讲道理。讲话指出问题存在的事实，然后就提出解决问题的措施、告诉你要怎么做，而不告诉你为什么要这么做。讲话为什么不讲道理呢？这应该是出于对讲话对象的了解，他们都是教育者、教育领导者，教育上这道理，听惯了也讲惯了，跟他们讲道理，多此一举。不过，更多的，还是出于讲话策略上的考虑。

《对标》是以工作部署为旨趣的阐述型讲话，以阐明陈述为主，不涉论证，也就不必讲道理。既不讲道理又能说服人、发动人的讲话，莫过于务实，因为，务实才有不竭的动力，务实才有正确的坐标，务实才有恰当的办法，所以在讲话策略上，采取通篇务实，几不务

虚。当然，高明智慧的讲话人，一路务实下来，也会忽然来一下虚实结合，有针对性地务点虚，讲点道理，让人脑洞大开，或让人打开心灵的窗户。比如，第三部分就来一句"没有教师的高素质，就没有教育的高质量"，这是讲话的唯一一处讲道理，恰是到了好处。

2. 解决问题为什么不分析问题？

《对标》是以找问题、解决问题、实现工作目标为意图的讲话。按照解决问题的逻辑，分析问题是必不可少的环节，通常为"发现问题、分析问题、提出问题、解决问题"的过程，或"提出问题、分析问题、解决问题"的理路，但在讲话中，发现"短板问题"、发现其"症结所在"，就直接提出解决问题的举措，并没有"分析问题"一说。为什么？

以《金字塔原理》说，解决问题之前关键是描述问题，尤其分析存在的原因、寻找因果关系。讲话发现问题"症结所在"（不新、不透、不深），是不是就应该分析"三不"存在的原因、找出它的因果呢？其实不然，作这样的"分析问题"，作用不外两个，一个是证明解决问题的必要性，再一个是为拿出解决问题的措施提供包括政策文件在内的理论依据。而这些，对于身为教育工作者、领导者的与会人员来说，谁又不是了然于心呢？再者说，大凡教育问题分析，由于业务性强，往往会造成外行听不懂、内行不爱听的尴尬局面。而像《对标》这样的讲话，如果硬要加个"分析问题"，也很难避免空洞说教、流于照搬文件、发号施令，最终不解决实际问题。

3. 语言的精致，不是让人听不懂

（1）使用两个现代汉语新词，其实是西方管理学概念。从讲话标题和正文开头一段中，听到"对标"和"短板"两个词语，一下子就产生与新时代同步的感觉。这是新版《现代汉语词典》收入的新词：对标，对照标杆或向标杆看齐；短板，比喻薄弱环节。但相信更多的与会者，听到这两个词语，能想到的，不是汉语词义，而是西方的木桶理论和对标管理。

（2）小标题剀切精警，凸显举措实施力度。主体3个小标题（上句）：矢志不渝守初心/突出均衡谋发展/强化师德抓作风。（除开头229字、结尾113字）对应的，主体三部分的用字量：234字、655字、860字，一路走高，到第三部分又列二级小标题：架设师德高压线/筑牢纪律防线/严守安全工作底线。三个部分，该长则长，能短则短，宽可走马，密不容针。像演奏一支催人奋进的乐曲，力度 f 强、ff 很强、fff 最强。

（3）炼句，炼字，措辞考究。讲话语言严谨规范：如"……透视泗阳教育，……审视泗阳教育"，"透视"和"审视"，义妥帖，音匀称，一点书面语味道，却是政论语体的庄重、谨严。形象化、生活化措辞如：咬定（用嘴）；紧盯（用眼）；扛起（用肩膀）。形象化、接地气措辞如：拉网式排查；划出……红线；守住……底线；顶格处理。专用词语社会化离合词、口头惯用语如：收好官、结好尾；落细落实；不细不实。在礼仪搏节上，三次提到上级："在县委、县政府前瞻引领下"，"以县委县政府……为统领"，"推动县委、县政府的决策……"，谦谦而有礼数，保持对上级的时刻响应，体现部门领导讲话与上级精神相契的语体风格。

六、作文题

1. 就某校或某集团公司××周年大庆，为领导写一篇讲话稿。

2. 以某主人的身份写一份酒会欢迎词。

第 7 章　法律诉状

7.1　起诉状

>>> **知识要点**

- 了解起诉状的含义
- 掌握起诉状的功用
- 掌握起诉状的文本格式（最高人民法院制定的样式）
- 理解起诉状的结构和内容方面的有关知识

>>> **能力要求**

- 能够运用相关的文体知识对起诉状例文进行简单分析
- 领会起诉状写作的方法及有关注意事项
- 学会写作起诉状

7.1.1　起诉状的定义

起诉状，是民事、行政案件的原告或刑事案件的自诉人向人民法院提起诉讼的书面材料。

诉讼案件有民事诉讼、行政诉讼、刑事诉讼、刑事附带民事诉讼。相应地，起诉状有：民事起诉状、行政起诉状、刑事自诉状、刑事附带民事诉状。

民事、行政案件的原告，为了维护自身的合法权益，向人民法院呈送的指控被告的书状即为民事起诉状或行政起诉状。起诉状或行政起诉状经有管辖权的人民法院受理后，将引起民事诉讼或行政诉讼，人民法院则依法按诉状中提出的诉讼请求审理案件，并最后做出裁决，以维护法律和有关当事人的合法权益。

刑事自诉案件的被害人或者其他的法定代理人为追究被告人的刑事责任，直接向人民法院提起诉讼时所使用的法律文书，称刑事自诉状。据有关规定，刑事自诉状用于三种案件：一是告诉才处理的案件；二是被害人有证据证明的轻微刑事案件；三是被害人有证据证明对于被告人侵犯公民人身、财产权利的行为应当依法追究刑事责任，而公安机关或者人民检察院不予追究被告人刑事责任的案件。

刑事案件的被害人或其他的法定代理人，提起诉讼、追究被告人刑事责任的同时，提出附带民事的诉讼，要求被告人赔偿因其违法行为而造成的经济损失所使用的法律文书称为刑事附带民事诉状。

7.1.2 起诉状的结构、内容和写作要领

起诉状分为首部、正文、尾部三部分。

1. 首部

首部包括标题、当事人基本情况。

1) 标题

只需写明"民事起诉状"或"行政起诉状""刑事自诉状""刑事附带民事诉状"。无编号。

2) 当事人基本情况

当事人是指与案件有利害关系的自然人或组织，包括原告、被告、第三人等。

基本情况包括当事人的姓名、性别、年龄、民族、籍贯、职业或职务，单位或住址。如当事人是企事业单位、机关团体组织时，应在原被告栏内写明单位全称、地址，再写法定代表人姓名、职务。当事人情况要依顺序写出。

先写原告。如原告人数众多，应依次写出；如有代理人，就在原告的姓名下一行写代理人，是哪个原告的代理人，就写在哪个原告的下一行。

再写被告。被告是二人以上的，依责任大小按次序排列。

最后写第三人。有几个就依次写几个。

2. 正文

正文按格式规定应写明诉讼请求、事实与理由、证据和证据来源，以及证人姓名与住址。并按上述三部分内容安排固定的层次结构。以下分别说明各部分的写法。

1) 诉讼请求

诉讼请求是原告要求达到的起诉根本目的。必须写得明确、具体。

民事起诉状的请求事项主要是写明请求解决具体的民事争议，明确双方的权利义务关系。如请求法院判令与被告离婚、判令被告支付货款等。

行政诉讼的请求事项主要写明对行政机关的具体行政行为的变更或撤销。如该行政行为对原告造成了损失，还应请求人民法院判令被告赔偿经济损失。

刑事自诉状的诉讼请求一般是请求法院追究被告人的刑事责任。如请求法院追究被告人的重婚罪。刑事附带民事诉状的请求，往往既包含追究被告人的刑事责任，又包含追究被告人的民事责任。

2) 事实和理由

这是起诉状的核心部分，包括两个部分：先叙述事实，再说明理由。即摆事实，讲道理。

（1）叙述事实。民事诉讼的事实：应写明原被告民事法律关系存在的事实，以及双方发生民事权益争议的时间、地点、原因、经过、情节和后果。一般以时间为序，既要如实地写明案情，又要重点详述被告侵权行为的后果。

行政诉状的事实：应写明行政机关具体行政行为过程中被告及其工作人员侵犯原告合法权益的事实经过、原因及结果。

刑事自诉状的事实：就是被告人实施犯罪的时间、地点、动机、目的、手段、情节以及

危害结果。如提起附带民事诉讼，还应写明被告人的行为造成原告人经济损失的事实。

（2）说明理由。就是依据法律法规对案件事实进行分析论证，来说明被告行为的违法性，同时说明原告行为的合法性。可分三步：一是对被告的违法事实进行概括归纳；二是将上述事实与有关法律条款联系起来并指明其违法性质；三是依据法律之规定重申和强调提出的诉讼请求。

3．尾部

按格式规定写明送达的规范用语，即"此致""××××人民法院"，"××××人民法院"另行顶格书写。次行写明所附"本诉状副本×份""证据材料"。文末在"起诉人"之后由本人签署，写明年月日。

7.1.3 注意事项

（1）刑事自诉状与民事、行政诉讼状的结构与内容基本相同，但要注意首部写法的区别。刑事自诉状中的当事人的称谓分别为：自诉人；被告人；并写明基本情况。若自诉人有法定代理人，则要在自诉人次行写明法定代理人的基本情况。正文的三项内容分别是：案由与诉讼请求；事实与理由；证据和证据来源、证人姓名、住址。它比起民事、行政诉讼状，只在"诉讼请求"一项中加了"案由"；在尾部，将"起诉人"改为"自诉人"。

（2）诉讼请求要明确，不能模棱两可；请求关键要合法，要从保护自己合法权益不被侵害出发，不能漫天要价。叙述事实一般以时间为序，要具体完整，要言不烦，既要体现过程的全貌，以支持诉讼请求，又不能事无巨细、罗列堆砌。

范文精选一（民事案由 离婚）

民事起诉状

原告：张×莉，女，26岁，汉族，四川省忠县人，××市××局供销社职工，住××市市中区××村×号。

被告：付×光，男，31岁，汉族，河南新乡人，××市××社职工，住××市市中区桂花园×号。

请求事项

一、解除原、被告的婚姻关系。

二、孩子由原告抚养，由被告每月给付300元抚养费。

事实和理由

我与被告20××年7月经人介绍认识，20××年12月结婚。婚前，由于被告认为我个子矮小不漂亮，感情基础就不太好。婚后，由于他重相貌的思想作怪，总对我不满意。他不愿和我走在一起，认为我给他丢面子。为此经常无故发脾气。在我们婚后3个月时我怀了孕，他却提出要离婚。晚上他借故打我耳光、骂我，逼我在他写的离婚书上签字，否则就不准我睡觉。想到肚子里的孩子，我只好答应等孩子生下来就和他离婚。被告的行为严重地刺伤了我的自尊心，造成了我们感情恶化。被告的夫权思想极为严重，家里一切事都由他说了算，叫我干啥就得干啥，不然就要动手打人。今年3月27日晚，为了给孩子办免疫证，需要户口本，而户口本又被他弄丢了。他到处找也找不着，就拿我出气。没和我说几句就打了一耳光。接着,拳脚交加,打得我牙齿松动出血,浑身青紫,右眼充血,半张脸青肿。打完后他命令我上闹钟,不上就不准睡觉。我气得放声痛哭,他不准我哭。我夺门往外跑,他拦住我说:"你这种人服打才听话。"今年7月27日晚,被告从他父母处回来,为了一点小事又打骂我。我70多岁的外婆实在看不下去,批评被告不对。被告马上拍桌子辱骂外婆。一直骂到12点多,外婆忍受不了,流着眼泪,拖着病体,抱着换洗衣服走出家门。被告又抓住我打闹到凌晨4点钟,他叫我滚,我只得穿着内衣裤和拖鞋去一位同事家投宿。早晨6点多钟,被告把8个多月的孩子(未吃东西)甩到我单位收发室的桌子上,转身就走。周围的群众对这种行为无不愤慨。以上仅是被告若干虐待行为的几件,我的邻居和同事们都可以做证。

我认为夫妻之间本应该互相尊重和关怀,共同担起家庭的重担。可是我与被告结婚两年,得到的只有痛苦。虽然领导和同志们多次调解,但被告并无悔改的诚意。正如他自己所说:"只要你听话就好说,否则就是要给你点厉害尝尝。我这个人从来没有什么家庭观念。"被告作风粗暴,缺乏起码的道德和教养。他肆意虐待我又没有任何悔改之意。事实证明我们已无法共同生活下去。我坚决要求与被告离婚。

关于子女和财产问题,我有如下要求:鉴于被告的品质和作风恶劣,孩子由我抚养。被告付抚养费每月300元,直至孩子成人(被告月工资收入近千元)。双方共同生活期间的存款1.2万元及被告婚前的财产和全部个人生活用品均由他带走。家具和其他生活用具归我和孩子。在问题未解决前我回桂花园×号居住,被告暂时回其父母处。

根据我国《婚姻法》第二条、第三条、第九条、第二十五条的有关规定,我请求法院早日判决我与被告离婚。

鉴于被告对我的虐待已达到相当严重的程度,我已向被告单位控告,请求给予被告行政处分,并保留要求法院追究其刑事责任的权利。

此致
××市市中区人民法院

附件:本诉状副本×份(略)

起诉人:张××
20××年10月19日

范文精选二 (刑事案由 故意伤害)

刑事附带民事自诉状

自诉人:唐××,男,1955年6月3日出生,汉族,××省××县人,农民,住××县××乡××村。

委托代理人:谢××,××县律师事务所律师。

被告人:黎××,男,1956年8月10日出生,汉族,××省××县人,农民,住××县××乡××村。

诉讼请求

被告人黎××犯故意伤害罪,请求人民法院依法惩处其犯罪行为,同时判处其赔偿自诉人经济损失4 000元。

事实与理由

20××年10月5日，我与被告人黎××因生活琐事发生过争吵，当时他没争赢。同年11月1日，被告人黎××挑粪去菜地，途经本村荷叶塘时，见我在此犁田，顿起报复之心，当即放下粪箕，手持扁担跳下田里，朝我打来，我急忙用左手挡，被击中左臂。在场村民易××见状，上前劝阻，才平息了事态。我的伤情经法医检验鉴定为：左前臂软组织挫伤，左桡骨骨折。有法医鉴定书佐证。住院治疗15天，用去医疗费1 500元，陪护费50元，误工费1 500元，营养费500元，共计人民币4 000元，有××医院的正式发票和郑××、吴××、陈××等人证实。

被告人黎××无故使用扁担将我打伤，侵犯了我的人身权利，其行为触犯了《中华人民共和国刑法》第234条第1款和第36条第1款的规定，构成故意伤害罪，其犯罪行为给我造成了一定的经济损失。为了维护我的合法权益，依据《中华人民共和国刑事诉讼法》第18条第3款，第70条第1款、第2款和第77条第1款之规定，特向你院起诉，请依法追究被告人黎××的刑事责任，并判处其赔偿我的经济损失4 000元。

此致

××县人民法院

附件：

1. 本诉状副本1份。
2. 法医鉴定书1份。
3. ××县人民医院发票×张。

自诉人：唐××

20××年×月×日

7.2 上诉状

>>> 知识要点

- 了解上诉状的含义
- 掌握上诉状的功用
- 掌握上诉状的文本格式（最高人民法院制定的样式）
- 理解上诉状的结构和内容方面的有关知识

>>> 能力要求

- 能够运用相关的文体知识对上诉状例文进行简单分析
- 领会上诉状写作的方法及有关注意事项
- 学会写作上诉状

7.2.1 上诉状的定义

上诉状是原告、被告不服一审判决和裁定,在法定上诉期限内,向原审法庭的上一级法院提出要求改判的诉状。

上诉状是引起二审的法律文书,对推动二审法院依法改正错判或维持正确裁决有着重要的作用。上诉状有民事上诉状、行政上诉状、刑事上诉状三种。

民事上诉状,是指民事案件当事人或者其他法定代理人不服一审法院的民事判决、裁定,在上诉期限内要求上一级法院进行审理、撤销、变更原判决、裁定的书面请求。

行政上诉状,是指当事人或者其他法定代理人不服一审行政判决、裁定,依法要求上一级法院撤销或变更一审判决的书面请求。

刑事上诉状,是指刑事案件当事人或者其他法定代理人或者刑事被告人的辩护人或者亲属,经被告同意,不服一审法院的判决、裁定,依法在上诉期限内要求上一级法院撤销或变更原判决、裁定的书面请求。

7.2.2 上诉状结构、内容和写作要领

上诉状由首部、正文、尾部三部分组成。

1. 首部

1) 标题

标题在第一行居中写明"民事上诉状"或"刑事上诉状"或"刑事附带民事上诉状"或"行政上诉状"。

2) 上诉人和被上诉人的基本情况

这一项写明上诉人和被上诉人各自在一审中的诉讼地位。如"上诉人××(原审被告)""被上诉人××(原审原告)""上诉人××(原审第三人)"等。

当事人是自然人的,写明其姓名、性别、年龄、民族、职业或工作单位和职务、住所(或常住地);当事人是法人、个体工商户、合伙人的,写明其名称、负责人姓名、性别、年龄、职务、民族、住所等。

有法定代理人或指定或委托代理人的,应列项写明其姓名、性别、职业或工作单位和职务、住所,并在姓名后括注其与当事人的关系。委托人是律师,只写明其姓名、工作单位和职务。

3) 案由

案由一般由过渡性的、程式化的文字组成。在当事人基本情况下面,另起一行写明案由、原审人民法院的名称、原审判决或裁定的时间、文书编号、文书名称。

可以表述为:"上诉人因××××(写明案由)一案,不服××人民法院×年×月×日×字第×号(写明判决或裁定),现提出上诉。上诉的请求和理由如下"。

2. 正文

正文只要求写明上诉请求和上诉理由两部分。

1) 上诉请求

上诉请求是上诉人对第二审人民法院审理提出的要求。如"要求二审法庭撤销原判,改判×告赔偿×告××、×××、××"等。

上诉请求是针对第一审人民法院的判决和裁定，而不是针对被上诉人的。上诉请求的内容，应当概括、准确，要指出一审判决的不当之处，请求二审法院撤销、变更一审的判决或裁定，或者要求重新审理，上诉请求必须明确、具体。

2）上诉理由

上诉理由是上诉状的核心内容。主要是写明上诉人不服一审裁判而提出上诉的依据。写好上诉理由，是二审能否改判、达到上诉目的之关键。

首先，必须具有鲜明的针对性。就是要针对一审裁决的事实认定有无错误、法律适用和程序上有无不当等提出自己的主张。在上诉人看来，一审裁判在认定事实上不实，或不清、不准，或者认定的事实全部错误时，上诉人就可以根据具体情况，有针对性地反驳一审法院的错误认定；如认为一审认定的事实无误，但在适用法律上不当时，应当找出适用法律不当的关键所在，明确指出错误引用的具体条款并说明原因，同时说明正确适用法律的依据；如原审裁决有违反诉讼程序的，就要明确指出错误环节或不妥之处。这样一一指陈，有的放矢，将有利于二审法院进行全面的、正确的重审。

其次，必须据实依法进行说明反驳。就是坚持"以事实为根据，以法律为准绳"的原则。正确的裁判必须建立在准确认定事实的基础上。在原审裁判认定事实上不实，或不清、不准，或者认定的事实全部错误时，就必须陈述正确的事实，举出有关的证据，摆明其中的道理，提出上诉理由。无论哪类性质的案件，如果事实不清，都可以据此提出上诉。

3. 尾部

尾部是例行的送达用语"此致""××中级人民法院"；上诉人的全名，加上诉人章印；法定代表人或主要负责人签名或盖章。注明提出上诉的年、月、日；写明附项，本上诉状副本××份、物证××件、书证××件。

7.2.3 注意事项

（1）要注意诉讼程序方面的问题，对一审有一个整体观照。不能只盯住判决结果，先要看全程，如果运用程序上出现了问题，就不可能有正确的事实依据，也不可能做出正确的判决。比如应当回避的人员而没有回避、应当传唤新的证人而没有传唤、证据应经过相互质证而没有质证等。要一一指明问题出在何处。

（2）要注意正文的逻辑层次，有驳论，也要有立论。可以先摆出不服的论点，摆一点驳一点；也可以先对一审判决或裁定进行归纳，再有针对性地进行集中反驳。无论怎么驳，都要在反驳过程中同时阐明自己的观点和主张，以达到上诉的目的。

（3）要善于摆事实，讲道理。作为事实证据，必须实事求是，真实可靠，经得起二审法院的调查核对，绝不能随意歪曲或捏造事实；讲道理援引法律条文要有的放矢，紧紧围绕上诉人不服一审裁决中的论点，不能盲目地、不着边际地陈述无关紧要的事实和理由，以确保反驳论证有理、有据、有力，合情、合理、合法。

范文精选一（民事上诉）

民事上诉状

上诉人李××，女，34 岁，××省××市人，××市××印刷厂工人，住本市××胡同×号。

被上诉人丁×，男，36岁，××省××市人，××市××厂工人，住本市××胡同×号。

上诉人因丁×要求离婚一案不服××市××区人民法院（××）民字第××号判决，现提起上诉。

上诉请求

一、撤销原判；

二、判决驳回丁×的离婚请求。

上诉理由

原判决认为：双方婚姻由父母包办，并无感情基础。婚后不久，双方因家庭琐事，不断争吵。近年来，女方毫无根据地怀疑男方心有别恋，经常到男方工作单位吵闹，影响工作，双方感情日益破裂。男方迁居单位宿舍，分居已两年。现男方提出离婚，调解无效。经调查，证实双方感情已完全破裂，无法和好，因此，判决准予离婚。

上诉人认为原判决认定的事实和理由错误。我与被上诉人结婚，虽由双方父母做主，但订婚后，不断约见，彼此印象都好。结婚时，被上诉人欢天喜地，绝无异议，有亲友做证。这怎么能认定无感情基础呢？父母做主，必然无情，这是形而上学，不能成立。我们结婚12年，生了两个孩子，家庭和睦，只是近几年来被上诉人在经济上和生活上对上诉人和子女照顾不够，时有争吵。但就争吵的内容来说，毕竟是"家庭琐事"，原判决也作此认定。因琐事而判决离婚，于法无据。至于到对方单位反映情况，方式上或有欠妥但目的却是从根本上解决问题，为了和好，原审据此作为判离理由，未免武断。至于上诉人认为被上诉人心有别恋，也不是原判中所说的"毫无根据"。早在3年前上诉人已发现被上诉人与王某关系暧昧，后经多方了解，并有周围同志及邻居证实，他们的关系确已超出正常的范围。特别是被上诉人对上诉人的态度日趋恶劣，用心显见。去单位反映，既是为了家庭，也是为了使被上诉人不致越陷越深，铸成大错。

根据上述事实和有关法律规定，将请二审法院撤销原判，予以改判。

此致

××市××区人民法院转送　××市中级人民法院

附件：上诉状副本×份。

上诉人：李××

20××年×月×日

范文精选二（刑事上诉）

刑事上诉状

上诉人：陈×，男，35岁，××省××县人，汉族，被捕前系××市五金厂干部，住本市中华路×号，现在押。

上诉人因危害国家安全一案，不服××市中级人民法院（××××）×刑初字××号判决，现依法提起上诉。

上诉请求

上诉人认为，我的罪行应按盗窃罪酌情判处，绝不应以危害国家安全罪判处重刑。为此，请求重新审理。

上诉理由

一、一审判决认定的事实，部分有出入。一审判决认为："被告人思想反动，一贯散布仇视社会主义制度的反动言论,并向往资本主义社会,一心想逃往外国。"根据是:上诉人于19××年间,曾和李某、王某等说过"社会主义的生产管理不如资本主义"等话,以及在日记中写有"中国人没有充分的思想自由,不如资本主义国家对人的思想限制较少"等类语句。但是我对李、王所说,以及日记中的话,都是针对具体事件而言的,不应断章取义。至于一心想逃往外国,更是无稽之谈,毫无事实根据。同时,根据既往的思想定罪,于法无据。

二、一审判决认定的犯罪的性质不当。上诉人从19××年起,经常出差,因在外赌博输钱而起意偷窃。19××年5月6日,出差武汉时,在××宾馆偷走不知姓名旅客的普通行李包一个。回到单位后,打开一看,除一些日用品外,还有三个本子和一张图纸,上面尽是看不懂的线路图和符号,都盖有"绝密"字样。当时十分惊慌,但又不知如何处置为好,遂将"绝密"文件存入箱内,一直未敢动。同年5月16日,上诉人在码头候船回家,使用了那只偷来的行李包,经公安人员查问,上诉人当即坦白了偷窃事实,交出"绝密"文件。

一审原判认定上诉人犯了"偷窃军事机密情报,企图伺机资敌"的危害国家安全罪,主要是根据"上诉人思想反动,一贯散布反动言论"这一被夸大了的事实,联系上诉人的偷窃行为而推出的错误结论。其实,上诉人在针对国有大中型企业的体制改革问题所说的那些话,同犯偷窃罪之间没有任何因果关系。一审推论是不恰当的。至于"偷窃军事机密,伺机资敌"的认定,更是无据。因为上诉人在作案前并不知哪里有"军事机密",因而绝无"偷窃军事机密"的动机和准备。事后又没有利用"绝密"文件做任何"伺机资敌"的活动,只是因惊恐而藏匿罢了。这怎能证明上诉人怀有资敌的目的呢?一审判决认定的犯罪性质,显然不当。

三、一审判决量刑过重。由于一审判决对上诉人犯罪事实的认定有误,对犯罪性质的判断不当,因而判处上诉人有期徒刑15年,并宣布刑满后剥夺政治权利5年,实属过重。

为此,特向你院上诉,请求重新审理。

此致
××市高级人民法院

上诉人:陈×
××××年×月××日

7.3 申诉状

>>> 知识要点

- 了解申诉状的含义
- 掌握申诉状的功用
- 掌握申诉状的文本格式(最高人民法院制定的样式)
- 理解申诉状的结构和内容方面的有关知识

>>> **能力要求**

◆ 能够运用相关的文体知识对申诉状例文进行简单分析
◆ 领会申诉状写作的方法及有关注意事项
◆ 学会写作申诉状

7.3.1 申诉状的定义

申诉状主要是指刑事公诉案件的被告人、刑事自诉案件的自诉人、被告人等因不服已生效的裁定而向司法机关（人民检察院或人民法院）递送的、要求按审判监督程序引起再审的书状。

当然各类案件的当事人在提出有关诉讼的其他申诉要求时，也可使用此种文书。如申诉有理，就会为司法机关所受理，并对引起再审或做出相应的处理具有重要意义。

7.3.2 申诉状的结构、内容和写作要领

申诉状由首部、正文、尾部三部分组成。主要内容有申诉人及被申诉人的基本情况、案由、申诉请求、申诉理由、接受申诉机关的名称、日期、申诉人及附项。

1. 首部

1) 标题

在状纸的第一行居中写明"申诉状""民事申诉状""刑事申诉状""行政申诉状"等，字体略大。

2) 申诉人、对方当事人、被申诉人的基本情况

当事人是自然人的，写明其姓名、性别、年龄、职业或工作单位和职务、住所；当事人是法人或法定代表人的，写明法人名称、姓名、职务、住所；当事人是个体工商户的，写明业主的姓名、性别、年龄、民族、住所，起有字号的，在姓名后括号注明"系××字号业主"。

有法定代理人或指定代理人、委托代理人的，应列项写明其姓名、性别、职业或工作单位和职务、住所，并在姓名后括注其与当事人的关系。如果委托人是律师，则只写其姓名、工作单位。

3) 案由

按以下规定格式书写：

"申诉人×××对×××人民法院××年×月×日（   ）××字第×号　　（判决或裁定），现提出申诉。"

2. 正文

1) 请求事项

请求事项要求明确、具体。申诉人应简明扼要地把自己的要求和所要达到的目的，清楚地写出来。明确提出要求撤销、变更原裁定或要求重新审理。

2) 事实与理由

这部分是申诉状的核心部分。要求在说明事实的基础上，充分阐述提出申诉的理由，实

际上是对原生效的裁决提出反驳。必须做到事实有据可证、无可辩驳，理由有法可依、无懈可击。因为引起再审往往要经过司法机关的层层复查，证实确有再审的充分理由，而且一旦引起再审，通常要推翻原审裁决。如无确凿的事实根据和充分有力的理由，是难以发挥申诉书的实际效用的。

摆出能够说明原审裁判不正确的新的事实，并列出新的证据，以证明申诉有据。突出地运用人证、物证、书证，在使用客观事实的前提下，再适用恰当法律，讲出充分的理由，通过论证来说明自己主张的正确性。同时，可以抓住原审裁决中认定事实的错误或适用法律的不当，来反驳原审的不当裁决。

3. 尾部

尾部的写法与上诉状基本相同。依次写明：

（1）写明致送的机关，分行写"此致""××人民法院"。
（2）申诉人签名盖章，注明具状时间。
（3）附项：本状副本××份；物证××件；书证××件。

7.3.3 注意事项

1. 要提供足以说明申诉理由的事实及其物证和书证

对主要事实的陈述需真实、准确，情节要全，对原裁决有影响的次要事实也应列明，使受理的法院对案情的事实有全面的了解。如果原裁绝不是依据全面事实裁决的，经过对照也可以帮助有权提起审判监督程序的机关提起审判监督程序。为了说明申诉事实的真实性，申诉人应将与请求目的相符的人证、物证、书证明确列出，具体说明。

2. 对原审裁决认定的恰当之处不应反驳

申诉的事实确属客观实际，不可作虚伪的陈述。原裁决认定恰当之处，应承认其恰当而不应反驳，原裁决所认定的事实确实不当，应当用事实加以澄清；如果原裁决所认定的事实失实或裁决确有不妥，经过对照，也容易比较出来。

3. 对法律适用情况有瑕疵的要阐明正确适用的法律

在对法律的适用情况上，如果原裁决所适用的法律不当，申诉人应在申诉状中阐明正确适用的法律；如果原裁决严重违反诉讼程序，申诉状要具体说明正确执行诉讼程序的做法和法律规定。援引法律条文时，要全面、具体。

范文精选一（民事申诉）

民事申诉状

申诉人：张××，男，41岁，汉族，湖北省××县人，现无职业，在濯港镇租屋住。

被申诉人：杨××，女，42岁，汉族，湖北省××县人××县房地产综合开发公司职工，住××县职业高中。

案由

申诉人因被申诉人杨××诉其房屋租赁返还转让费纠纷一案，不服××县人民法院做出和已生效的（20××）梅法城民初字第538号《民事判决书》之判决，认为其确实存有错误。曾向××县法院提出申诉，××县法院以（20××）梅法民字第5号《驳回申诉通知书》驳回申诉，现特向中级人民法院提出申诉，请求中级人民法院依法直接提审此案，终止本案执行，依照审判监督程序，直接对本案进行审理。具体请求如下：

请求事项

一、驳回杨××诬告申诉人的起诉。

二、判令杨××赔偿因其诬告诉讼，执行申请造成申请人的损失费用3 000元。

三、责令杨××公开向申诉人赔礼认错，消除不良影响。

四、判令杨××承担本案申诉人支出的诉讼费用1 000元。

××县人民法院（20××）梅法城民初字第538号《民事判决书》存有下列错误。

事实与理由

一、错列被告。申诉人不是本案的被告人，因为杨××与申诉人从未发生门店租赁关系，双方根本不存在权利和义务的法律关系，申诉人曾多次在送达回证上明确表示与杨××无任何关系，而法庭置之不理，不知有何依据。

二、原审判决申诉人返还杨××门店转让费10 000元，是没有事实根据的，纯属原告人杨××虚构事实，杨××与申诉人既然不存在房屋租赁关系，哪来的返还门店转让费呢？即使是杨××提供的货物清单，亦不能自圆其说，更不能证实杨××与申诉人之间有任何法律关系存在的事实，因此，(20××)梅法民字第5号《驳回申诉通知书》理由是不能成立的。虚构事实是非法的，不能作为法律依据，因而判定申诉人返还门店转让费是错判，应予撤销原判。

三、原审接受杨××申请执行，更是错上加错，查封申诉人的住房，非法拘留申诉人之妻，使申诉人全家老小六人无处居住，只能在外租屋栖身。租我家房屋的店主，也被封逐走，给申诉人造成重大经济损失，杨××应负责赔偿。同时原审两次搜查，将我家现金350元没收，既无扣押清单又无收款凭证，应予返还。

据上所述：杨××虚构事实致使原审判定事实确有错误，错列被告，申请执行查封，侵犯了申诉人及其他共有人的合法权益，使申诉人蒙受重大经济损失和精神创伤，杨××对此应承担全部赔偿责任。为维护申诉人合法权益，依据《中华人民共和国民事诉讼法》第178条之规定，特向××市中级人民法院提起申诉，请求中级人民法院依法提审改判，依法准予所请。

此致

××市中级人民法院

申诉人：张××
20××年×月××日

范文精选二（刑事申诉）

刑事申诉状

申诉人：杨××，男，××岁，×族，××县人，初中文化程度，20××年×月××日被逮捕。被捕前系××市第一橡胶厂工人。

案由

本申诉人（被告）因与王×流氓一案，经××省高级人民法院于20××年××月××日以法刑一核字（20××）第228号刑事判决书"核准××市中级人民法院20××年×月××日（××）刑上一字第6号以流氓罪判处杨××死刑，缓期二年执行，剥夺政治权利终身的刑事判决"。原判认定事实和论罪定刑，均有欠当，特提出申诉。现将申诉的理由和请求分述如下：

请求事项

请求按照审判监督程序、对申诉人予以提审改判,依法从宽处理。

事实与理由

(一)原判认定:"20××年××月×日晚,王×、杨××为首纠集江×、李×、尹××、潘××(均已判刑)等20余人,携带剑、棍、气枪等凶器砸抄石×苗家。"事实上,那天晚上是张×军来通知我到石家去的,并不是我"为首纠集";同时,我因为与石×苗的父母相处关系很好,去后,为了敷衍王×等人,只拾了一块砖头砸了石家的玻璃窗户,没有砸中任何人,就借故和江×一道走了,此事有张×军和江×两人可以做证。

(二)原判认定:"同年×月××日晚,在杨××提议下,王×,刘××等人殴打了工人陈××。"这与事实完全不符。当晚,我在路×义家吃晚饭,后在回家的路上,是李×提出去打陈×的,我未作声,正好遇到陈×来了,李蹿上去抓住陈打成一团,我既未"提议",也未动手打陈×。只因我当时跌倒,被陈一伙围住,迫于无奈,才用水果刀刺了陈×,这是属于正当防卫行为,不能认为构成犯罪。

(三)原判认定:"20××年×月××日,杨××与祁×等人打伤郑×波头顶部。"事实上,×月××日晚,我与刘×征到矿务局看电影,途中,看到蒋×永等人追赶郑×波。此事完全与我无关。

(四)原判认定:"20××年×月×日晚,在杨×× 指使下,龚×斌开散弹枪击伤王×元,四粒子弹穿透了肺部。"这也不符事实。原来我和刘×斌,杨×在矿务局冷饮室,龚×斌来找我们帮助他运两袋瓜子回家,运好后,我和张×军到王×田家喝酒。酒后,在回家的路上,龚提出要去打王×春。到了王家,见到一人从屋里出来,龚举枪要打,我劝他不能乱打,他说:"不管是谁,我都打。"此时,我捡砖头砸了王家窗户的玻璃就走了。我离开现场后才听到枪声,杨×、刘×斌可以做证,此事认定是我"指使",纯属冤枉。

(五)原判认定:"20××年×月××日,杨用刀捅伤油库工人夏×民的臀部。"其具体经过是:当时我和钮×贵在等候乘汽车,夏×民和钮×贵不知为何扭打起来,我上前劝解,夏照我的脸上打了一拳,于是,我接过钮的刀,刺伤了夏的臀部,纵然构成伤害,也只能算作防卫过当。

综上所述,原判认定申诉人所进行的5次犯罪活动,其中有两次我只动手砸了人家窗户玻璃,并未伤人,没有造成严重后果;用刀刺伤两人的问题,一次属于防卫过当,另一次则是正当防卫;其余一次所谓打伤郑×波一节,则完全与申诉人无关。由此可见,申诉人参与聚众斗殴,寻衅滋事,在进行流氓犯罪活动中,只是处于从犯地位,并非首要分子。原判援引《中华人民共和国刑法》第160条第1款之规定,作为处刑根据,足以说明承认申诉人并非首要分子。而在认定事实部分,有一处却又说我"为首",不免前后矛盾。另外,原判引用了全国人大常委会《关于严惩严重危害社会治安的犯罪分子的决定》第1条第1项,这一项规定"流氓犯罪集团的首要分子或者携带凶器进行流氓犯罪活动,情节严重的,或者进行流氓犯罪活动危害特别严重的;可以在刑法规定的最高刑以上处刑,直至判处死刑。"而申诉人并非首要分子,且犯罪活动及其后果又不是"情节严重的",更不是"危害特别严重的",因此,不适用《中华人民共和国刑法》第160条第1款规定的最高刑7年以上处刑。故原判对申诉人论罪处刑不当,请求按照审判监督程序予以提审改判,依法从宽处理。

此致

××省高级人民法院

　　　　　　　　　　　　　　　　　　申诉人：杨××
　　　　　　　　　　　　　　　　　　20××年××月××日

7.4　答辩状

>>> 知识要点

- 了解答辩状的含义
- 掌握答辩状的功用
- 掌握答辩状的文本格式（最高人民法院制定的样式）
- 理解答辩状的结构和内容方面的有关知识

>>> 能力要求

- 能够运用相关的文体知识对答辩状例文进行简单分析
- 领会答辩状写作的方法及有关注意事项
- 学会写作答辩状

7.4.1　答辩状的定义

　　答辩状是民事或行政案件的被告或被上诉一方，针对原告或上诉方的指控，进行有理有据的答辩的书状，称民事案件或刑事案件的答辩状。

　　据实依法的答辩状，就会对法院查明纠纷事实、依法做出公正裁决有着重要的参考作用，同时呈送答辩状也是被告或被上诉方维护合法权益的重要诉讼权利。

7.4.2　答辩状的结构、内容和写作要领

1. 首部

1）标题

标题写明"民事答辩状"或"行政答辩状"或只写"答辩状"。

2）答辩人的基本情况

答辩人为公民的，写明答辩人的姓名、性别、年龄、民族、籍贯、职业或职务、单位或住所；有代理人的（注明法定代理人、指定代理人、委托代理人），写明代理人姓名、性别、年龄、民族、籍贯、职业或职务，单位或住所。是法定代理人，要写明其与答辩人的关系；是委托律师代理，要写明其姓名、工作单位和职务。

3）案由

按照最高人民法院制定的《法院诉讼文书样式（试行）》规定来写："因……一案（写明原被告姓名和案由），提出答辩如下"。

2. 正文

这是答辩状的核心部分。但没有规定具体的内容、项目。实际上就是在"提出答辩如下"之后，写明答辩内容。这个内容就是，有什么需要答辩的内容，就写什么答辩内容。总之，从三个方面来考虑。

1) 就事实和证据进行答辩

对原告或上诉方所写的事实和所提供的证据是否真实、是否符合实际情况表示意见。如果所诉事实全部不能成立，就全部予以否定；如有部分不能成立，就对部分予以否定，并提出客观真实的事实证据来加以证明。一定要实事求是，绝不能歪曲或隐瞒事实真相，同时要善于列举与原告或上诉方相反的证据来证明其所述事实不能成立，这些证据，主要是能直接与原告所提出的证据相对抗的证据，也是足以否定原告所述事实的证据。但不能凭空捏造。

2) 就适用法律方面进行答辩

确认适用法律方面有无不当，主要还是看对事实方面的认定。事实如果有出入，当然就会引起适用法律上的改变，论证理由可以从简；事实如果没有出入，而是原告对实体法条文理解错误，以致提不出合理要求的，就要据理反驳。在程序方面，如果原告或上诉方违反诉讼法的有关规定，并不具备引起诉讼发生和进行的条件，则可以就适用程序法进行反驳。

3) 就原告或上诉方的请求提出自己的答辩主张

在提出事实、法律方面的答辩之后，引出自己的答辩主张。对原告或上诉方的请求提出意见，明确自己是完全不接受还是部分不接受。并对本案的处理依法提出自己的主张，请求法院裁决时予以考虑。

3. 尾部

写明送达用语"此致"和"××人民法院"；答辩人签名盖章，注明递交日期。附项包括本答辩状副本×份、物证×件、书证×件。

行政案件答辩状的首部与供法人或其他组织用的答辩状基本相同，答辩人情况部分只写姓名、住址、电话三项；代表人则写姓名、职务、电话三项。

7.4.3 注意事项

1. 要有针对性，即必须针对原告方或上诉方的指控

针对对方诉状的诉讼请求进行驳辩，指出对方事实与适用法律在法理逻辑上的失当；针对对方不实之词进行反驳，指出所述事实的失实必然导致错误的结论；针对对方举证错误进行反驳，指出所举证据的虚假必然导致错误的判断；针对对方理由论证的错误进行反驳，指出对方的观点与材料相矛盾导致立论缺乏条件基础。

2. 要具有一定的反驳性

反驳就是说出自己的理由，来否定对方跟自己不同的理论和意见。运用反驳阐述答辩理由，就是抓住对方所陈述的错误事实、所引用法律上的错误，作为反驳的论点，列举出客观真实的事实、恰当的证据，作为反驳的论据，进行推理论证。

3. 要有立论，亮明自己的主张和看法

使用立论的方法，就是在阐明答辩意见时，根据可靠的事实和充分的理由，从正面提出

对诉讼事实争执焦点的主张和看法。答辩意见是从整个事实中经过归纳、提炼出来的，它作为答辩人自己的观点，也是自己提出的论点，论据就是用客观事实作为事实论据、用适用法律作为理论论据，以支持论点的成立。

范文精选一（民事答辩）

民事答辩状

答辩人：黄××，男，40岁，汉族，住址：××市××区，单位：××市××局。

因20××年×月×日收到××市××区人民法院送达的原告××区服装一厂所诉建房纠纷一案，现依法答辩如下：

原告在诉状中指控答辩人拆毁了原告建筑物，要求我"承担一切损失"。事实是，原告因翻修厂房，在我自有房后施工，准备盖两层楼的建筑。原告施工的南墙与我的北墙相邻，距离仅70厘米。我的住房是两层的楼房，上下各3间小筒子房。第一层只有80厘米见方的一个窗子，与原告计划修建中的男女厕所窗子基本相对。因此，原告建筑物将会遮住我室内的光线，建成后的厕所将会污染我室内的空气。为此，我多次与原告交涉，但原告根本不予考虑，仍然继续施工。我出于不得已，才拆除了原告南墙的东段（约一米长）。如果原告接受我的建议，双方平等协商，根本不会发生此事。由于拆墙事件是由原告的无理行为引起的，因此，我不同意原告的指控，也绝不承担任何"损失"责任。

原告还指控我"纠缠领导，无理取闹，影响正常施工"。这是掩盖事实真相的不实之词。原告计划施工中的二楼是一个车间，今后将安放几十台电动缝纫机，我楼上两个窗子正好与车间相对，一旦开工生产，每天至少是两班倒，巨大的噪声将使我家日夜不得安宁，遭受不可避免的损害。我就此向原告反映意见，原告根本不予理睬，这怎么是我"无理取闹"？

原告以建筑图纸已经市规划局批准，不可随意更改为由，要求法院支持其诉讼请求。我认为这条理由是站不住脚的。规划局仅是就原告的建房请求进行审查，未必充分考虑了我可能因此而遭受的损害。凡事总要周到备至，确有不妥之处，为什么不可以通过适当的途径请求规划局做出修改呢？退一步讲，若图纸修改有困难，施工仍需按原方案进行。那么，原告也可以通过调换搬迁等办法来合理解决我的困难，这也是我向原告建议的解决办法之一。原告以"规划局已批准"为借口，连这样的建议也断然拒绝，可见其毫无解决问题的诚意。

建造房屋，尤其是建造车间、厕所等应考虑到不污染环境，不影响他人的正常生活，不损害他人的健康。否则就侵犯了他人的合法权益，应当负相应的民事责任。

综上所述，我请求法院维护我的合法权益，要求原告改变建房设计或者为我调换相当的住房。

此致
××市××区人民法院

答辩人：黄××
二〇××年×月×日

范文精选二（行政答辩）

行政答辩状

答辩人：××市林业多种经营管理局，××市×街×号。

法定代表人：李××，副局长。

因原告张××指控我局所作《（19××）×林罚字第×号处罚决定》对其处罚不当一案，

提出答辩如下：

××市郊松山林区发生火灾的情况：

××市北郊松山林区为一国营林区。××市已有多次发布禁止游人在松山林区野炊、玩火等文告。特别在冬春干燥少雨季节，更是严格禁止游人组织各种活动。今年春季，并由林业多种经营管理局会同公安局、教育局共同发布通知，禁止学生去松山组织春游，以防发生火灾。××市××中学也在学校广播中和教职员大会上将上述通知予以全文传达。但该校××学员依然违反规定，利用假日私自组织学生去松山春游。作为班主任的张××，不但不加劝阻、制止，反而出资支持帮助，并亲自参加，这实际已成为此次违纪违法去松山林区春游的组织者；在春游中又公然与学生一起搞野炊、烤鱼煮饭，当学生李××肆意玩火时又不加管束制止，终造成此次火灾，致过火面达 667 公顷之多，烧死幼树 1 000 多株；加上紧急动员附近工厂农村群众等参加救火人员 300 多人的半天的奋力扑救工作，使用汽车 8 辆，共为国家和集体造成直接经济损失达 3 000 余元，并给××市造成了极为恶劣的影响。

事后，我局会同公安局、教育局对此次事件的责任人员分别做了处理。除直接肇事者××中学高二学生李××已被公安局拘留外，对××中学的张××做出了处以罚款 50 元的处罚决定，并责令其通过此次事件做出深刻检查，并建议学校给予应有的校纪处理。

但是××中学张××，不但不服处罚还向人民法院对我局提起行政诉讼，要求撤销处罚决定。还歪曲事实地谎称，他并非此次春游活动的组织者，并积极地参加了救火活动，对他的处罚属于处罚不当，构成侵权。现就张××在诉讼中对我局的指控和狡辩做如下答辩。

一、张××称，他仅仅是此次活动的被邀请者，而非组织者。张××身为××中学高二×班的班主任，是对该班学生负有行政责任的教师，特别是对学生班集体的活动，应成为负有指导责任的校方代表。学生组织该班参加政府明令禁止的活动，作为班主任本应明确表态制止，而现在张××不但不加以制止，还出钱资助，亲自参加，这实际已成为此项违纪违法活动的组织者和支持者。因此张××对于这次发生火灾的恶果负有不容推卸的法律责任。

二、张××在诉状中自称，在火灾发生后曾"亲自率领学生积极扑火"。此点也与事实根本不符。火灾发生后，曾有三名同学积极参加扑救，但火势越烧越旺，难以遏制，张××见势不妙，急令学生收拾野炊现场，并让学生赶快脱离火场，逃离下山。只是在附近群众前来救火人群的裹挟下，才不得不重新跟着救火群众上山扑救。并非什么"亲自率领学生积极扑火"。张××之所以制造这种谎言，其目的无非是想推卸自身的责任。

三、张××身为中学教师，对于政府的禁令明知故犯，知法犯法，理应受到法律的制裁。而在其诉状中竟然把自己降低到一个不懂法、不明理的普通青少年的水准之下，为自己的行为狡辩开脱，说什么只顾"照顾学生的情绪""为了维护班集体的团结"才同意组织此次春游，这显然也是一种无理的辩解，是站不住脚的。

总之，张××的行为已明显地违犯了××市政府的政令，也触犯我国森林法的有关规定，构成了较严重的违法行为。我局对他的处罚并无不当。

此致
××市××区人民法院

附件：答辩状副本 1 份

答辩人：××市林业多种经营管理局

代表人：郭××

20××年×月×日

本章思考与练习

一、填空题

1. 起诉状，是_____、_____的原告或刑事案件的_____向人民法院提起诉讼的书面材料。
2. 民事、行政案件的原告向人民法院呈送的指控被告的书状即为_____起诉状或_____起诉状。
3. 刑事自诉案件的被害人或者其他的法定代理人为追究_____的刑事责任，直接向人民法院提起诉讼时所使用的法律文书，称刑事_____。
4. 起诉状等大部分书状类文书都可分为_____、_____、_____三个部分。
5. 上诉状是_____、_____双方不服一审判决和裁定，在法定上诉期限内，向原审法院的上一级法院提出要求改判的诉状。
6. 上诉状是引起_____的法律文书，对推动_____依法改正错判或维持正确裁决有着重要的作用。上诉状有_____、_____、_____三种。
7. 申诉状主要是指_____案件的被告人、_____案件的自诉人、被告人等因不服已生效的裁定而向司法机关（人民检察院或人民法院）递送的、要求按审判监督程序引起再审的书状。
8. 答辩状是_____或_____案件的被告或被上诉一方，针对原告或上诉方的指控，进行有理有据的答辩的书状。

二、选择题

1. 法律诉状的文本结构主要有（   ）。
   A. 首部、正文、尾部三部分　　　　B. 开头、主体、结束三部分
   C. 导语、主体、结束语三部分　　　D. 序言、正文、文尾三部分
2. 按格式规定，诉状的首部并不需要写（   ）。
   A. 原告　　　　B. 被告　　　　C. 第三人　　　　D. 编号
3. 正文按格式规定不包括（   ）。
   A. 诉讼请求　　　　　　　　　　B. 事实与理由
   C. 诉讼代理人的基本情况　　　　D. 证据和证据来源以及证人姓名与住址
4. 按格式规定尾部写明的项目不包括（   ）。
   A. 送达的规范用语："此致""××人民法院"，"××人民法院"另行顶格书写
   B. 次行写明所附"本诉状副本×份"及"证据材料"
   C. 文末在"起诉人"之后由本人签署，写明年月日
   D. 起诉人的详细地址

三、简答题

1. 起诉状的正文要写明什么？
2. 起诉状的尾部怎么写？

3. 起诉状写作的注意事项有哪些？
4. 上诉状案由怎么写？
5. 申诉状的主要内容有哪些？
6. 申诉书的案由怎么写？
7. 申诉状写作的注意事项有哪些？
8. 《法院诉讼文书样式（试行）》规定答辩状的案由怎么写？
9. 答辩书的写作要注意哪些事项？

四、论述题

1. 阐述起诉状正文的事实和理由写法。
2. 阐述上诉的理由的写作。
3. 阐述申诉书事实和理由的写作。
4. 答辩书的正文写什么、怎么写？请试论述之。

五、分析题

分析下面上诉状的首部和尾部在写作上存在的问题：

首部：

民事上诉状

上诉人：××市种子公司经营部。住址：市中区五一路×号。

法定代表人：罗××，男，××岁，××市种子公司经营部经理。

代理人：王××，女，律师。

被上诉人（原审被告）：××县种子公司。

现上诉人因不服，现依法提起上诉。

尾部：

此致

人民法院

　　　　　　　　　　　　　　　　　　　　××市种子公司经营部
　　　　　　　　　　　　　　　　　　　　　　　　×月×日

六、作文题

根据社会上的某一诉讼案件，以当事人的名义写一份诉状。

第8章 规章制度

8.1 规定

>>> **知识要点**

- 了解规定的含义
- 理解规定的作用和特点
- 掌握规定的文本格式
- 理解规定的结构和内容方面的有关知识

>>> **能力要求**

- 能够运用相关的文体知识对规定例文进行简单分析
- 领会规定写作的方法及有关注意事项
- 学会写作规定

8.1.1 规定的定义

规定是机关、团体、企事业单位为规范某方面工作而制定的具有公文性的规章类文书。规定用于对特定范围内的工作和事务制定具有约束力的行为规范。

规定是规章制度类文书。规章制度类文书，是党政系统、社会团体、企事业单位及各类组织机构为加强管理，规范工作、活动和行为等，根据党和国家的政策法令，从本系统、本单位的实际情况出发，在自己的职权范围内制定的、大家必须共同遵守的准则。规章制度类文书还包括条例、规定、办法、实施细则、章程、规则、守则、制度、公约等文种。

8.1.2 规定的特点

规定具有和其他规章制度类文书共同的四个特点。

1. 作用的规范性

规章制度的目的是规范特定范围、特定方面的工作、活动和行为而制定的，作为办事的准则、活动的依据、行为的规范，它对做好工作、建立正常的秩序和良好的人际关系等有重要保证作用。

2. 内容的严密性

规章制度内容的一条一款规范着人们言行活动的方方面面，提倡什么、反对什么、允许什么、禁止什么、应该怎么样、不应该怎么样，明确、严谨、细密、周详，结构层次清晰，表达富有逻辑性。

3. 执行的稳定性

规章制度是国家方针政策的具体体现，一旦制定、公布、实施，就不能朝令夕改，有关人员就必须遵守、执行，并一以贯之，任何人不能有所例外，不能对规章条文任意解释或变通。

4. 制定的程序性

规章从草拟、确定到公布实施，应按一定的程序进行，有的规章还要经过法定程序，如条例、规定、办法等，有的虽然没有明确的法定程序，但也要经过群众讨论，领导机关批准才可以出台。

规定除了具有规章制度类文书的共同特点，它还具有以下特点。

制定和发布规定的机构级别有高有低，可以是中央一级的党政领导机关，也可以是各级职能部门和社会团体、企事业单位；规定所规范的范围不大，很多局部的、具体的工作，都是用"规定"来规范的；在行政系统发布规定，要依附"令""决定""通知"的形式来发布。在党政公文系统以外，可以由领导机构单独发布。

8.1.3 规定的类型

根据发布规定的行政机构和实际作用的不同，行政规定可分为法规性规定和一般性规定两种类型，这里主要介绍一般性规定的写作。

（1）法规性规定：适用于对某一方面的行政工作或某个地方的某项工作做出的规定。如深圳市人民政府令第 44 号发布的《深圳经济特区私营企业暂行规定》。

（2）一般性规定：机关团体对某些工作做出的具体规定，不属法规性质，但在一定范围内有规范作用。如《××大学关于优秀硕士生提前攻读博士学位暂行规定》。

8.1.4 规定的写作要领

1. 标题

标题一般由制定单位（机关）、制定事由（项目）和文种三个部分组成。写法可根据具体情况而定。

2. 正文

规定的正文有时复杂，有时简单。一般需按先总说后分说、从原则到具体、从主要到次要、从一般到特殊的写法。

规定的内容用条文表达，常见的有"章条式"和"条款式"两种写法。内容比较复杂的多用"章条式"，即全文分若干章，每章包括若干条。

开头一章是总则，说明制定该法规的目的、适用范围、要求等；

中间几章是分则，分方面列出规范的内容；

最后一章是附则，对有关事项做出解释，如规定内某个词语的含义是什么，规定的解释权属谁，规定何时起施行等。

内容比较简单的规定多用相对独立的若干条就可以了，但无论用哪种形式，整个规定都要结构严谨、条理清楚。

3. 签署

签署标明本规定的制定者、制定日期，并加盖公章。这是制度具有约束力的重要标志。一般在正文右下方签署，有的在标题之下已标明发文机关和日期的，文末可以不写。

8.1.5 注意事项

（1）规定是规范性文种，规定的写作和其他规章制度类文书一样，原则性的要求必须遵循。首先要坚持四项基本原则，为改革开放和社会主义现代化建设服务；其次要符合宪法和法律，符合党和国家的路线、方针、政策；还要从实际出发，实事求是；同时要贯彻民主集中制，充分发扬民主。

（2）制定和发布规定如果取代已有或现行的规定，就要在文中写明予以废止；同时应当注意与其他有关规定的衔接和协调，如果发现有不一致的地方，就要说明情况和理由，有的还要与有关部门协商，以求取得一致意见。

范文精选一（法规性规定）

北京市小客车数量调控暂行规定

（2020年10月29日）

第一条　为了落实《北京城市总体规划（2016—2035年）》，实现小客车数量合理、有序增长，有效缓解交通拥堵、改善生态环境，制定本暂行规定。

第二条　本市实施小客车数量调控措施。小客车年度增长数量和配置比例由市交通行政主管部门会同市发展改革、公安机关交通管理、生态环境等相关行政主管部门，根据小客车需求状况和道路交通、环境承载能力合理确定，报市人民政府批准后向社会公布。

第三条　小客车配置指标按照公开、公平、公正和促进公共资源均衡配置的原则无偿分配。市交通行政主管部门的指标调控管理机构负责具体工作。

机关、企业事业单位、社会团体以及其他组织（以下统称单位），家庭和个人需要取得本市小客车配置指标的，应当依照本暂行规定向指标调控管理机构办理申请登记。

单位和个人新能源小客车配置指标通过轮候方式取得，家庭新能源小客车配置指标通过积分排序方式取得，新能源以外的普通小客车配置指标通过摇号方式取得。具体配置办法由市交通行政主管部门会同有关部门按照提高家庭指标配置比例的原则制定，并向社会公布。

第四条　符合下列规定的个人，可以办理配置指标申请登记：

（一）住所地在本市，包括本市户籍人员、驻京部队（含武装警察部队）现役军人、在京居住的港澳台人员和外国人、持本市工作居住证的人员、持本市居住证并且近五年连续在本市缴纳社会保险费和个人所得税的人员；

（二）名下没有在本市登记的小客车；

（三）具有有效的机动车驾驶证。

第五条 符合下列规定情形的，可以参与以家庭为单位办理配置指标申请登记：

（一）家庭成员由家庭主申请人和其他家庭申请人（以下统称家庭申请人）构成，总人数不得少于2人；

（二）其他家庭申请人限于家庭主申请人的配偶、子女、父母、公婆或者岳父母；

（三）家庭成员及其配偶名下均没有在本市登记的小客车；

（四）家庭成员符合第四条住所地在本市的规定，家庭主申请人具有有效的机动车驾驶证。

离婚时原配偶名下有在本市登记的小客车的个人，离婚十年内不得参与以家庭为单位办理配置指标申请登记。

家庭主申请人代表家庭办理配置指标申请登记，并在取得指标后作为指标所有人。参与以家庭为单位配置指标申请登记的，不得同时参与其他家庭或者以个人身份办理配置指标申请登记。参与以家庭为单位配置指标申请登记的，家庭申请人在家庭主申请人取得指标后十年内不得再以个人或者家庭申请人身份办理配置指标申请登记。

第六条 指标调控管理机构应当向取得配置指标的单位和个人（含家庭主申请人）出具指标证明文件，并公布指标配置结果。

单位和个人（含家庭主申请人）出售、报废名下在本市登记的小客车的，可以申请取得更新指标，办理指标证明文件。

对小客车所有人逾期不办理注销登记，被公安机关交通管理部门依照《中华人民共和国道路交通安全法实施条例》的规定公告机动车登记证书、号牌、行驶证作废的车辆，不予办理更新指标。

第七条 指标有效期为12个月，不得转让。指标有效期内，不得重复办理配置指标申请登记。

单位和个人（含家庭申请人）对办理指标申请时所提供信息的真实性、准确性负责，提供虚假信息的，取得的指标无效，并承担相应法律责任。

第八条 单位和个人（含家庭主申请人）办理申报车辆购置税、外地车辆转入本市、验证二手车销售发票、车辆赠予公证等手续的，应当向税务、市场监管部门或者公证机构出示指标证明文件；对取得指标的，有关部门或者机构应当在相应文件中注明指标取得情况；单位和个人（含家庭主申请人）到本市公安机关交通管理部门办理车辆登记应当持相应文件。

第九条 小客车销售经营单位应当在经营场所明示本市实行指标管理规定的具体内容，并在签订买卖合同时书面提示购车人。

第十条 本市采取措施打击利用或者违反指标管理措施牟取非法利益的行为，推动个人名下第二辆以上在本市登记的小客车有序退出。具体办法由市交通行政主管部门会同有关部门制定，并向社会公布。

第十一条 出租汽车、租赁汽车、教练车等营运小客车的指标分配方式另行规定。

第十二条 本暂行规定所称小客车，包括小型、微型载客汽车及市人民政府公布的其他需要实施调控的车型。

第十三条 本暂行规定自2021年1月1日起施行。

范文精选二（一般性规定）

北京师范大学研究生请假规定

第一条　研究生在每学期开学时应按时到校办理注册手续。因故不能按时注册者，应事先向导师和班主任请假，并报就读学部、院、系研究生教务办公室。未请假或请假未获批准而不按时到校注册者以旷课论处；逾期两周以上（含两周）未注册者，视为放弃学籍，按自动退学处理。

第二条　研究生应遵守学校规定的节假日、寒暑假离校、返校时间。平时应坚持在学校学习，不得随意离校。因故离校应事先请假，获准后方可离校。

第三条　研究生因伤病请假，在校凭校医院证明；外出期间凭二级甲等以上医院证明。请伤病假三天以内，由导师或研究生班主任、辅导员批准；三天以上、两周以内，由所在学部、院、系主管领导批准；两周以上，应填写《北京师范大学研究生请假及学籍变动（休退复学）申请表》（附医院证明），由所在学部、院、系主管领导签署意见后，报研究生院综合处批准。研究生在一学期内请伤病假累计超过两个月者，应当休学。

第四条　研究生一般不得请事假。如确需请事假，两天以内，由导师或研究生班主任、辅导员批准；两天以上、一周以内，由所在学部、院、系主管领导批准；一周以上，应填写《北京师范大学研究生请假及学籍变动（休退复学）申请表》，由所在学部、院、系主管领导签署意见后，报研究生院综合处批准。研究生在一学期内请事假累计超过一个月者，应当休学。

第五条　请假人一般应亲自办理请假手续，请假获准后，假期期满应按时返校，并到学部、院、系研究生教务办公室办理销假手续。

第六条　研究生未请假或请假未获准而擅自离校，或假期期满不按时返校，或续假未获准而逾期不归，均按旷课论处。对旷课的研究生，依据《北京师范大学学生违纪处分办法》的有关规定处理。

第七条　本规定所指的"研究生"，包括所有在校全日制脱产学习的硕士生、博士生，含全日制港澳台研究生。

第八条　本规定解释权在研究生院综合处。

8.2　章　程

>>> 知识要点

- 了解章程的含义
- 理解章程的作用及其特点
- 掌握章程的文本格式
- 理解章程的结构和内容方面的有关知识

>>> 能力要求

- 能够运用相关的文体知识对章程例文进行简单分析

◆ 领会章程写作的方法及有关注意事项
◆ 学会写作章程

8.2.1 章程的定义

章程，是党政、社会团体、工商企业等组织机构制定的关于本组织机构的性质、宗旨、任务、成员、权利、义务、组织原则、办事原则、活动方式、经费来源等的公文性规章类文书。

8.2.2 章程的特点

章程和"规定"同样具有作用的规范性、内容的严密性、执行的稳定性、制定的程序性的特点，而更为显著的特点是其思想的纲领性和执行的自觉性。

章程确定的组织机构性质、宗旨、任务和原则决定了它对于机构成员所具有的纲领性意义。而作为组织机构的成员，首先表示了对于本组织章程条文的认同和接受，所以执行起来就具有一定的自觉性。

8.2.3 章程的类型

1. 从内容上看，有组织章程和办事章程

组织章程，系统阐明一个组织的性质、宗旨、任务、成员、机构、活动方式、经费来源等内容。如《中国共产党章程》《中国科学技术协会章程》等。有一些企事业单位往往也需要制定组织章程，如中外合资企业、股份公司等一般都有组织章程。

办事章程，是为办理某项工作而制定的规章制度，一般涉及面广、容易引发纠纷而又经常要办的事情，才需要制定章程，以便办事时有章可循。如《甲种外币存款章程》《××大学助学基金使用章程》。

2. 从形式上看，有"章条式"章程和"条款式"章程

"章条式"章程和"条款式"章程是较大组织团体的章程，如《中国共产党章程》。

8.2.4 章程的写作要领

章程的写作格式一般由标题、正文两部分组成。

1. 标题

组织（或企业）章程的标题是"组织（或企业）名称＋文种"，如《中国银行章程》《中国共产党章程》。业务章程的标题是"企业名称＋业务名称＋文种"，如《中国工商银行牡丹卡章程》。

一般章程在标题下面要写明何时由某会议讨论通过，并加上括号。

2. 正文

正文是章程的主体部分。一般采用"章条式"和"条款式"。

1）开头

一般为总纲，是章程的灵魂和统帅。应精辟、概括地阐明该组织的性质、任务、宗旨、

奋斗目标、指导思想等基本内容。

2）各章条文

要围绕总纲来展开，所写内容必须和总纲的精神一致，其内容主要包括：成员条件、权利义务、组织原则、组织机构、活动规则、组织制度等。

3）结尾

大多数章程均有结尾部分，即附则性内容。主要说明解释权限、修订权、生效日期和实施要求等。

范文精选一（组织章程）

海峡交流基金会组织章程

第一章 总则

第一条 本财团法人定名为"财团法人海峡交流基金会"（以下简称本会）。

第二条 本会以协调处理台湾地区与大陆地区人民往来有关事务，并谋保障两地区人民权益为宗旨，不以营利为目的。但提供服务时，得酌情收服务费用。

第三条 本会为达成前条所定之宗旨，办理及接受政府委托办理下列业务：

一、台湾地区与大陆地区人民入出境案件之收件、核转及有关证件之签发补发等事宜。

二、大陆地区文书之验证、身份关系之证明、协助诉讼文书之送达及两地人犯之遣返等事宜。

三、大陆地区经贸信息之搜集、发布；间接贸易、投资及其争议之协调处理等事宜。

四、两地区人民有关文化交流之事宜。

五、协助保障台湾地区人民在大陆地区停留期间之合法权益。

六、两地区人民往来有关咨询服务事宜。

七、政府委托办理之其他事项。

第四条 本会之主事务所设于台北市，并得视业务需要，在海外及大陆地区设置分事务所。

第五条 本会基金来源，由捐助人五十三人共捐助新台币陆亿柒仟万圆成立之。本会经费之来源如下：

一、基金运用之孳息。

二、委托收益。

三、政府或民间捐赠。

四、依本章程第二条所收取之费用。

第二章 组织

第六条 本会设董事会，为本会之决策机构，掌理基金之筹募、保管及运用，秘书长之任免，工作方针之核定，业务计划及预算之审议等事宜。

第七条 本会董事会置董事四十三人。第一届董事由捐助人选聘之。

本会董事长一人，综理会务，对外代表本会。副董事长一至三人，襄助董事长处理会务。均由董事互选之。

本会名誉董事长一人，由董事会敦聘德高望重之人士担任。名誉董事长、董事长、副董事长及董事，均为无给职，但得酌支交通费。

第八条　董事任期三年，连选得连任。

董事长、副董事长、董事在任期内，遇有辞职或其他原因出缺时，得由本届董事会补选之。其任期以补足原任期为限。

第九条　每届董事会于任期届满前一个月，推选次届董事人选。新任董事会于上届任满之日成立，并依第七条第二项规定选举董事长及副董事长。

第十条　董事会每三个月召开会议一次，由董事长召集并为主席。董事长因故缺席，由副董事长代理之。董事长、副董事长均缺席时，由董事互推一人代理之。董事长认为必要或经董事三分之一以上提议，得召开临时董事会。

第十一条　董事会之决议，须经二分之一以上董事出席，并以出席董事过半数同意行之。

第十二条　董事因故不能出席前条所定之会议时，得委托其他董事代行职务。但每一董事以受一人委托为限。

第十三条　本会置秘书长一人，由董事长提名，经董事会同意聘任之；解任时亦同。秘书长承董事会之命，综理本会事务。

第十四条　本会置副秘书长一至三人，主任秘书一人，由秘书长提请董事长同意聘任之；解任时亦同。

第十五条　本会设左列各处，办理第三条所定业务：

一、秘书处

二、文化服务处

三、经贸服务处

四、法律服务处

五、旅行服务处

六、综合服务处

各处置处长一人，视业务繁简，得置副处长一至二人，专员、组员、办事员、雇员若干人，并得于处下分科办事。本会视需要得设人事室及会计室。

本会海外及大陆地区设立之分事务所各置主任一人，视业务繁简，得置副主任一至二人，其他人员配置得比照前项办理之。

第二项及第三项所定工作人员，由秘书长提请董事长聘任之。其职掌及人员分配，另以职掌表及编制表定之。

第十六条　本会置监事陆人，由捐助人选聘之，掌理基金、存款之稽核，财务状况之监督及决算表册之查核等事宜。

第十七条　监事之任期、缺任、给予及次届监事之产生等，均准用本章程有关董事之规定。

第十八条　本会得因业务需要，由秘书长提请董事长同意聘任顾问若干人。

第十九条　（删除）。

第三章　基金之管理

第二十条　本会之会计年度，与政府之会计年度同。

第二十一条　本会秘书长应于会计年度开始前三个月拟定业务计划及预算，提报董事会审议通过后执行。

第二十二条　本会基金之保管及运用，应于会计年度结束后二个月内编制基金保管及运用报告、暨全年度决算，提报董事会通过后，送请监事核备。

第二十三条　本会年度经办业务及基金收支平衡表，均应依法向主管机关报备。

第四章　附则

第二十四条　本会因情势变更，致不能达捐助目的时，得依法报经主管机关许可后，解散之。本会解散后，应依法办理清算。其剩余财产，归属国库。

第二十五条　本章程未规定事宜，依有关法令规定办理之。本章程于一九九〇年十一月二十一日经董事会通过订定，于报请主管机关核备后施行。

范文精选二（办事章程）

公安部管理干部学院2021年成人高等教育招生章程

第一章　总则

第一条　为了保证我院成人高等教育招生工作的顺利进行，规范招生行为，维护考生合法权益，提高生源质量，依照教育部关于做好全国成人高校招生工作的文件精神，结合本院成人高等教育的具体情况，特制定本章程。

第二条　公安部管理干部学院为公安部直属的独立设置成人高等学校，2021年招生只面向公安特勤部门转改人员招生。

第三条　考生成考报名须符合北京市成人高考报名规定要求，我院成人高等教育办学层次为高中起点专科，毕业颁发国家承认学历的成人高等教育专科毕业证书。

第二章　招生专业与考试

第四条　2021年成人招生专业为法律文秘，学制两年半，学习形式为函授，考试科目为语文、数学、英语。招生计划以教育部实际下达计划为准，上课地点在大兴校区团河路。

第三章　录取原则

第五条　我院的成人高等教育始终坚持以"公平、公正、公开"为原则，强化"诚信考试光荣，违纪作弊可耻"的诚信考试宣传。依照北京市招生考试委员会所确定的最低录取控制线，按招生计划、分专业按考生第一志愿总成绩从高分到低分择优录取学生。

第六条　符合国家规定的照顾录取条件的考生其增加投档的分数计入总成绩。

第七条　在第一志愿生源不足的情况下，接收由成人高校招生办公室调剂录取的非第一志愿的考生。经调剂录取后仍不足20人开班的专业将予以停办，已上线考生由招生院校负责遗留问题处理。

第四章　收费与注册

第八条　我院成人高等教育收费标准按当年北京市教委相关部门审核批准的标准执行，学费：3 600元/2.5年。

第九条　我院严格执行《国家教育考试违规处理办法》（教育部令33号）和《刑法修正案》（九）等法律法规，对考试舞弊行为将依法依规严肃处理。

第十条　考生录取后，我院按照考生网上报名地址直接邮寄录取通知书给考生本人。考生须按我院录取通知书和入学须知所规定的日期和要求报到、注册，因故不能按期报到，应于报到截止日期前向继续教育学院招生部门请假，并提交相关证明，未请假或请假逾期两周不报到者，除因不可抗力等正当事由以外，视为放弃入学资格。

第五章 其他

第十一条 我院成人高等教育招生工作由学校纪检监察督察办公室、北京教育考试院成人教育招生办公室负责监督。

第十二条 我院没有委托任何组织、机构或个人代理招生。

第十三条 我院招生办公室地址为：北京市西城区木樨地南里甲1号，邮政编码：100038。咨询电话：010—83903178。举报电话：010—83903056。

学校网址：www.ppsuc.edu.cn。电子邮箱：gd316@sina.com。

第十四条 本章程由我院成人招生办公室负责解释。

8.3 制　度

>>> 知识要点

- 了解制度的含义
- 理解制度的作用和特点
- 掌握制度的文本格式
- 理解制度的结构和内容方面的有关知识

>>> 能力要求

- 能够运用相关的文体知识对制度例文进行简单分析
- 领会制度写作的方法及有关注意事项
- 学会写作制度

8.3.1 制度的定义

制度，是各级机关、企事业单位或部门制定的要求所属人员共同遵守的规章类文书。

制度是机关、单位、组织、团体实施管理的有效手段，建立健全各项制度，可以使管理走向规范化、科学化，形成条理化、程序化，保证工作协调、和谐、高效地开展。

8.3.2 制度的特点

制度也是公文性文书，它和"规定"同样具有作用的规范性、内容的严密性、执行的稳定性和制定的程序性这四个特点，除此而外，制度还有两个显著的特点：一是制定和使用的广泛性；二是内容的条式化。

8.3.3 制度的类型

从管理部署上看，有行政管理方面的制度，有业务管理方面的制度；从单位性质上看，有事业单位的制度，有企业单位的制度；再就是专业管理制度、部门管理制度，等等。

8.3.4 制度的写作要领

制度一般由标题、正文两个部分组成。

1. 标题

有两种形式，一是"制发机关＋制度内容＋文种"，如《×××学院门卫管理制度》；二是"制度内容＋文种"，如《岗位培训制度》。

2. 正文

正文是制度的主体部分，由三大部分组成。

一是制度制定的目的、要求、适用范围等。

二是制度的各项具体规定，是正文的主体部分。

三是制度施行的要求及生效日期。

另外，在正文的右下方写明制发单位名称和成文日期，如标题已标注了制发单位，就可不再写。

范文精选一（行政管理方面的制度）

院长专题办公会制度

（2018年9月29日）

第一条 制定依据。根据《江苏警官学院章程》和《江苏警官学院贯彻党委领导下的校长负责制实施细则》有关规定，制定本制度。

第二条 会议性质。院长专题办公会是由院长、副院长主持研究其分管行政日常工作的会议。主要职责是研究落实院党委会和院务会形成的决定、决议，以及研究、协调、解决分管行政工作中的重要问题。

第三条 会议组成。院长办公会由院长或者副院长召集和主持，根据会议议题，有关职能部门负责人参加。讨论有关问题时，可请相关院党委委员、院行政领导出席。

第四条 议事范围。

（一）研究制定院党委会、院务会确定的重要事项、重要工作的贯彻措施。

（二）研究解决分管部门提出的工作意见或建议。

（三）研究提出需提交院务会讨论决定的议题。

（四）听取行政职能部门的工作汇报。

（五）交流分管日常行政工作情况。

（六）研究处理院务会或院长交办的其他工作。

第五条 会议召集。院长专题办公会由院长或副院长负责召集并主持，会议议题及召开时间由会议主持人确定。

第六条 议题准备。提交院长专题办公会研究的议题，相关职能部门应在认真调查研究和论证的基础上，提供简明扼要的背景材料，并向会议汇报问题、建议、方案。涉及几个职能部门的议题，牵头职能部门应与有关部门进行沟通，形成一致意见，并向会议汇报问题、建议、方案。

第七条 议事规则。院长或副院长应在广泛听取与会人员意见的基础上,对讨论研究的事项作出决定。对意见分歧较大或需进一步调研论证的问题,应暂缓审议,责成有关院领导或职能部门充分调研,提交下次会议再议。会议议题经研究讨论后由会议主持人归纳结论性意见。

第八条 会议执行。院长专题办公会形成的一般性决议由会议指定的职能部门直接执行,重要决议向院务会通报或提请研究决定。

第九条 会务组织。院长专题办公会讨论某专项工作的,由具体承担该项工作的主办部门负责会务组织工作,进行会议记录并形成会议纪要;讨论综合性工作的,由院长办公室负责会务组织工作,进行会议记录并形成会议纪要。

第十条 本制度自印发之日起施行。《江苏警官学院院长办公会制度》(苏警院委〔2016〕45 号)同时废止。

范文精选二（业务管理方面的制度）

苏州市第十六中学校艺术教育评价制度

（2018 年 2 月 1 日）

为贯彻落实《教育部关于推进学校艺术教育发展的若干意见》《音乐课程标准》《美术课程标准》,进一步完善学校艺术教育的评价体系,推动学校艺术工作的开展,改进美育教学,提高学生的审美和人文素养,特制定本评价制度。

一、组织管理

1. 学校建立以督导室主任、省特级教师徐颖老师为组长,艺术教研组长王汝怡老师为副组长,各有关部门负责人参与的艺术领导小组,负责领导全校的艺术工作。明确职责、落实分工,定期研究工作。

2. 将艺术教育纳入学校整体工作计划,并制订具体计划,组织实施,定期组织检查。

3. 校长将艺术教育列入工作计划,明确一名副校长分管艺术工作。每学期校长听艺术课不少于 3 次,分管校长不少于 4 次。减轻学生过重课业负担,落实国家艺术课时规定。

4. 教学管理部门建立艺术教学考核制度,设立有关资料,加强过程考核,并将考核情况计入业务档案,作为晋级、评审、奖励、评聘的依据。

二、教育教学

1. 学校按照国家有关中小学艺术课程设置的规定和要求,开足上好艺术课（初中每周 1 课时,六年级每周 2 课时）。学校不得以任何理由削减、挤占艺术课时间。

2. 艺术课程教学计划、单元计划、课时计划齐全。依据课程标准组织艺术教学,完成教学任务。加强教学研究与改革,提高教学效果。

3. 认真落实国家关于义务教育阶段学生普及和推广乐器教育教学的工作,利用校本课程和选修课程培养学生掌握两门以上乐器,切实加强英华学子音乐基本功。

4. 打造充满艺术气息的校园文化,定期开展学校文化艺术节,不断提高节目质量,在传承百年老校文化精神的基础上,不断创新发展。

5. 参与市级艺术文化活动,对外展示我英华学子风采,加强与兄弟学校间的交流和学习。

三、条件保障

1. 艺术教师数量达到国家规定要求。教师职务评聘公平、公正。坚持集体备课、校本教研（每学期教研活动不少于10次，并有参加人员记录和活动记录）。鼓励艺术教师积极参加培训、继续教育。

2. 艺术专用教室符合国家要求，设施管理规范，设备有专人负责管理。

3. 公用经费按规定用于艺术活动支出，满足学校艺术工作需要。

四、测试评价

1. 根据上级部门要求，实施艺术课程测评，不断提高学生作品欣赏、艺术知识技能综合运用的素养。

2. 做好学生平时的过程性评价记录，建立可跟踪学习档案，观察学生的发展与变化。

五、更高目标

1. 以现有的艺术社团和选修课程为主阵地，打造特色品牌；建立学校艺术团，训练形式常态化，参加上级部门组织的竞赛。

2. 每年开展校园文化艺术节，全员参与；与社区、家庭合作，组织开展多种形式的艺术活动，共同促进"艺术育人"长效机制的落实。

8.4 办　法

>>> 知识要点

- 了解办法的含义
- 理解办法的作用和特点
- 掌握办法的文本格式
- 理解办法的结构和内容方面的有关知识

>>> 能力要求

- 能够运用相关的文体知识对办法例文进行简单分析
- 领会办法写作的方法及有关注意事项
- 学会写作办法

8.4.1　办法的定义

办法是领导机关或职能部门根据有关法令法规制定的关于某项工作、某一事项的具体规定的文件。

办法和规定一样，也是公文性规章类文书。但"办法"规范的内容比"规定"更具体、更细致，它对某一项行政工作做比较具体的规定，或者是对法律、条例、规定等在执行过程中某些方面的具体做法的补充规定。

8.4.2 办法的特点

1. 提出标准和做法的具体规定性

办法和规定一样，同属行政法规。它作为对某项工作、某项事务的具体规定，侧重于制定标准和做法，以利于落实和执行，这就是它所具有的指引性。

2. 适用的单一性和方法的可操作性

办法还具有单一性和可操作性。单一性指办法只适用于对某项具体工作或者某项具体事务的运作进行规定，不涉及其他方面的工作和事务。可操作性指办法的内容所提出的措施、说明的方法和程序具有很强的操作性。

8.4.3 办法的类型

办法的类型有两种：一是管理办法，二是实施办法。

管理办法是各类机关在各自的管理权限范围内，在管理中尚无条文可依的前提下，根据实际工作的具体情况制定的；实施办法是根据有关规定、有关指示精神对实施对象提出的执行方法和措施。

8.4.4 办法的写作要领

办法和规定的写作格式基本相同，办法通常都采用章条式或条款式的写法。结构一般由标题和正文两部分组成。

1. 标题

标题由"发文机关＋事由＋文种"组成，如《××大学结业学生补考及换发毕业证的规定》《北京市实施〈中华人民共和国义务教育法〉办法》。也可是"事由＋文种"，如《国家行政机关公文处理办法》《关于加强乡镇企业环境保护工作的规定》。无论采用哪种形式的标题，一般要在标题下面标注规定制发或通过的具体时间。

2. 正文

正文由开头、主体、结尾三部分组成。
（1）开头简明扼要地说明制发的目的依据。
（2）主体部分分若干条款写出具体内容。内容要具体、周全，便于具体操作。
（3）结尾主要是提出实施要求。

范文精选一（管理办法）

会计人员管理办法
财会〔2018〕33 号

第一条　为加强会计人员管理，规范会计人员行为，根据《中华人民共和国会计法》及相关法律法规的规定，制定本办法。

第二条　会计人员，是指根据《中华人民共和国会计法》的规定，在国家机关、社会团体、企业、事业单位和其他组织（以下统称单位）中从事会计核算、实行会计监督等会计工作的人员。

会计人员包括从事下列具体会计工作的人员：

（一）出纳；

（二）稽核；

（三）资产、负债和所有者权益（净资产）的核算；

（四）收入、费用（支出）的核算；

（五）财务成果（政府预算执行结果）的核算；

（六）财务会计报告（决算报告）编制；

（七）会计监督；

（八）会计机构内会计档案管理；

（九）其他会计工作。

担任单位会计机构负责人（会计主管人员）、总会计师的人员，属于会计人员。

第三条　会计人员从事会计工作，应当符合下列要求：

（一）遵守《中华人民共和国会计法》和国家统一的会计制度等法律法规；

（二）具备良好的职业道德；

（三）按照国家有关规定参加继续教育；

（四）具备从事会计工作所需要的专业能力。

第四条　会计人员具有会计类专业知识，基本掌握会计基础知识和业务技能，能够独立处理基本会计业务，表明具备从事会计工作所需要的专业能力。

单位应当根据国家有关法律法规和本办法有关规定，判断会计人员是否具备从事会计工作所需要的专业能力。

第五条　单位应当根据《中华人民共和国会计法》等法律法规和本办法有关规定，结合会计工作需要，自主任用（聘用）会计人员。

单位任用（聘用）的会计机构负责人（会计主管人员）、总会计师，应当符合《中华人民共和国会计法》《总会计师条例》等法律法规和本办法有关规定。

单位应当对任用（聘用）的会计人员及其从业行为加强监督和管理。

第六条　因发生与会计职务有关的违法行为被依法追究刑事责任的人员，单位不得任用（聘用）其从事会计工作。

因违反《中华人民共和国会计法》有关规定受到行政处罚五年内不得从事会计工作的人员，处罚期届满前，单位不得任用（聘用）其从事会计工作。

本条第一款和第二款规定的违法人员行业禁入期限，自其违法行为被认定之日起计算。

第七条　单位应当根据有关法律法规、内部控制制度要求和会计业务需要设置会计岗位，明确会计人员职责权限。

第八条　县级以上地方人民政府财政部门、新疆生产建设兵团财政局、中央军委后勤保障部、中共中央直属机关事务管理局、国家机关事务管理局应当采用随机抽取检查对象、随机选派执法检查人员的方式，依法对单位任用（聘用）会计人员及其从业情况进行管理和监督检查，并将监督检查情况及结果及时向社会公开。

第九条　依法成立的会计人员自律组织，应当依据有关法律法规和其章程规定，指导督促会员依法从事会计工作，对违反有关法律法规、会计职业道德和其章程的会员进行惩戒。

第十条 各省、自治区、直辖市、计划单列市财政厅（局），新疆生产建设兵团财政局，中央军委后勤保障部、中共中央直属机关事务管理局、国家机关事务管理局可以根据本办法制定具体实施办法，报财政部备案。

第十一条 本办法自2019年1月1日起施行。

范文精选二（实施办法）

江苏警官学院国家助学金实施办法（试行）

苏警院〔2015〕34号

第一条 为做好国家助学金评审发放工作，帮助家庭经济困难学生顺利完成学业，根据《江苏省普通高校国家助学金管理实施细则（暂行）》，结合学院实际，制定本办法。

第二条 凡我院全日制普通本科在校学生均有资格申请国家助学金。

第三条 申请国家助学金的基本条件

（一）热爱社会主义祖国，拥护中国共产党的领导；

（二）自觉遵守宪法和法律，遵守学院规章制度，未受到纪律处分；

（三）诚实守信，道德品质优良；

（四）勤奋学习，积极上进；

（五）家庭经济困难，生活俭朴，是我院当年度家庭经济困难学生档案库建档学生。

第四条 国家助学金平均资助标准为生均3 000元/年，学院按2 000元、3 000元、4 000元三档划分。

第五条 评选原则

（一）坚持公开、公平、公正、择优的原则。

（二）获得国家奖学金或国家励志奖学金的学生可以同时获得国家助学金。

（三）孤儿、单亲家庭子女、享受最低生活保障家庭子女、因公牺牲或因公致残民警子女、公安英烈保送生等在同等条件下优先。

第六条 国家助学金程序按以下程序进行评审

（一）学生处根据当年省教育厅、财政厅下达的名额指标和要求，按照各学生大队（学生科）学生人数测算并分配名额；

（二）符合申报条件的学生本人向所在学生大队（学生科）递交《国家助学金申请表》；

（三）各学生大队（学生科）成立专门评审小组，根据申请人的资格条件和综合表现组织初评，按分配指标确定国家奖学金推荐名单和资助档次，并填写《普通高校国家助学金资助学生情况汇总表》，报学生处审核；

（四）报学院领导集体研究审定国家助学金获得者建议名单；

（五）将审定的国家助学金获得者建议名单在学院内公示5天，公示无异议后，将相关材料报送省教育厅。

第七条 学院在收到国家助学金经费后，及时汇入学生银行卡中。

第八条 获得国家助学金的学生应自觉遵纪守法，带头遵守《高等学校学生行为准则》和《普通高等学校学生管理规定》及学院的各项规章制度，刻苦学习，不断进取，全面提高自身素质。如有违规违纪行为，学院将停止发放该生的国家助学金。获得国家助学金的学生，有义务参加学院组织的各项公益活动和勤工助学活动。

第九条　本办法自发布之日起施行，由学生处负责组织实施并解释。

2015 年 6 月 5 日

8.5　规则　守则　准则　细则

>>> 知识要点

- 了解规则、守则、准则、细则的含义
- 理解规则、守则、准则、细则的特点
- 掌握规则、守则、准则、细则的文本格式
- 理解规则、守则、准则、细则的结构和内容方面的有关知识

>>> 能力要求

- 能够运用相关的文体知识对规则、守则、准则、细则例文进行简单分析
- 领会规则、守则、准则、细则写作的方法及有关注意事项
- 学会写作规则、守则、准则、细则

8.5.1　规则、守则、准则、细则的定义

规则是国家机关及其职能部门、企事业单位根据需要对一定范围内的人员或某种活动制定的要求共同遵守的行为规范。如《考场规则》《统计人员工作规则》等。

守则是国家机关及其职能部门、团体组织、企事业单位制定的要求全体成员共同遵守的道德规范和行为准则。如《高等学校学生守则（试行）》《全国职工守则》等。

准则是国家机关、企事业单位制定的要求全体成员自觉遵守的政治思想、道德品格、言行作风方面的原则性规范。如《国际关系准则》《文明行为准则》等。

细则是机关、单位对贯彻实施的法律法规、行政规章的条文进行解释说明而制定出的具体要求和执行标准。如《中华人民共和国道路交通法实施细则》《中华人民共和国商标法实施细则》等。

8.5.2　规则、守则、准则、细则的特点

规则、守则、准则、细则各有特点，其主要区别大致体现在三个方面。

1. 规范对象

规则是针对一定范围内的人员或某种活动而制定的；守则和准则是针对特定范围内的全体成员而制定的；细则是从行政法规中派生出来的，它随着法规的发布同时或稍后发布，规范的对象随之而定。

2. 作用效力

守则、准则侧重于提出原则性要求，倡导遵守而不具有强制性，其约束力一般止于道德

层面，没有对违者的处理条文；规则是管理性规章，对有关人员和事项提出行为规范和纪律要求，也写明了对违者的处理办法，强制性和约束力较强；细则是实施法律法规的细小规则，目的是加强法律法规的可操作性，保证法律法规的顺利实施。

3. 内容表达

规则、细则所表达的内容比守则和准则显得更为具体、周密、精细些；守则、准则在语言的句式上，常用排列整齐、通俗简明的短句，节奏感强；规则、细则都是长短结合的散句，但结构井然，表达显得更加严谨。

8.5.3　规则、守则、准则、细则的写作要领

规则、守则、准则、细则由标题和正文两部分组成。

1. 标题

1）规则的标题

（1）"单位名称＋规范事由＋文种"，如《上海国际贸易总公司水路货运规则》。

（2）"规范事由＋文种"，如《爆炸物品管理规则》。

2）守则的标题

"规范对象＋文种"，如《高等学校学生守则（试行）》《全国职工守则》。

3）准则的标题

（1）"制定机关名称＋规范事由＋文种"，如《四川省教师职业道德行为准则》。

（2）"规范事由＋文种"，如《文明行为准则》。准则一般应在标题下面用圆括号注明通过的会议或通过的会议和时间。

4）细则的标题

多为"行政法规文件名称（文件标题）＋文种（实施细则）"的形式，如《中华人民共和国个人所得税实施细则》。

2. 正文

正文的写法不外两三种，写起来很简单。

（1）一开头就分条，按内容条款主次将应当遵守的规范一一列出来。规则和守则的正文一般采用条款式。如《全国职工守则》全文用序码一、二、三……，明确具体地规定了广大职工的行为规范。

（2）用序言开头，然后分条。序言部分说明制定的缘由和目的，然后用过渡句引出应遵守的条款。如《西南师范大学关于授予高考自考和成人高考本科毕业生学士学位实施细则》《高等学校学生行为准则（试行）》。

（3）用分章分条的章条式，把全文分成若干章，也把全文分成若干条，条的顺序数字从开头一顺到底而不按章排。其写法与条例、规定、办法基本相同。如《××仲裁委员会仲裁暂行规则》（2021年×月×日××仲裁委员会第一届第三次会议通过）。

3. 注意事项

（1）正文的分条，要注意内容条款的逻辑顺序，条与条之间的内在联系，不能东一条、西一条地往一起硬凑。

（2）内容繁简适度，表达清楚流畅。规则要条理清晰，准确简明；守则要语句练达，通俗好记；准则要明白晓畅，平实严谨；细则要具体周详，细致缜密。

范文精选一（规则）

国家发展改革委政务服务大厅办事规则（试行）

第一条 为规范我委政务服务大厅工作，深化行政审批制度改革，推动职能转变和作风转变，加强依法行政，促进政务公开，提高办事效率，提供优质服务，结合工作实际，制定本规则。

第二条 政务服务大厅是我委行政审批事项受理、政府信息公开和业务咨询的服务窗口，是机关文化宣传展示的重要平台。

第三条 经国务院行政审批制度改革工作领导小组办公室审核后保留的我委行政审批事项，纳入政务服务大厅受理。政务服务大厅受理的行政审批事项实行动态管理。行政审批事项如有调整，及时向社会公告。

第四条 行政审批事项的办事指南、申请示范文本、业务咨询电话在政务服务大厅和我委门户网站主动公开。

第五条 政务服务大厅办理行政审批相关事务，依照法定的权限、范围、条件和程序，实行统一接收、统一答复、接办分离。

第六条 行政审批事项的申报材料实行网络预登记。申请人可通过政务服务大厅业务受理系统，远程登记申报信息并按照系统提示完成材料自检，也可在政务服务大厅现场自助完成。申报材料纸质文本可通过邮局寄送，也可现场递交。

第七条 行政审批事项申请经政务服务大厅初审、承办司局复审后，确认依法属于我委受理范围，申报材料齐全、符合法定形式的，政务服务大厅告知申请人予以受理；确认依法属于我委受理范围，但申报材料不齐全或者不符合法定形式的，政务服务大厅一次告知申请人需要补正的全部内容；确认依法不属于我委职权范围的，政务服务大厅告知申请人不予受理，并告知申请人向有关行政机关申请；确认依法不需要行政审批的，政务服务大厅告知申请人不受理。

第八条 政务服务大厅负责对外公布文件受理结果，并提供审批事项办理进展查询服务。申请人可在政务服务大厅现场咨询，也可通过网络查询，申请手机短信通知服务。

第九条 行政审批事项的批准文件，原则上通过邮局寄送。申请人也可通过预约，凭身份证明及授权委托书到政务服务大厅现场领取。

第十条 政务服务大厅设有信息查询屏、文件查阅区等，主动公开我委政府信息，并依法接收政府信息公开申请，具体工作按照《国家发展改革委政府信息公开实施办法》的要求组织实施。

第十一条 政务服务大厅协助开展我委职责范围内事项的咨询服务。

第十二条 新闻宣传、信访、价格举报、行政复议、纪检监察举报等事宜，按照有关规定执行。

第十三条 政务服务大厅设立专门窗口，办理国家能源局行政审批事项、政府信息公开和业务咨询工作。

第十四条 本规定自2014年12月1日起施行。

范文精选二（守则）

淮安市民文明行为"十不准"

（2018年6月）

1. 不准乱丢垃圾、乱泼污水、随地吐痰；
2. 不准遛狗不牵绳、放任宠物乱排泄粪便；
3. 不准在等候服务时争抢、插队；
4. 不准在禁烟场所吸烟；
5. 不准闯红灯、走反道，随意横穿道路、翻越护栏；
6. 不准开车随意变道、抢道，向车窗外扔东西，斑马线不礼让行人；
7. 不准机动车、非机动车（含共享单车）乱停乱放；
8. 不准在公共场所大声喧哗、粗言秽语、争吵争斗；
9. 不准在公共场所和公共设施乱涂乱画，随意张贴、散发小广告；
10. 不准噪音扰民。

淮安市创建全国文明城市指挥部办公室
淮安市精神文明建设指导委员会办公室

范文精选三（准则）

中国共产党廉洁自律准则

（自2016年1月1日起施行　来源：新华社）

中国共产党全体党员和各级党员领导干部必须坚定共产主义理想和中国特色社会主义信念，必须坚持全心全意为人民服务根本宗旨，必须继承发扬党的优良传统和作风，必须自觉培养高尚道德情操，努力弘扬中华民族传统美德，廉洁自律，接受监督，永葆党的先进性和纯洁性。

党员廉洁自律规范

第一条　坚持公私分明，先公后私，克己奉公。
第二条　坚持崇廉拒腐，清白做人，干净做事。
第三条　坚持尚俭戒奢，艰苦朴素，勤俭节约。
第四条　坚持吃苦在前，享受在后，甘于奉献。

党员领导干部廉洁自律规范

第五条　廉洁从政，自觉保持人民公仆本色。
第六条　廉洁用权，自觉维护人民根本利益。
第七条　廉洁修身，自觉提升思想道德境界。
第八条　廉洁齐家，自觉带头树立良好家风。

范文精选四（细则）

新闻出版总署关于支持民间资本参与出版经营活动的实施细则

（国家新闻出版总署2012年6月29日）

为推动社会主义文化大发展大繁荣，充分调动民间资本参与文化建设，促进出版行业科学发展，根据《国务院办公厅关于鼓励和引导民间投资健康发展的若干意见》（国发〔2010〕13号），结合出版行业特点，现就支持民间资本参与出版经营活动，提出如下实施细则：

一、继续支持民间资本投资设立印刷复制企业,从事出版物、包装装潢印刷品及其他印刷品、可录类光盘生产和只读类光盘印刷复制经营活动。

二、继续支持民间资本投资设立出版物总发、批发、零售、连锁经营企业,从事图书、报纸、期刊、音像制品、电子出版物等出版产品发行经营活动。

三、继续支持民间资本投资设立网络出版包括网络游戏出版、手机出版、电子书出版和内容软件开发等数字出版企业,从事数字出版经营活动。

四、支持民间资本在党报党刊出版单位实行采编与经营"两分开"后,在报刊出版单位国有资本控股51%以上的前提下,投资参股报刊出版单位的发行、广告等业务,提高市场占有率。

五、支持民间资本投资设立的文化企业,以选题策划、内容提供、项目合作、作为国有出版企业一个部门等方式,参与科技、财经、教辅、音乐艺术、少儿读物等专业图书出版经营活动。

六、支持民间资本通过国有出版传媒上市企业在证券市场融资参与出版经营活动,支持国有出版传媒企业通过上市融资的方式吸收民间资本,实现对民间资本的有序开放。

七、支持民间资本参与"走出去"出版经营,从事图书、报纸、期刊、音像制品、电子出版物等出版产品的出口业务,到境外建社建站、办报办刊、开厂开店等出版发行业务。经批准,对面向境外市场生产销售外语出版物的,可以配置专项出版权。

八、支持民间资本投资成立版权代理等中介机构,开展版权贸易业务。

九、支持民间资本投资设立的文化企业通过所在地区新闻出版行政管理部门申报新闻出版改革和发展项目,申请国家文化产业发展专项资金。

十、支持民间资本参与出版产业园区和产业基地建设,在项目安排、资金支持、税收优惠等方面予以国有资本同等待遇。

支持民间资本参与出版经营活动,对于出版行业持续健康发展具有十分重要的意义。各级新闻出版行政管理部门要认真贯彻落实国发〔2010〕13号文件精神,继续深化改革,规范市场准入,为民间资本从事出版经营活动提供良好环境和制度保障。要切实加强指导和管理,引导民间投资主体按照国家的法律法规要求,认真履行审批备案程序,依法经营,诚实守信,履行社会责任。要不断提高管理水平,做到依法管理、科学管理、有效管理,确保民间资本参与出版经营活动健康发展。

本章思考与练习

一、填空题

1. 规定是机关、团体、企事业单位为_____而制定的具有公文性质的规章类文书。
2. 规定是规章制度类文书,它用于对_____的工作和事务制定具有_____的行为规范。
3. 按照发布的行政机构和实际作用,规定可分为_____规定和_____规定两种类型。
4. 章程是党政、社会团体、工商企业等组织机构制定的关于本组织机构的_____、_____、_____、成员、_____、_____、组织原则、办事原则、活动方式、经费来源等的公文性规章类文书。
5. 章程从内容上看,有_____和_____两类。

6. 制度是各级机关、企事业单位或部门制定的要求_____的规章类文书。

7. 办法是领导机关或职能部门根据有关法令法规制定的_____、_____的具体规定的文件。

8. 规则是国家机关及其职能部门、企事业单位根据需要对一定范围内的_____、_____制定的要求共同遵守的行为规范。

9. 守则是国家机关及其职能部门、团体组织、企事业单位制定的要求共同遵守的_____和行为准则。

10. 准则是国家机关、企事业单位制定的要求全体成员自觉遵守的_____、_____、言行作风方面的原则性规范。

11. 细则是机关、单位对贯彻实施的法律法规、行政规章的条文进行_____而制定出的具体要求和_____。

二、选择题

1. 规定的标题一般不写（　　）。
   A. 时间　　　　　　　　　　B. 制定单位（机关）
   C. 制定事由（项目）　　　　D. 文种

2. 章程和"规定"等具有共同的特点，下列选项最能够体现章程特点的是（　　）。
   A. 作用的规范性　　　　　　B. 思想的纲领性和执行的自觉性
   C. 内容的严密性　　　　　　D. 执行的稳定性和制定的程序性

3. 制度的主体部分不包括（　　）。
   A. 制度制定的目的、要求、适用范围等　B. 制度的各项具体规定
   C. 制度施行的要求及生效日期　　　　　D. 制度制发单位名称和成文日期

4. 办法的正文不包括（　　）。
   A. 简明扼要地说明制发的目的依据　B. 分若干条款写出具体内容
   C. 制定本办法条款的理由　　　　　D. 提出实施要求

5. 规则、守则、准则、细则正文的开头不可以（　　）。
   A. 一开头就分条　　　　　　B. 用序言开头，然后分条
   C. 用分章分条的章条式　　　D. 不分章条，整体叙述

三、简答题

1. 规章制度类文书包括哪些文种？（说出六种以上）
2. 规章制度类文书主要作用是什么？
3. 规定除了具有规章制度类文书的共同特点，还具有什么特点？
4. 规定的标题怎么写？
5. 章程的主要特点是什么？
6. 章程的写作格式一般由哪几部分组成？
7. 章程的标题怎么写？
8. 章程的正文怎么写？
9. 制度的作用是什么？
10. 制度的特点是什么？
11. 制度有哪些类型？

12. 简述部门管理制度的特点。
13. 办法有什么特点？
14. 常见的两种办法是什么？
15. 办法的标题怎么写？
16. 办法的正文怎么写？
17. 规则的标题怎么写？
18. 守则的标题怎么写？
19. 准则的标题怎么写？
20. 细则的标题怎么写？

四、论述题

1. 阐述规章制度类文书的三大特点。
2. 阐述规定正文的写法。
3. 阐述规定写作需要注意的有关事项。
4. 阐述制度的写作。
5. 阐述规则、守则、准则、细则主要区别。
6. 阐述规则、守则、准则、细则正文的写法。

五、分析题

简析某厂制定的《门卫管理制度》在写法与格式上的特点。

门卫管理制度

一、门卫是本厂精神文明的窗口。工作人员在值班时间务须衣饰整洁，对来访者要以礼相待，态度和蔼。

二、门卫工作人员必须坚守工作岗位，做好安全保卫工作。

三、传达室内除正常工作人员及外来联系工作人员以外，任何人不准在室内谈天闲坐。外来联系工作人员必须出示介绍信，并进行来访登记，方可进厂。

四、上班时间谢绝会客。凡私人电话除急事外一律不传呼。集体参观必须有上级主管部门介绍信，并事先与本厂有关部门联系，取得同意后才能参观。个别参观、照相一律谢绝。

五、凡本厂职工上班一律不准带小孩，不准带零食，不准穿拖鞋。进厂时必须衣冠端正，佩戴厂徽（佩在左胸上方），未佩戴者登记上报。外包工、临时工、外来学习培训人员应出示临时工作证。

六、凡本厂职工迟到者必须登记；在上班时间因公外出者，应持有出厂证；凡批准病假、事假、调休等人员应持有准假证；喂奶者必须有喂奶证。所有持证人员必须在门卫登记后才能出厂。无证出厂者，门卫有权登记并及时上报人保科，一律以旷工考核。

七、凡厂内的原辅料、生产设备、工具零件、成品、半成品等一切物资一律凭成品物资出厂单或实物现金发票出厂，凡私人拎包等物出厂要主动向门卫打招呼。对不符合手续出厂的物品门卫有权询问、检查或扣留。

八、各种车辆按指定地点停放，未经批准不准进入厂内。

六、作文题

1. 为你所发起的或参加的某一社团写一份章程。
2. 为你们的寝室写一份自管规则。

第 9 章　礼仪函牍

9.1　贺　信

9.1.1　贺信的定义

贺信，就是向特定对象表示祝贺的信函，它是用于在某一组织或某部分公众取得某种成就、获得某项荣誉或者欢度某一节庆时，对其表示庆贺的文书。

在社会交往中，贺信不仅对收信方具有鼓舞、激励的作用，同时对广大群众也具有宣传教育作用。

贺信是函牍的一种。函牍种类很多，如感谢信、慰问信、邀请信等等。

函牍，即信函，是书信的雅称。它是指某一社会组织为与其他组织和社会公众沟通感情、交流信息，树立自身形象而采用的带有公共关系色彩的书信形式的应用文种。这类信函，既不同于法定公文的函，也不同于纯粹的私人通信。私人通信属隐私范畴，公务信函也无必要人人知晓。

但是，这类信函不但不求保密，反而除了保证使收受一方阅知以外，有时还着意宣扬，故意散播，希望知晓的人数越多越好。传播方式除了邮寄、递送，还常常公之于众，如在公共场所张贴，在公众场合宣读，在报纸登载，在电台播出，利用大众传媒工具来传播等。在这样传播过程中，不但向收信方表示了礼貌友好态度，同时也使公众对写信一方的观念、意向、行为等有所了解，扩大了本组织的知名度和美誉度。此即这类函牍的公开性特点。

在一般公务信函或商务信函中，洽谈事务是致信的主要目的，也是公函的主体内容，信中的称谓语、致敬语、具名谦称等礼仪礼貌与信的主体内容相比，则是次要的、辅助性的。但这类函牍明显带有公关色彩，其礼仪性融会于整篇信函，并居于主导地位，这是由它主体内容的礼仪性决定的。这类函牍所要重点表达的，正是对收信一方的祝贺、感谢、慰问、邀请等礼貌性态度。这种态度不仅是针对收信方的，同时也是面对其他公众的。正是在这种情感和态度的礼仪性展示中，不仅使对方，同时也使公众心中留下对写信人的良好印象。此即，这类函牍的礼仪性特点。

这类函牍在时间紧张、争抢时效时，就可写成电文形式，诸如贺电、感谢电、慰问电、邀请电等。这种礼仪性电文并没改变信函的实质，只是篇幅上精短而表达上更为集中。还有一种情况，有的函牍适用事项并不十分明确，向公众致意的内涵也不单纯，有些模糊、综合的意味。它们往往不标明具体文种，而是以《致读者》《给用户的一封信》等标题出现，在性质与效用上，与公关广告很为接近。总的来说，各种礼仪性函牍在文章结构和写法格式上大体相通，与公函的规范谨肃不同，也有别于私人通信间的简易随意。

9.1.2 贺信的特点

贺信的主要特点是它的表彰性、赞颂性、庆贺性。

贺信适用于对单位、部门、集体、个人取得重大成就、做出巨大贡献的祝贺。比如某单位的周年庆，或胜利召开重要会议，或某重大工程竣工，或某科研项目获得成功，或某项重大任务完成，或某重要人物寿辰等，都可用贺信表示祝贺。对于诸如此类的祝贺，作为上级给下级单位或个人发出的贺信，就带有表彰性；如果是同级单位之间的贺信或下级单位、普通群众给上级或上级机关单位的贺信，则明显带有赞颂性和庆贺性；如果是对重要人物寿辰的贺信，则都是以庆贺性的言文为主，同时也兼对其人生成就的赞颂。

9.1.3 贺信的类型

贺信一般以传统信函的式样为正宗，当运用现代电信方式传发时，贺信便有了它的"变式"，即贺电，贺电比起贺信来，它是贺信的"压缩版"，它只是在篇幅上更短小、语言上更精练。这是从内容上反映出来的。从传发形式上看，贺信分几种形式，有邮寄的贺信、有专人送达贺信、有张贴的贺信、有报刊上登载贺信、有电台广播贺信、有电视播发贺信、互联网网发的贺信等。

9.1.4 贺信的写作要领

贺信包括标题、称谓、正文、结语、落款五个部分。

1. 标题

在第一行居中写上"贺信"，字号稍大；也可以在"贺信"二字前面写上谁给谁的贺信，如"×××致×××的贺信"。

2. 称谓

称谓就是接收贺信的单位、团体或个人。

在标题下空一行，顶格写收信方的名称或个人姓名。若写给个人的，在姓名后通常要加上职务或职称等，在姓名前还可加"尊敬的"等敬语。称呼之后一定要用冒号。

3. 正文

正文须另起一行，开头空两格。写这部分内容大体分三步。

（1）以具体所贺的事项为由头，用一句话向对方表示热烈的祝贺。

（2）阐述对方取得成绩的重大意义。概述对方取得的成绩，并分析原因。根据所贺事项及其不同内容情况，在这样几个关键词上进行阐述：成就，成绩，成功，贡献，功德，作用，意义，重要性，影响力。同时要洋溢着热烈赞颂、庆祝、表彰的情致。

（3）以祝颂语作结。向对方表示热烈祝贺、美好祝愿、热情鼓励、殷切希望，要向对方学习。

4. 结语

结语要写上祝愿的话。如"此致—敬礼""祝好"等。

5. 落款

在正文右下方题写发信单位名称或姓名并写明日期。

6. 注意事项

（1）要注意贺信与贺电的区别。二者结构基本相同，贺电比贺信在内容上相对简单，只要说明所贺何事即可。贺电是电报的一种，必须简洁、明确，尽量节省文字，惜墨如金。同时，发贺电既节省时间，又表示郑重，更能快速传递祝贺信息。

（2）要注意实事求是，恰如其分评价对方，不要言过其实；态度真诚，感情热烈，给人以鼓舞和力量。语言明快，生动有文采，但不要堆砌辞藻。

范文精选（以网发电邮，祝贺清华大学110周年华诞）

贺　信

尊敬的邱勇校长：

百年春秋，又十载岁月；不懈育人，当青史流芳。值此清华大学110周年华诞，我谨代表微软向贵校全体师生员工和广大校友致以最诚挚的祝贺。

110年来，清华大学秉承"爱国奉献、追求卓越"的传统，恪守"自强不息、厚德载物"的校训，弘扬"行胜于言"校风，践行"严谨、勤奋、求实、创新"的学风，建设成为中西融汇、古今贯通、文理渗透的世界一流大学，培养出大批学术大师、兴业英才、国之栋梁，写下无数隽永篇章。新冠肺炎疫情期间，贵校以国家至上、以人民为先、以育人为本，承担巨大的社会责任，充分体现创新、大局和担当。

自1998年成立以来，微软亚洲研究院与清华大学在科学研究、人才培养、学术交流、课程创新等方面开展了广泛而密切的合作，结下深厚友谊。清华大学—微软软件科学实验班、媒体与网络技术联合实验室、创新与知识产权联合研究中心、全球创新学院等平台的建立，与文理工医多个院系的携手，联合培养博士，多场"二十一世纪的计算"学术研讨会的举办，均取得了丰硕成果。深盼微软与清华大学在未来进一步加强联系，推动业界与学界的协同发展，为我国高等教育事业做出更大贡献！

水木清华，钟灵毓秀；庄严贵校，巍然中央。站在新的历史方位，清华大学定会展现新气象、取得新成绩、铸就新辉煌。预祝贵校110周年庆典活动取得圆满成功！

洪小文（签名）

微软全球资深副总裁，微软亚太研发集团主席，微软亚洲研究院院长
2021年3月

9.2　手机祝词

9.2.1　手机祝词的定义

手机祝词，就是用手机打写、手写并发送的向特定对象表示祝愿的言辞。

手机祝词是手机短信的主要内容。在类如爱情短信、祝福短信、搞笑短信，或另类短信、言情短信、节日短信，或所谓整人短信中，都少不了祝词，而就手机短信整体内容来看，祝词的含量占很大的比重。无论是感谢、道歉、致贺、祈愿，还是慰藉、存问、抒怀、申悃；或者致意的内涵不甚单纯、各种意向和态度兼而有之，或者本来就带着些模糊、综合的意味；不管是出于礼节性的，还是自于真实情感，都要捎上祝词话语。

手机祝词在现代人际交往中的作用很不一般。一条洋溢着热烈亲切感情的手机祝词，会使人感到温暖和爱心，产生亲和力。选择适当的时机，发一条感情真挚、措辞得体、能够充分表情达意的手机祝词，对融洽双方的关系，实现感情联络，广结人缘，消除敌意和误解，获取信任和支持，创造充满善意的活动空间，是一种很有效的手段。

9.2.2 手机祝词的特点

1. 浓缩性

就手机祝词发信方来说，纵使百感交集，纵使感慨万千，千言万语可以浓缩成几句短短祝词。

2. 精微性

就手机祝词本身的字符量来说，那绵长意味，那丰厚感怀，似海深情见诸精短深微的寸幅之中。

3. 快捷性

就手机祝词的传送方式来说，无论你在长江这头她在长江那头，也无论你在美国她在中国，只要手指头轻轻一按，或中国移动，或中国联通，或其他什么"通"就会在须臾之间实现你的传送。

4. 消遣性

就手机祝词制发的性质来说，无论是发信方，还是收信方，你可以郑重其事，慎之又慎，她也许就漠然置之，全作消遣。当然，以发送手机短信为闲适嬉戏的消遣更不在少数，这是由手机信息消费心理决定的。

5. 记载性

就手机祝词发送和接收的存储来说，每一条手机祝词都是发信方表情达意的文字记载，不管你发送的初衷和出发点是什么，存储的文字都可以认作是你主观态度的表达。

9.2.3 手机祝词的类型

手机祝词的种类可以从内容上来分，这主要是看发信方祝愿或祝颂对方哪一方面，大体说来有近十种，主要是工作方面祝词、感情方面的祝词、生活方面的祝词、事业方面的祝词、节庆方面祝词、健康方面的祝词、寿辰方面的祝词、终身大事方面的祝词、具体事项的祝词等。

手机祝词还可以从祝愿、祝颂对象上来分，诸如给父母的祝词、给教师的祝词、给同学的祝词、给朋友的祝词、给战友的祝词、给领导的祝词、给同事的祝词、给合作伙伴的祝词、给竞争对手的祝词等。

9.2.4 手机祝词的写作要领

手机祝词没有固定格式,想怎么写就怎么写,可以自由挥洒。

1. 写手机祝词一般不写标题

2. 称谓
(1) 用正式的敬语:"尊敬的×××""亲爱的×××""敬爱的×××"。
(2) 用昵称:"宝贝"之类的。
(3) 称对方职务,或直接叫"领导""首长"等。
(4) 按双方关系称呼:"老同学""老首长""老战友"。
(5) 按亲缘称呼:"老爸""老妈""兄、弟""姐、妹""老公、老婆"等。
(6) 叫对方外号。
(7) 不用称谓。

3. 正文
正文字数,少则几个字;多也多不过十几个字、二十几个字,再多不过三十几个字,尽量不要再多了。正文内容没有统一的写法,可文可野,可雅可俗,可工可散,可曲可直,一切可信手写来。

4. 落款
落款与称谓对应,也可以不写,考量后酌定。

5. 写时要学会控制文字
(1) 字与词控制。是讲求字词表意的精准。写手机祝词不是句的推敲,而是字的推敲、词的推敲,是斟字酌词。它不是写短文,相当于拍电报。
(2) 字数的控制。可以用字或词来完成表达的,不要用句子,更不能用长句,用独词句,或用短语句,是控制字数的好办法。
(3) 遣词造句还要注意与标点符号的配合,标点符号表意功能与文字是一样的,有时比文字还要显著,不少人发短信不用标点符号,写祝词,最好学会运用它。

6. 注意事项
对于公开或群发的短信,要注意社会影响,其内容必须是健康的、积极向上的。例如颇有文字修养的戴家祥先生给他的朋友们群发他加工润色的一则短信:
"活着真好,别在意钱财多少,汶川的震波分不清他是乞丐、你是富豪;活着真好,别计较权力大小,汶川的楼板识不得他戴斗笠、你戴官帽;活着真好,别再为世俗烦恼,汶川的废墟廓清了多少恩爱情仇、钩心斗角;活着真好,要珍惜生命的分分秒秒,汶川的幸存者为我们唱响英雄赞歌,中国人民、世界人民唱响爱的奉献、爱的伟大、爱的崇高。你可知道,我在默默地为你祈祷,衷心地祝愿我们的明天会活得更好!"
这则短信虽然字数略微"超标",但平实的语言充满感性、理趣,蕴藉深致,俗而能雅,且妙思联翩,旨意凝聚,多警策之意味,少游词泛语,文脉一气,浑然天成。

范文精选九则

1. 希望你学会轻松,用平常心去对待一切,不必太强求,开心最重要!
2. 新年到了,送你五千万:千万要健康!千万要平安!千万要知足!千万要快乐!千万不要忘记我!
3. 痛苦是不必的,快乐是渴望的,麻烦是暂时的,发展是永恒的,爱情是要用心去经营的,世界上没什么事大不了的。
4. 举头是春的希望,俯首是秋的收获;月圆是诗,月缺是画;愿所有的好事都追随着你、所有的快乐永远陪伴着你!
5. 祝你美丽胜桃花,浪漫如樱花,吉祥似雪花,运气逢鲜花,富贵赛牡丹花,芬芳比过茉莉花!每天都能乐开花。
6. 愿你求索的脚步执着迈进,追寻的征途没有泥泞,跋涉的尽头柳暗花明,必胜的信念永远坚定!努力吧,朋友!
7. 向老师敬上三杯酒:一杯酒祝贺老师华诞喜庆;二杯酒感谢老师恩深情重;三杯酒祝愿老师健康年年!
8. 愿你们用青春和汗水,聪明和才智,开拓更加广阔的人生之路。
9. 无默默之守,就无赫赫之功;有灼灼之光,才有昭昭之明。只要努力,只要创造,只要进取,胜利和荣耀就不会远离你。

9.3 感谢信

9.3.1 感谢信的定义

感谢信是单位、团体、个人为感谢对方的关心、支持、帮助而写的书信。

感谢信的用途颇为广泛,举凡对方(某一组织,或某类公众)在某一事项上或某一时期内给自己或自己一方有所帮助、支持、合作、谅解等,都可以此种信函表达感念和谢意。有的时候,似乎感谢的缘由并不十分显著、具体,则往往是组织的一种主动行为:借感谢信的形式表达对社会、对公众的善意。

9.3.2 感谢信的特点

感谢信的特点主要表现在以下三个方面。

(1) 以赞美、扬善、表达谢意真情为写作出发点。
(2) 以宣传好思想、好作风、好品格、树立新风、弘扬正气为主旨。
(3) 以美好形象、正面形象、好人好事、真善美为思想内容。
(4) 材料上有着明显的纯粹性特征,就是写感谢信的材料都是关心、支持、帮助他人具有无私奉献精神,助人为乐、舍己为人具有无私无畏优良品质的人物事迹。

9.3.3 感谢信的类型

(1) 从内容上来看,有关心照顾他人的、有支持某个人或单位工作的、有帮助某个人或单位办事情的等。

（2）从作者的角度看，有以单位名义写的、有以个人名义写的；从感谢对象来看，有感谢某个人的，有感谢某单位或团体的。

9.3.4 感谢信的写作要领

感谢信由标题、称谓、正文、落款四个部分构成。

1. 标题

标题一般都是直接写"感谢信"；也有的写"感谢对象＋文种"。如"致×××的感谢信"。

2. 称谓

称谓就是接收感谢信的单位或个人。

在标题下空一行，顶格写收信方的名称，或个人姓名。若写给个人的，在姓名前还可加"尊敬的"等敬语，在姓名后通常要加上"先生""同志"或职务、职称等，称呼之后一定要用冒号。

3. 正文

正文在称谓下面一行前空两格，写感谢的内容。

（1）先写明在何时何地得到对方关心、支持和帮助的，并表示感谢。

（2）再叙写对方关心、支持、帮助有什么效果。

（3）接着赞扬对方的精神品格，洋溢感激之情，表示要向对方学习的决心。

（4）最后小结一下，再一次表示感谢。

（5）于文末写上如"此致敬礼""致以崇高的敬礼"等作结。"此致"或"致以"另起一行空两格写；再另起一行顶格写"敬礼""崇高的敬礼"。

4. 落款

在正文右下方，写明写信单位名称或个人姓名，再于下一行写上年月日。

5. 注意事项

（1）对具体事实的叙写，要注意准确、清楚、流畅，让对方感到亲切，让单位群众充分了解。

（2）叙述中的议论、评价一定要适当，不要过火，感情要真诚，决心与表态也要适度。

（3）语气要亲切、自然、简洁、得体，篇幅宜简不宜繁。

范文精选（以单位名义，感谢读者无私善举）

书香永存
——致 2020 年捐书者的感谢信

尊敬的捐书读者们：

2020 年，江北新区图书馆陆续收到大家捐赠的图书 320 本，其中还不乏像《山海经》这样的珍藏版套装书籍。感谢陆雨婷、宋宣宏、胡茂伟、姜露、何生会、孙锦宣、袁江明实名捐赠读者，同时也感谢更多的匿名捐赠读者。图书馆全体同仁对您的无私善举，表示衷心的感谢！这些赠书，不仅丰富了图书馆的藏书资源，也让更多的读者和留守学生共享和利用这些宝贵的文献资源。再次感谢大家！

2021年，愿大家心想事成，身体健康！

南京市江北新区图书馆
2021 年 1 月 15 日

9.4　慰问信

9.4.1　慰问信的定义

慰问信是以组织或个人的名义向付出辛劳取得成就的或做出贡献的，或遭遇重大损失和灾难的群体或个人表示慰藉、问候、关心和鼓励的一种文书。

慰问信是向对方表示关怀、慰问的信函。它是政府机关或者个人，以组织或个人的名义在他人处于特殊的情况下（如战争、自然灾害、事故），或在节假日，向对方表示问候、关心的应用文。

9.4.2　慰问信的特点

慰问信具有安慰性、关切性、鼓励性的特点。

1. 安慰性

比如，在一方遭遇重大困难、重大损失或经历重大灾难时，及时地送上一封慰问信，便是给对方带来慰藉、安定和体恤，也能增添对方战胜当前困难、渡过难关的力量。

2. 关切性

比如，都说"每逢佳节倍思亲"，上级领导、上级党政机关在重大节日来临之际，都会给烈属、军属或人民子弟兵送上慰问信以表关怀，让他们有如亲人般的感念，以慰其思亲之情。

3. 鼓励性

比如，在一方获得成就、荣誉，或做出巨大付出，或遇到困难之时，慰问信能给对方带来鼓舞和力量，充分体现组织的温暖、领导的关怀，鼓励对方再接再厉，或鼓足克服困难的信心和勇气。

9.4.3　慰问信的类型

慰问信是用于向对方表示安慰、问候和关切、鼓励的文书。据此，可将慰问信分为以下三类。

（1）缘于对方获得成就、荣誉或做出贡献而表示的慰问。

（2）缘于对方遇到灾祸或困难而表示的慰问。

（3）缘于重大节日或值得庆祝的日子来临而表示的慰问。

当然，也有把慰问信分成两种的：一种是表示同情安慰；另一种是在节日里表示问候的。

9.4.4 慰问信的写作

慰问信一般包括标题、称谓、正文、落款四个部分。

1. 标题
标题有以下三种写法。
(1) 直接写"慰问信"三字。
(2) "写信人名称＋收信人称谓＋文种",如"××致××的慰问信"。
(3) "收信人称谓＋文种",如"致××先生的慰问信"。

2. 称谓
在标题下空一行,顶格写收信人的称谓。若写给个人的,在姓名前还可加"尊敬的"等敬语,在姓名后通常要加上"先生""同志"或职务,称呼之后一定要用冒号。

3. 正文
在称谓下一行前空两格,写慰问的内容。
(1) 写明有关背景,交代慰问缘由,先说上一句表示深切慰问。
(2) 叙写对方值得慰问的具体事情。是获得成就、荣誉和取得成就之时的慰问,要突出对方的辛劳、贡献和影响;是遇到灾祸和困难之际的慰问,要突出让对方得到慰藉的理由;是重大节日、值得庆祝的日子来临之际的慰问,要突出对方巨大付出、高贵品质和奉献精神。
(3) 表示共同的愿望和决心。写上表示敬意和祝愿的话作结。如"此致敬礼""祝你节日愉快""谨致崇高的敬礼"等。

4. 落款
在右下方写上单位名称或个人姓名和日期。

5. 注意事项
(1) 要掌握慰问的缘由和有关情况,根据不同的慰问对象来写。比如,对工作作出重大贡献的,就要着重赞颂其功绩;对遇到困难、遭受灾害的,就要着重表示关怀,鼓励他们增强克服困难的信心;对烈士、军属、伤病员、残疾人员等对象,要侧重于对他们奉献精神、价值、意义的赞颂,并给以安慰与鼓舞。
(2) 要有真诚心,感情不必热烈。慰问之意的表达需要的是真诚,要让对方感受到亲切的关怀和格外的温暖,或者让对方感受到巨大的鼓舞,焕发出勇气和力量。
(3) 要注意语言文字的运用,力求简洁、质朴、流畅,语气要诚恳、真切。

范文精选(缘于对方做出特殊贡献的慰问)

南京护理学会的慰问信

各会员单位、奋战在防控一线的护士姐妹兄弟们:
你们辛苦了!
2020年伊始,新型冠状病毒感染的肺炎疫情在中华大地肆虐。

生命重于泰山，疫情就是命令，防控就是责任。自疫情发生以来，在因恐慌造成的混乱中，在日常的生活惯性被打破，正常秩序中途受阻时，是你们——勇敢的白衣战士，迎着溃散的人群逆行而上——全力投入到抗击疫情的伟大战斗当中。在此，南京护理学会代表全市广大护理工作者向你们及你们的家人表示亲切的慰问，并致以最崇高的敬意！

虽万千人，吾往矣！你们这些具备专业知识和能力，拥有职业精神和职业荣誉感的"逆行者"们成了人们心目中的大英雄。人们开始把你们这些"虽然疲惫，但强迫自己必须坚持下去的普通人"誉为"不爱其躯，赴士之厄困"的守夜人和国士。"以国士待之，必以国士报之"。传说中的守夜人誓言正是你们的真实写照："长夜将至，我从今开始守望，至死方休……我将尽忠职守，生死于斯。我是黑暗中的利剑，长城上的守卫。我是抵御寒冷的烈焰，破晓时分的光线，唤醒眠者的号角，守护王国的坚盾。我将生命与荣耀献给使命，今夜如此，夜夜皆然。"

基辛格在《论中国》里说："中国人总是被他们之中最勇敢的人保护得很好。"这是我们身为中国人的幸运。

行到水穷处，坐看云起时。因为生命中有你们这些逆行者和守夜人，因为有你们这些勇敢者的保护，我们的生活虽不时会有险恶，但更充满令人感动的化险为夷的神奇。在这个没有硝烟的战场上，你们不顾个人安危，义无反顾地挺身而出，用自己的血肉之躯筑起一道"救死扶伤"的钢铁长城。实践证明你们是一支特别能吃苦、特别能战斗、特别能奉献的队伍，是一支招之即来、来之能战、战之能胜的队伍，是一支依靠科学、恪尽职守、勤奋敬业的队伍。你们用行动捍卫了"白衣天使"的荣誉。

奋战在防控一线的护士姐妹兄弟们，党和政府是你们最坚强的后盾，全市人民是你们最坚强的后盾，全市医护工作者是你们最坚强的后盾！希望你们继续保持不畏艰险、迎难而上、勇于拼搏、敬佑生命的优良传统和职业精神，同时，注意自身的防护、保证安全。我们坚信，在党中央、国务院和省市政府及卫健委的坚强领导下，在全市医护工作者的共同努力下，只要坚定信心、同舟共济、科学防治、精准施策，我们就一定会战胜这次疫情！

这里，用《南方周末》鼓舞过无数人的一段话送给你们：

让我们保持希望，让我们继续前行。

在这个时刻，我们无言以对，唯有祝福

让无力者有力，让悲观者前行，让往前走的继续走，让幸福的人儿更幸福；

而我们，在不停为你们加油！

最后，衷心地祝愿你们身体健康，工作顺利。期待你们平安归来！

南京护理学会
2020年2月3日

9.5 求职信

9.5.1 求职信的定义

求职信，是个人以书面形式向用人单位介绍、推荐自己，并提出供职请求和愿望的一种文书。

求职信是近年来在社会上使用比较广泛的应用文书。改革开放以来,我国用人制度有了很大变化,用人单位通过各种媒介向社会自主招聘人才,人才竞争日益激烈,求职信的写作已成为应聘者给社会送上的第一张"名片"。

9.5.2 求职信的特点

求职信是求职者向用人单位推荐自己,并希望得到认可的文书式样。"自荐"是它的出发点,由此它实现了求职者与用人单位的"单向"连接,从而完成求职者的直接诉求。这是它自荐性和单向性特征。而作为"推销"自我的"说明书",其主要特点又表现为:强调自我,扬长避短;信誓旦旦,但求认可。

9.5.3 求职信的类型

根据书写格式,可以把求职信分为:自传式求职信和简历式求职信两种类型。

9.5.4 求职信的写作要领

求职信由标题、称谓、正文、落款、附件五个部分组成。

1. 标题

直接写"求职信"或"求职函"字样即可。

2. 称谓

写用人单位(负责人),或人事部门(负责人)。一般是"××××厂""××××公司""××××公司负责人(领导)""××××厂人事部(处)负责人";有的在姓氏后面加上职务,如"李厂长""李处长""李经理";也有的加"先生""女士";同时可在称谓的下一行空两格,独立成段,写上"你(们)好"等敬祝语,也可不写。

3. 正文

(1) 重点写:自己的基本情况和求职条件(可以供职的优势)。

基本情况:姓名、性别、年龄、民族、籍贯、家庭住址、现住址、毕业学校、学历、专业(系)、政治面貌、身体状况、婚姻状况、性格特征、爱好特长等。

求职优势:在理论水平方面的优势;在专业知识、专业能力方面的优势;在政治思想修养方面、在社会实践方面、在道德品质方面;与人合作、与人共处等。(有的优势需要提供材料证据)

(2) 简单写:用两三句话概括自己对求职的态度及其对贵单位的认识。

(3) 简单写:用一两句话直截了当地提出应聘的职位、待遇。

(4) 按信函的格式写上"此致敬礼"之类的敬语作结。

4. 落款

这个项目一定要写准确。每一点都要清晰。它包括姓名、日期、联系地址、邮政编码、电话号码、手机号码、电子邮箱等。

5. 附件

有关证书、证件材料的复印件。

6. 注意事项

(1) 内容要简短，表达要凝练，万万不要长篇大论，一般以 600 字左右为宜。

(2) 自我介绍要符合实际，对自己评价要客观，不要言过其实。

(3) 态度真诚，话语恳切，尊重对方，不卑不亢，不能溜须拍马。

范文精选（应届毕业生求职）

求职信

尊敬的领导：

  我是一名本科应届毕业生，计算机专业，学士学位。大学四年，打下了坚实的专业理论基础，学得了坚强的实践能力，也具备了一定的组织能力和良好的团队精神。

  理论学习方面。在校期间，认真学习专业知识理论，阅读了大量计算机书籍。对于法律、文学等方面的非专业知识我也有浓厚的兴趣。在专业考试中屡次获得单科第一。获得院二等奖学金一次，院三等奖学金五次。获第三届大学生科学技术创作竞赛一等奖。获学院 2020 届优秀毕业设计。

  专业知识方面。精通、主修 C 语言、数据结构、网页设计、计算机组成和原理、网络技术、数据库原理以及 AutoCAD、CorelDRAW 一些制图课程。并在业余阅读了大量的书籍来充实自己的专业知识，并能熟练操作 Word 20××、Windows、Excel 20××、Dreamweaver 等软件，熟悉 Microsoft Access 数据开发以及 flash 等网页设计。

  工作方面。曾担任院学生会成员、副班长等职，现任计算机系团总支组织部部长。多次组织系部、班级联欢会、春游等活动，受到老师、同学们的一致好评。

  思想品德修养方面。品质优秀，思想进步，笃守诚信的做人原则，善于与人合作。在校期间，光荣加入中国共产党。

  社会实践方面。在校期间多次深入企业实习，增强了社会实践能力。尤其是动手能力，曾在苏州新区的富士通公司、高达公司实习，深得指导师傅赞赏。在江苏金城集团、江苏省电信科学技术研究院实习，参加工程项目，完全可以独当一面。

  尊敬的领导，心怀诚挚之念，理想锦绣明天，我期待着能为成为贵公司的一员。

  祝您工作顺利，平安，幸福！

  附件：1. 学历证书复印件 1 份
     2. 获奖证书复印件 9 份

求职者×××
××××年×月×日

我的联系电话：××××××××××
住址：××市××区××路××号

9.6 介绍信

9.6.1 介绍信的定义

  介绍信，是单位工作人员与外界联系工作、磋商问题、处理事务时所出具的证明身份和说明事由的文书。

介绍信是机关、团体、企事业单位之间联系公务的常用工具。

9.6.2 介绍信的特点

介绍信具有说明性、证明性而实效不大的特点。

说明性，是说明持信者的单位、姓名、身份、接洽事项等。

证明性，是介绍信文本中的单位名称和印章对于持信者的身份有一定的证明作用。

实效不大，是指介绍信并不是法定身份证明，也不是办理重要事项的可靠依据和凭证。

9.6.3 介绍信的类型

介绍信主要有格式介绍信和手写介绍信两种：

格式介绍信，是印刷介绍信，它是印制成固定格式，随用随填，有编号、页码、印章、留骑缝章存根。

手写介绍信，是随用随写，有时连公章也不盖，就跟便条差不多。

9.6.4 介绍信的写作要领

介绍信的结构一般包括标题、称谓、正文、落款四个部分。

1. 标题

一般用较大的字号居中写明"介绍信"三字。

2. 称谓

顶格写上收信单位名称或个人称呼。

3. 正文

另起一行空两格，写持信人姓名、身份和接洽的事项等。如有必要，还可写上政治面貌、职务、职称，以让对方有所了解，妥善接待。再写表示祝愿和敬意的话，如"请接洽""祈请合作""此致敬礼""特此证明"等。

4. 落款

写上出具介绍信的单位全称和日期，并盖上公章。

5. 注意事项

（1）出具介绍信要严肃认真，实事求是，不得冒名顶替，弄虚作假。

（2）信中所写的接洽、联系的事项，要概括起来写，形成概念性的句子。

（3）重要的介绍信要留有存根或备份。存根和备份的内容与出具的介绍信完全一致。

范文精选（手写介绍信，盖章）

介绍信

××运输公司：

  兹有我公司采购部经理王××同志到你处办理第一、二季度运费结算、第三季度药品运输手续等事宜。请接洽。
　　此致
敬礼

××医药公司（章）
××××年×月×日

9.7　申请书

9.7.1　申请书的定义

申请书，就是个人或集体向某一组织、某个机关、某个单位或上级领导提交的书面请求，是个人或集体表达意愿的一种应用文书。

申请书的使用范围很广，个人志愿加入党组织、团组织或其他群众组织时，可以使用申请书；个人、单位、团体组织或其他各部门，在生产、学习、工作、生活等方方面面，有很多事情必须要经过上级领导批准方可办理，这也需要使用申请书。

9.7.2　申请书的特点

申请书是一种专用书信，具有申求性、单一性和郑重性的特点。

1. 申求性

申请书是为了办理某一事项或者说为了达到某一目的而写的，申述要求是它写作的唯一理由。

2. 单一性

申请书也是一文一事，一份申请书一般只表达一个请求，不能把不同的要求写在同一份申请书中。

3. 郑重性

申请书写作是一件严肃的事情，因为用申请书形式来诉求的事由都是比较重要的，所以写申请要经过深思熟虑，它不是一般的口头要求，不能草率从事。

9.7.3　申请书的类型

申请书的种类繁多，常用的有：入党申请书、入团申请书、加入其他各种社团组织申请书、出国留学申请书、求职申请书、生产项目申请书、购置设备申请书、科研项目申请书、取消处分申请书等。

9.7.4　申请书的写作要领

申请书包括标题、称谓、正文、落款四个部分。

1. 标题

第一行居中写上"申请书"三字;也可在"申请书"前加上申请的具体事由,如"入党申请书""科研项目申请书"等。

2. 称谓

写接收申请的上级单位或组织或有关领导的称呼。如"××党支部""××学会"等;又如"××书记""××经理""××会长"等。

3. 正文

正文一般分三个层次来写。

(1) 说明申请的原因。

交代申请书写作背景,述说事情原委,阐述所要申求事项的具体原因。

(2) 提出明确的申请事项。

提出请求要明确、具体,不能含糊其词,但不要多说,把申请书的要求事项说清楚就可以了。

(3) 说明请求事项的理由。

这是全文的重点内容。主要阐述要求的合理性、必要性。要把要求说得合情合理,一切从实际出发,阐说其客观必要性、主观的重要性,同时,强调该要求在客观上是确实可能的,也是确切可行的。

(4) 对愿景表示态度。

表明意愿如果实现后保证。不要多写,点到即止。比如开业申请,要保证遵守国家的有关政策、法令、法规,维护市场秩序,按章交纳税金,价格公平合理,服务热情周到等。比如申请入党,表明保证遵守党章规定,履行党的权利和义务,遵守党的纪律等。

(5) 以习惯语作结。

用诸如"此致,敬礼""谨此,请批准""专此,请予批准""请接受我的申请,请党组织考验我""盼望早日加入中国共产党组织"等。也有写一些感谢、祝颂、希望批准的话语的。

4. 落款

在右下方先写上"申请人"三个字,然后空一格,再写上申请人的名字,或组织的名称并在名字下方写上日期。

5. 注意事项

(1) 要对申请书这一文种的有关文体知识有所把握。申请书和公文中的请示都是属于请求一类,但请示是法定公文,申请书是事务类书信;请示都是公务写作,而申请书则多数是表达个人或集体的意愿。

(2) 请求的事由要真实清楚,让上级一看就应能了解申请人的意愿和具体情况。如果事由不真实、不清楚,请求就失去了依据,就会影响组织或领导的研究处理。

(3) 要尽可能写得简练些,上级已经了解的事情,少写或不写;语言要准确、得体。

范文精选一（院校学生申请加入党组织）

入党申请书

敬爱的党组织：

　　加入中国共产党是我的光荣梦想。中国共产党是中国工人阶级的先锋队，同时是中国人民和中华民族的先锋队，是中国特色社会主义事业的领导核心，代表中国先进生产力的发展要求，代表中国先进文化的前进方向，代表中国最广大人民的根本利益。党的最高理想和最终目标是实现共产主义。

　　经过参加学习，我对党的性质、宗旨、纲领和路线方针政策有了较深的认识，认识到中国共产党是伟大、光荣、正确的党。因此，我怀着十分激动的心情向党组织提出申请，我志愿加入中国共产党。

　　去年，我通过自己的努力，以远远高出一本的优异成绩考入江苏警官学院，我的思想方面也有了较快进步，这与党对我的教育、关怀和培养是分不开的。如今，我更是以坚定的步伐迈向党的队伍，因为我懂得，在中国大地上，从来没有任何一个政治组织像我们党这样集中了这么多先进分子，组织得这么严密，与社会联系得这么广泛，为中华民族作出了那么多的牺牲，同人民群众保持着密切的血肉联系，始终代表最广大人民的根本利益；从来没有任何一个政治组织像我们党这样勇于追求真理、修正错误，善于总结经验、不断提高自己，在各个不同的历史时期，提出科学的理论、路线、方针和政策，领导人民不断夺取革命、建设和改革的伟大胜利。在新民主主义革命时期，党领导全国人民进行了艰苦卓绝的斗争，建立了新中国。在社会主义建设时期，党又领导人民进行社会主义现代化建设道路的探索，经过长期的艰苦努力、摸索实践，我们党领导全国各族人民团结拼搏，开拓进取，在经济、政治、文化、外交、军事等各方面都取得了伟大的成就。进入21世纪，我们党明确了完成中华民族伟大复兴历史使命，正在继续推进现代化建设、完成祖国统一、维护世界和平与促进共同发展。虽然在我们前进的道路上还会有许多困难和艰辛，但我坚信：有中国共产党的正确领导，任何艰难险阻都能克服。我决心在党组织的培养和帮助下，努力学习，积极进取，走向美好的共产主义明天。

　　今天，我虽然向党组织提交了入党申请，但我知道，我距离一名共产党员的标准还有差距。作为一名共产党员，不仅要做一个解放思想、实事求是的模范，更要在不断改造客观世界的同时，改造主观世界，树立共产主义远大理想，做一个彻底的唯物论者和无神论者。因此，希望党组织从严要求我，使我更快进步。今后，我将按照党章规定的共产党员标准严格要求自己，自觉接受党员和群众的帮助与监督，努力克服自己的缺点和不足，争取早日在思想上进步，在组织上入党，做一个坚强的共产主义战士。

　　请党组织考验我！

申请人 ×××
20××年×月×日

范文精选二（员工转正申请）

转正申请

尊敬的领导：

　　我于20××年3月9日成为公司的试用员工，到今天6个月试用期已满，根据公司的规章制度，现申请转为公司正式员工。

　　作为一个应届毕业生，初来公司，曾经很担心不知该怎么与人共处，该如何做好工作；但是公司宽松融洽的工作氛围、团结向上的企业文化，让我很快完成了从学生到职员的转变。

　　在轮岗实习期间，我先后在工程部、成本部、企发部和办公室等各个部门的学习工作了一段时间。这些部门的业务是我以前从未接触过的，和我的专业知识相差也较大；但是各部门领导和同事的耐心指导，使我在较短的时间内适应了公司的工作环境，也熟悉了公司的整个操作流程。

　　在本部门的工作中，我一直严格要求自己，认真及时做好领导布置的每一项任务，同时主动为领导分忧；专业和非专业上不懂的问题虚心向同事学习请教，不断提高充实自己，希望能尽早独当一面，为公司做出更大的贡献。当然，初入职场，难免出现一些小差小错需要领导指正；但前事之鉴，后事之师，这些经历也让我不断成熟，在处理各种问题时考虑得更全面，杜绝类似失误的发生。在此，我要特地感谢部门的领导和同事对我的入职指引和帮助，感谢他们对我工作中出现的失误的提醒和指正。

　　经过这六个月，我现在已经能够独立处理公司的账务，整理部门内部各种资料，进行各项税务申报，协助进行资金分析，从整体上把握公司的财务运作流程。当然我还有很多不足，处理问题的经验方面有待提高，团队协作能力也需要进一步增强，需要不断继续学习以提高自己业务能力。

　　这是我的第一份工作，这半年来我学到了很多，感悟了很多；看到公司的迅速发展我深深地感到骄傲和自豪，也更加迫切地希望以一名正式员工的身份在这里工作，实现自己的奋斗目标，体现自己的人生价值，和公司一起成长。

　　在此我提出转正申请，恳请领导给我实现理想的机会。我会用谦虚的态度和饱满的热情做好我的本职工作，为公司创造价值，一起走向美好的未来！

申请人　×××
20××年×月×日

9.8　倡议书

9.8.1　倡议书的定义

　　倡议书，是就某项公益性或者志愿性活动提出建议、发出倡导，以期引起人们响应的一种文书。

　　倡议书是就某项公益性或志愿性活动提出建议、发出倡导。所谓倡议，不仅指建议，还含有从我做起，身体力行，率先垂范，做出表率之意。倡议书在社会生活中可以更大范围地调动群众的积极性，自觉地开展各种公益活动或竞赛，完成一些具有广泛社会意义事项。

9.8.2 倡议书的特点

倡议书的特点在于它的发起性、公益性、吁请性。

1. 发起性

倡议书的礼仪性不很明显，它不仅是建议，还含有从我做起，身体力行，率先垂范，做出表率之意，所以倡议书往往带有发起性。

2. 公益性

倡议书所提倡的，均应是有益于社会和公众的文明、道德、健康的事项，如助残、帮困、救灾、慈善，乃至爱鸟、植树等。它所反映的应当是符合现代社会文明准则、公共道德的进步观念，其目的是弘扬正义，禁除邪恶，建立新型的人际关系、社会秩序和群体风气。

3. 吁请性

倡议书的对象很广泛，它是面向整个部门、行业、地区，甚至全国发出，可以在更大范围内调动人们的积极性。它是对所倡导的活动或行为发出的呼吁，以吁请大家一起响应起来，积极参与到有意义的活动或行动中去。但这种吁请不是具体到某个人，有时也不是人人都表示响应的。

9.8.3 倡议书的类型

倡议书一般有个人发出的；有某一群体发出的；有某个单位发出的。

倡议书在内容上，有倡导文明、道德风尚的；有倡导健康、卫生事项的；有倡导助残、帮困活动的；有倡导救灾、慈善行动的；也有倡导爱鸟、植树保护自然环境的。

9.8.4 倡议书的写作要领

倡议书包括标题、称谓、正文、落款四个部分。

1. 标题

居中写上"倡议书"三个字；也有按公文式标题写的，"倡议发起者名称＋倡议事项＋文种"，如《南京易得力潘生荣公司关于开展助残帮困活动的倡议书》。

2. 称谓

顶格写上倡议发出对象的名称。

3. 正文

首先需要对所倡导的活动或行为的内涵、意义、合理性、可行性做出充分翔实的阐发。

其次要对活动的内容提出切合实际、翔实具体、可操作的意见。为了清楚明确，一般采用分条列项来写。

结尾是正文的一部分，一般都是倡议者表示决心和希望。

4. 落款

在正文右下方写明倡议者的名称或姓名并写上日期。

5. 注意事项

（1）倡议的事项内容一定要有意义。要选择社会需要、群众关注、符合政策、于国于民有利的事项来提出倡议，这样才会获得大家响应。

（2）倡议要求一定要具可行性。为了让大家理解并能响应，就要讲明道理，讲清倡议的目的意义，以激发公众的热情，行动起来参与到倡议活动中去。

范文精选（单位发出的、倡导健康卫生事项）

县教育局关于做好新型冠状病毒疫情防控工作的倡议书

全县广大师生和家长朋友们：

生命重于泰山，疫情就是命令。为坚决打赢新型冠状病毒疫情防控攻坚战，确保全县师生身体健康和生命安全，特发出如下倡议：

一、学校要争做疫情防控的主力军。全县各级各类学校认真贯彻落实上级部署，把疫情防控作为当前最重要的政治任务，提高站位，履职尽责，切实增强疫情防控的责任感和使命感。学校党员干部特别是领导班子，要坚决克服麻痹思想，增强底线思维和风险意识，主动扛起防控责任，引导广大师生和家长积极传播正能量，树立信心，规范言行，构筑疫情防控的坚强壁垒，形成群防群治的强大力量。

二、教师要争做疫情防控的先锋队。全县广大教职员工要在履行岗位职责上争当先锋，引导学生和家长正确理解、积极配合、科学参与疫情防控。要在担当社会责任上争当先锋，加强疫情防控宣传力度，不造谣、不信谣、不传谣，配合社区做好志愿者，共同维护社会公共秩序。要在守护家庭防线上争当先锋，时刻关注家人健康，督促家庭成员做到不串门、不集会、不聚餐、不食用野生动物，发现疫情主动报告、主动隔离、主动就诊，筑牢防控疫情的家庭防线。

三、学生要争做疫情防控的生力兵。全县广大学生要主动学习新型冠状病毒的防护知识，养成良好卫生习惯，出门戴口罩，回家勤洗手，共同保持社区及家庭环境整洁卫生。要合理安排作息时间，保持充足睡眠，加强体育锻炼，增强体质和免疫力。要养成良好的生活习惯，多阅读经典名著，收看有益身心的电视节目，认真完成寒假作业，为新学期的学习生活做好准备。

四、家长要争做疫情防控的后援团。全县广大家长要切实履行好监护人的职责，提高防护意识，做好个人及家庭成员的健康监测，尽量减少孩子外出，居室常通风，衣被常晾晒。不走亲访友，不举行、不参加聚会聚餐，不将孩子送至校外培训机构参加任何形式的培训活动。孩子如有发热、咳嗽、腹泻等症状，要及时到规定的发热门诊就诊，避免乘坐公共交通工具。要密切关注学校相关通知，配合学校落实相关防控措施。

全县广大师生和家长朋友们，我们要用科学、理智的态度对待和预防新型冠状病毒疫情，破除侥幸心理，切实筑牢健康防线！从我做起，从现在做起，从每一个卫生习惯做起，携起手来，共同打赢这场新型冠状病毒疫情防控工作的攻坚战！

泗阳县教育局
2020年1月30日

9.9 建议书

9.9.1 建议书的定义

建议书,是个人或团体就某一现实问题,向领导或有关部门提出建议、意见及其相应的处理措施的一种文书。

建议书是发扬民主、广开言路、集思广益、发动群众参政议政的有效手段,也是国家机关同社会沟通的一大渠道,是贯彻群众路线的一种好形式,在政治生活和社会生活中发挥着重要的作用。

9.9.2 建议书的特点

1. 具有一定的自由度

建议书有它一定的自由度。它跟提案不同,提案是由法定机构或个人提请国家代表机关或一定的组织会议讨论、处理的意见。而建议书的提出却要随便一些,它不需要走法定程序,完全是个人或团体的自主行为,所以建议书也被称为意见书。

2. 直接面向领导或部门

建议书不同倡议书。倡议书虽然也属于建议性的,但倡议的事项大多是一种想法,而建议是针对现实问题;倡议书为了实现提出的事项,必须面向群众,有发动群众的意味;而建议书主要是面对领导或部门,不必发动群众。

3. 为解决问题建言献策

建议书参政、议政的特性,体现了它具有的参与政务、参与管理的功能,它是针对现实生活或工作中存在的问题,提出个人或团体的意见,拿出解决问题的办法,让有关的单位部门能够更好地去研究处理。

9.9.3 建议书的类型

建议书从作者上看,主要有个人建议和集体(或组织)建议两种;从内容上看,主要有政务上的建言献策和管理上的建言献策两种。

9.9.4 建议书的写作要领

建议书一般包括标题、送达对象、正文、落款四个部分。

1. 标题

标题可以直接写"建议书"三字;也可以是"事由+文种",如《关于尽快在学校东大门口设立交通信号指示灯的建议》;还可以用建议事由作标题的,如《学校三号食堂卫生问题亟待解决》。

2. 送达对象

写上建议书送交的部门或某领导个人。

称呼"××同志"或"×（职务）"，不要叫"先生""小姐""女士。"

3. 正文

1）问题的提出

主要阐述问题的发现、存在的根源。回答的是"为什么要提出建议，建议的必要性、合理性、紧迫性"的问题。

2）解决问题的方法和对策

这是建议书的核心内容。主要阐述建议的具体事项、意见、要求。回答的是"怎么办、要办成什么样"的问题。一定要写得具体。措施、方法必须切实可行。如果内容较多，可分条列项来写。

3）在结尾处表达实现建议的愿望；也可表示敬意或祝颂

4. 落款

在正文右下方写明建议书作者姓名或名称并写上日期。

5. 注意事项

（1）提出问题必须是客观存在的，要一切从实际出发，实事求是，这是行使民主权利、参政、议政的基本要求，更是建议存在的前提。

（2）要根据实情，提出合情合理的意见要求，方法措施也要分寸得当，具体可行，便于操作。

（3）对事实问题的叙写要简洁明朗，把问题说清楚，不要渲染。

范文精选（城市管理方面的建言献策）

建议书
——关于解决绿化带"踩踏小径"的问题

淮安，周恩来总理的家乡。随着淮安城市建设的加快，公园、市区广场、社区花园、沿河风光带以及道路绿化带建设得越来越多、越来越美，为美化城市、优化环境、便民健身休闲等发挥了重要作用。但是，我们也遗憾地看到，由于当初设计不尽合理，或开放使用后管理不到位等因素，造成了行人在绿化带内"另辟路径"，形成了几乎"随处可见"的"踩踏小径"，市民形象地称之为"白癜风""癞子头"，这严重影响了城市的文明程度、环境美化及其对外形象。

对于这一现象，我们不能简单归结为市民素质低。相反，我们应该从中有所觉悟：这些"踩踏小径"，正是由于"行人走得多了而形成的"，从某种意义上说，它应该是被实践证明了的"最佳路径"，这多少有些让我们做出"人性化"考虑，为此，我们建议：

一、全面排查登记。结合文明城市创建，尽快组织力量对市区的各个公园、市区广场、社区花园、沿河风光带以及道路绿化带状况进行一次排查，对存在的每一条、每一段"踩踏小径"进行登记。

二、逐一制订方案。遵循以人为本原则，尽量"满足人需、为人服务"。要弄清踩踏形成的原因，对症下药，该"补绿"的补绿，该"硬化"的硬化，不能简单地一"补"了事，须防止"二次踩踏"。

三、限期补修到位。按其所属产权及管理责任单位，逐一落实对"踩踏小径"的整改责任与补修期限。有关单位要高度予以重视，"勿以事小而不为"，而要以"小美"集"大美"，把淮安建设得更加美好、文明、亮丽。

市政协委员　张家欣　陈　卫　张　强

2021年3月19日

9.10　请　柬

9.10.1　请柬的定义

请柬，是一种以纸卡形式写制或印制、用简要文字表达邀请之意的礼仪性文书。

请柬，也称请帖、帖子。它类属于书信，是一种历久不衰的文书式样，不论在一般人际交往，还是在团体组织的公共关系活动中，请柬的使用都十分广泛。

请柬作为礼仪性文书，这是由它的文种性质所决定的。在公关活动中，需要用请柬邀请的对象，一般多为社会名流、国家领袖、社区代表、政府官员、协作单位负责人、新闻记者等。请柬的使用，显得郑重礼敬，表现出主人对被邀请者的尊敬、重视和礼遇，为宾客所乐于接受。

9.10.2　请柬的特点

请柬的基本特点是：文字不多，书写简单，雅致精巧，便捷易行，邮寄、致送两可。

请柬还有一个突出的特点：它有固定式样，是一种模式化制作文书。

请柬有一些市售制成品，只需在印好的字句间填写上时间、地点、人名、活动内容等即可；但这种制成品往往不敷实际所需，而要自行写制。写制时，其书写形式一般为横写，特殊情况下亦可竖写；不少人喜欢使用繁体字，但应提倡使用简体规范字；旧时行文中一般不加标点，但现在使用标点符号者渐多，亦无不可。

9.10.3　请柬的类型

请柬这一具有悠久历史的传统文字形式，由于它是套式化的制作，也就没有什么类型可分。但由于这种传统形式出现在今天这样一个讲究包装的时代，特别是在人际交往中它充当着传递礼仪的使者，请柬也毫无例外地接受了人们的包装，因此请柬在制作上，也有了三六九等之分，在印制的请柬中又各色各样。

请柬除了印制，还有写制。在这两种请柬中，根据不同活动的内容性质，可分门别类来归属，如节庆、奠基、落成、开业、联谊、娱乐、酒会、宴会、典礼、仪式、展览、演讲、舞会、演出、新闻发布，等等。

9.10.4　请柬的写作要领

请柬这一文种虽然规模不大，但它的结构要素一个也不能少。请柬的结构要素包括：标题、正文、请语、称谓、落款、日期、附启。下面按请柬文字结构的诸要素依次来谈。

1. 标题

一般以大于正文的字体居中标写请柬二字；或位于正文之上，或单占一页，作为封面。有时亦可在"请柬"二字前以有区别的字体标明活动名称。

2. 正文

请柬不同于邀请书，其正文一般只用一句话写明邀请收受请柬一方所参加的活动的名称、形式、性质及时间、地点，而不必赘述活动本身或邀请对方前来参加的意义。这一点是两种文体最明显的区别。活动名称是请柬正文中必备的要素；如同时写出时间、地点，则应与活动内容组合成连贯完整的一个句子。

3. 请语

请语是请柬文字所特有的，是请柬的重要标志要素。请柬必有请语，而请语必用雅语。例如"敬请光临""恭候莅临"等带有文言色彩的词语，而不可用白话中的俗词口语。请语可以书写于正文之下一行的任一部位：顶格、空两格或四格、靠右或靠下空两格或四格。

也可以将词组拆开，将例如"恭请"这个表示己方行为的词居右或居下书写，而将"光临"这个表示对方行为的词另起一行顶格书写，以示恭敬；或者，将这个词组中被省略的被邀请者的称谓补充进去，顶格抬头书写，后面紧跟"光临"等类词语。这样，称谓就出现在请语的两个部分之间。

另一种表达方式是将称谓抬头顶格书写于正文之上一行位置，如同一般书信格式。还可以有另一种方式，类似于第一种方式，即在请语之后靠右书写"此致"字样，而将被邀请者称谓另起一行顶格书写，但不再在后面重复光临等请语中的成分。

4. 称谓

请柬中的称谓，多在人名之后加以尊称，如一般泛称"先生""女士""小姐"，普通职称学衔"教授""博士""董事长""经理""主任""院长"等，亦可将职务冠于姓名之前，姓名后再加尊称，如"××系主任×××教授""××处处长×××女士"等。

有时，所邀请的对象不限于某一特定的个人。这时，如针对的是具有某一类职务者，即可以只写职务加尊称，如"院长先生"；如果请对方组织自行确定具体的出席人，则只写组织名称。在这两种情况下，称谓都可以不写具体的人名。

5. 落款

为示以郑重，落款不应省略。可以标示组织名称，亦可以组织领导者名义，或者二者兼用。

6. 日期

应写明具体的年、月、日。请柬写作和发出的日期，距活动正式举办的日期，一般不少于三天，以便被邀请者做好准备。

7. 附启

附启即附加陈述。这一部分并非每份请柬俱备，应根据不同情况决定是否需要设计。附启的内容有时是具体的时期安排，如"开馆时间：9：00—18：00""星期一休息""演出一周"；有时是活动场所的地址、乘车路线、入场口、位席位置、座位号等；有时是一些注意事项，如"凭柬入场"、"每柬一人"、"一周内有效"；有时是请求事项，如"能否出席，请复"，"是否光临，盼电复"，等等。

9.10.5 请柬的写作要求

（1）请柬文字不多，事项必须用一句话完成表达，所以用语讲究。格式固定，但有些要素可以灵活安排，写作时应根据上述要点，力求完美。

（2）撰写请柬文字，必须做到格式规范、文字精练、用语典雅、表述准确。要恰当地选择和使用典雅的敬语，做到谦敬得体。

（3）要注意请柬与邀请函（信、书）的区别。请柬文字简练，邀请函内容要复杂些；请柬是印好的叠折式卡片、用时填写空格即可，邀请函多数是信纸、现用现写；请柬用于人数多、规模较大的活动，邀请函一般用于人数少、规模不大的活动。

范文精选（印制，商务活动招待会请柬）

请　柬

×××先生：

　　谨定于二〇××年五月二十日（星期二）中午十一点五十八分在××饭店六楼宴会厅举行第二届国际包装和印刷机械展览会开幕式招待会。

　　恭候

光临

××××××筹委会
××××年×月×日

9.11　邀请函

9.11.1　邀请函的定义

邀请函，是用于邀约、敦请收信一方前来参加某项实质性活动的一种文书。

邀请函，也称邀请信、邀请书。它是邀约、邀请收信者前来参加某项实质性活动的。实质性活动，是说它不同于例行的礼仪活动。这类活动，内容丰富多样，往往时间较长、项目较多、程序较为复杂，如学术讨论会、成果鉴定会、展销订货会等。

9.11.2　邀请函的特点

1. 它不适用于例行的礼仪活动

纯粹礼仪性的、例行性的活动，则不适宜用邀请信，一般发一请柬即可，既简便易行，又无须辞费。请柬用于例行的礼仪性活动，只说一句话，比如"参加××典礼"之外就不必再说了。但邀请函涉及的事项，如学术讨论会、展销订货会等，都需要详细说明，非如此不足以说服、打动对方前来参加。

2．与请柬不同就在于它要阐发思想

邀请函在发出邀请的同时，还需对活动本身的意义（其必要性和所要达到的目的）、对邀请对方前来参加该项活动的意义作一阐发。比如"成果鉴定会"，对于活动本身的意义的阐述，就等于是作一段有理有据的立论。这一点正是它与请柬之区别所在。

9.11.3　邀请函的类型

邀请函的类型从传递方式上分，有邮寄、电信电传和专人送达三种。

9.11.4　邀请函的写作要领

邀请函一般由标题、称谓、正文、落款四个部分组成。

1．标题

在邀请函首页上端居中写上"邀请函"；也可写"活动名称＋文种"，如《成果鉴定会邀请函》。

2．称谓

顶格写收信人单位名称或个人姓名。用尊称的如"尊敬的××先生""尊敬的××小姐""尊敬的××经理""尊敬的××同志"等。

3．正文

（1）交代在什么时间、什么地点、召开什么会议或举行什么活动。

（2）对会议或活动的背景、目的、意义的阐述。

（3）说明邀请对方的原因；表示邀请对方参加的意愿，说几句称誉对方的话，如"您对××素有研究""贵公司在××久负盛名"等；说一下请求对方所做的事项，充分肯定对方在这方面的优势。

（4）交代会议、活动的安排或程序。有些邀请信，活动的时间是不确定的，应安排几个不定时间供对方选择；如有必要，也可请对方确认是否应邀。

（5）结语。表示希望与敬意。如"此致敬礼""敬请光临指导""务希拨冗出席""诚盼抽闲参加为荷"等。

4．落款

在正文右下方写上发信单位名称或个人姓名，并写明日期。

5．注意事项

（1）要体现邀请的诚意，态度恳切、话语友好。

（2）要写清楚活动的名称、时间、地点、主题、出席人等有关事项。

（3）要锻词炼句，表述简练达意，篇幅力求短小。

范文精选一（学术会议邀请函）

×××同志：

  为了纪念陶行知诞辰××周年，我会定于××年×月×日至×月×日，在××××举行陶行知教育思想研讨会。您对陶行知教育思想素有研究，特邀您在全体大会上做演讲嘉宾，食宿费用由我们负责。如蒙应允，请于×月×日前寄来内容提要，×月×日8：00—9：00到×市×路×号×××招待所一楼大厅报到。

  联系电话：××××××

  联系人：张××老师

×省×市陶行知研究会
××××年×月×日

范文精选二（邀请客户参加交易会函）

尊敬的××公司总裁×××先生：

  ××××年中国××出口商品交易会，将于××××年×月×日至×月×日在××国际展览中心举行。在这次交易会上，将有来自我国20多个省市的220余家外贸企业到会，设有320余个展览货位，琳琅满目的商品，五光十色的柜台将使人耳目一新。届时你们将会看到范围广泛的我国出口商品的许多最新品种，这将会为贵公司的选购提供一个极好的机会。

  相信贵公司对这次交易会一定会有很大的兴趣。因此，我公司以极其愉快的心情邀请贵公司光临。望事先告知到达的时间，我们将安排专人接待。

××进出口公司
××××年×月×日

范文精选三（接受邀请函）

亲爱的×××先生：

  承蒙盛情邀约，能与您共进晚餐，甚为欣幸。您提出的两个日期，如能定在×月×日，对我将更为适合。我期待着同您愉快的见面。

×××
××××年×月×日

范文精选四（谢绝邀请函）

×××先生：

  承蒙邀请我于下周四或星期五、星期六与您共进午餐，对此，表示衷心感谢。抱歉的是，由于需与××公司洽谈业务，下周我将赴×地出差，恕不能前来践约。但我相信，以后有机会与您共度一个美好的中午的。

  顺致

商安

×××
××××年×月×日

9.12 唁 文

9.12.1 唁文的定义

唁文,就是向死者表示悼念、向死者家属表示慰问的专用文书。

9.12.2 唁文的特点

唁文作为向死者表示悼念之情的文书,决定了它的肃穆性;作为向死者家属表示慰问文书,决定了它的庄重性;同时,对重要人物逝世的唁文,还要通过登报、电台、电视台等媒体的播发,以引起公众关注,这又决定了它具有一定的新闻性。

9.12.3 唁文的类型

唁文可分为两种:用电报体拍发的电文称唁电;用书信体写作的文字称唁函。

9.12.4 唁文的写作要领

唁文包括标题、称谓、正文和落款四个部分。

1. 标题
在第一行居中写上"唁电"或"唁函"。

2. 称谓
另起一行,顶格写收唁文单位或家属的称呼。

3. 正文
另起一行,前空两格,写唁电函内容。
(1) 先抒写惊闻噩耗的悲痛之情。
(2) 接着沉痛地简述死者生平业绩、为人品行。
(3) 再向逝世者家属表示安慰、问候。必要时,可表达一下对逝世者遗愿的态度。
(4) 最末写结语。另起一行,空两格写"特函慰问""肃此函达""特致电唁"等。
正文需要使用的专用词语主要有:惊悉、顷悉、惊闻、顷闻、惊闻噩耗等;仙逝、作古、谢世、逝世(对死者讳用"死"字);悲痛已极、不胜哀悼、伤痛欲绝等;节哀自珍、尚祈节哀、尚希珍重等。

4. 落款
在右下方写明作者单位名称或个人姓名,并写上日期。

5. 有关注意事项
(1) 要确切表达沉痛哀悼之情,语言朴质、庄重、得体。
(2) 要恰当运用专用词语,不用浮泛之词。

范文精选（表示对逝者的哀悼、对逝者家属的问候）

致许广平女士的唁电

上海文化界救国联合会转许广平女士鉴：

  鲁迅先生逝世，噩耗传来，全国震惊。本党与苏维埃政府及全苏区人民，尤为我中华民族失去最伟大的文学家、热忱追求光明的导师、献身于抗日救国的非凡领袖、共产主义苏维埃运动之亲爱的战友，而同声哀悼。谨以至诚电唁。深信全国人民及优秀文学家必能赓续鲁迅先生之事业，与一切侵略者、压迫势力作殊死的斗争，以达到中华民族及其被压迫的阶级之民族和社会的彻底解放。

  肃此电达

中国共产党中央委员会

苏维埃中央政府

一九三六年十月二十二日

本章思考与练习

一、填空题

1. 贺信就是向特定对象表示_____的信函，它是用于在某一组织或某部分公众取得某种成就、获得_____，或者_____时，对其表示庆贺的文书。

2. 手机祝词就是用手机打写、手写并发送的向特定对象表示祝愿的言辞。其特点可以概括为_____、_____、_____、_____、_____。

3. 感谢信是单位、团体、个人为感谢_____、_____、_____而写的书信。

4. 慰问信是以组织或个人的名义向_____，或_____的，或遭遇重大损失和灾难的群体或个人表示慰藉、问候、关心和鼓励的文书。

5. 求职信是个人以书面形式向用人单位_____、_____，并提出供职请求和愿望的一种文书。它主要有_____式求职信和_____式求职信两种类型。

6. 介绍信是单位工作人员与外界_____、_____、处理事务时所出具的_____、说明事由的文书。

7. 申请书就是个人或集体向某一组织、某个机关、某个单位或上级领导提交的_____，是个人或集体表达_____的一种应用文书。

8. 倡议书是就某项公益性或者志愿性活动_____、_____，以期引起人们响应的一种文书。

9. 建议书是个人或团体就某一现实问题，向领导或有关部门_____、_____及其相应的_____的一种文书。

10. 请柬也称_____、_____，是一种以_____式写制或印制、用简要文字表达邀请之意的_____性文书。

11. 邀请函是用于_____、_____收信一方前来参加某项实质性活动的一种文书。

12. 唁文就是向死者表示_____、向死者家属表示_____的专用文书。

二、选择题

1. 贺信的主要特点不包括（　　）。
   A. 表彰性　　　B. 赞颂性　　　C. 交流性　　　D. 庆贺性

2. 感谢信的特点主要不包括（　　）。
   A. 以赞美、扬善的、表达谢意真情为写作出发点
   B. 以宣传好思想、好作风、好品格、树立新风、弘扬正气为主旨
   C. 以美好形象、正面形象、好人好事、真善美为思想内容
   D. 以交流思想感情为契机，及时向社会公众反映本单位的良好形象

3. "自荐"是求职信的出发点，作为"推销"自我的"说明书"，其主要特点不包括（　　）。
   A. 强调自我　　B. 谦虚谨慎　　C. 扬长避短　　D. 信誓旦旦

4. 慰问信的特点不包括（　　）。
   A. 安慰性　　　B. 关切性　　　C. 鼓励性　　　D. 文学性

5. 申请书是一种专用书信，其特点不包括（　　）。
   A. 公平性　　　B. 申求性　　　C. 单一性　　　D. 郑重性

6. 倡议书的特点不包括（　　）。
   A. 发起性　　　B. 原创性　　　C. 公益性　　　D. 吁请性

7. 下列结束语不适用于介绍信的一项是（　　）。
   A. "请接洽"　　B. "祈请合作"　　C. "此致敬礼"　　D. "敬希函复"

8. 建议书的特点包括（　　）。
   A. 具有一定的自由度　　　　　B. 直接面向领导或部门
   C. 为解决问题献言献策　　　　D. 对群众有一定约束力

9. 以下是对邀请函的概括，其中不符合的一项是（　　）。
   A. 它是邀请收信者前来参加某项实质性活动的
   B. 它对收信者有一定程度的约束力
   C. 它不适合用于例行的礼仪活动
   D. 它与请柬不同就在于它要阐发思想

10. 不宜使用请柬的活动是（　　）。
    A. 奠基　　　　B. 酒会　　　　C. 职工大会　　　D. 落成典礼

11. 不是唁文专用词语的一项是（　　）。
    A. 惊悉　　　　B. 惨死　　　　C. 顷闻　　　　　D. 谢世

三、简答题

1. 贺信有什么用途？
2. 函牍有哪些种类？（说出五种以上）
3. 手机短信的主要内容大致有哪些？
4. 写贺电要求注意哪些有关事项？
5. 手机祝词的写作意义是什么？
6. 简述写手机祝词的写作要点。

7. 感谢信的用途是什么？
8. 求职信写作的注意事项有哪些？
9. 写作慰问信的缘由一般有哪些？
10. 申请书写作的注意事项有哪些？
11. 写作倡议书有怎样的意义？
12. 简述介绍信的特点。
13. 简述建议书正文的写作。
14. 简述请柬的请语的写法。
15. 唁文的特点是什么？

四、论述题

1. 阐述函牍特点。
2. 阐述贺信正文的写法。
3. 阐述感谢信正文的写作和要求。
4. 阐述求职信的正文写作。
5. 阐述申请书正文的写作。
6. 阐述倡议书正文的写作及其注意事项。
7. 阐述邀请函正文的写作及其注意事项。
8. 比较请柬和邀请函的异同并阐述之。

五、分析题

分析下面这封求职信在写作上存在的问题。

求 职 信

我叫×××，从×月×日《××日报》的招聘广告上，得知你们正在招聘公司业务部经理。我认为，我的情况非常适合这个职位。现把我的情况介绍如下。

我于××××年×月毕业于××大学经济管理专业，取得了××学位。毕业后一直在××单位担任××工作，于××××年×月取得××职称。

由于业务熟悉、上进心强、勇于创新，取得良好的业绩，于××××评为公司先进工作者，于××××年又评为总公司先进工作者。但我仍感到自己有很多不足之处，需要继续努力。

人总要在不同的环境磨炼自己，多方面多角度检验自己的才智，实现自己的人生价值。也正因为如此，所以我希望到你单位求职。

×××
×月×日

六、作文题

1. 为某项公益活动写一份《倡议书》。
2. 为自己或他人写一份《入党申请书》。

第 10 章　条据便笺

10.1　便　条

10.1.1　便条的定义

便条，就是字条，又称便笺，便笺是便条的雅称，而不单指写便条、便函所用的纸。便条是日常生活或工作中处理琐细事务的便利性文书。

便条，实际上就是简短的书信。如我们在日常生活或工作中遇到某件事情需要向别人交代，但又无法面谈，这时就可以通过便条留言来解决。

10.1.2　便条的特点

方便灵活，用途广泛；形式多样，内容单一；篇幅短小，文字简约。

10.1.3　便条的类型

根据不同用途，便条主要有请假条、证明条、留言条、领导批条等。
根据不同内容，有事前告启的便条，有事后补充说明的便条等。
根据书写的格式，分有标题便条和无标题便条。

10.1.4　便条的作用

随着现代传媒工具的发达，使用便条频率似乎降低了，但是，便条在我们的日常生活和工作中，具有其他文书所不能替代的作用，许多事情、很多场合都还是需要便条的。

10.1.5　便条的写作要领

便条的结构格式大致包括标题、称谓、正文、结尾、署名、日期六个部分。

1. 标题

便条的标题有两种情况，一是无标题，如书信体的留言条或其他短信等；二是直接以文种名称作标题，如介绍信等。

标题的位置一般都是居中写，不加标点符号。

2. 称谓

便条的称谓就是对收文人的称呼，有称呼姓名的或称呼名而不带姓的，有带后缀（先生、女士、小姐）的，也有带敬语词的。

称谓的位置在第一行，顶格写，后面加冒号。有标题的在标题之下，正文之上。

3. 正文

正文是便条的主体部分，是标题和称谓之下的核心内容表述。正文第一行留两个字空格。正文一般只写一段，具体内容根据不同的条据便笺的要求，达到正确、明确、准确的要求。如：

- 请假条。说明请假的原因、请假起讫日期或时间。
- 留言条。告知事情，如要求对方回答的，说明回复的地址、电话号码或联系方法；要求另行面谈的，写清约见的时间、地址。
- 证明条。有介绍信的性质和效用，比介绍信文书更加随意一些，往往证明办事人员的身份，证明某人将办理某件事情。

4. 结尾

结尾另起一行或紧接正文写，写法根据用途和对象而定。请假条一般写"请予批准"；托人办事的留言条一般表示谢意，约见面谈的则应提请对方注意，如"请勿失约"。证明条一般写"特此证明""请予接洽为荷"。需要写祝颂语便条以贴切简约为宜。

5. 署名

署名在右下方，与正文空一行。

6. 日期

日期在署名之下，月日要写全。

7. 注意事项

（1）便条并不是可以随随便便潦潦草草写的条子，应该认识便条的重要性，尽量把便条写得慎重些，正规些。

（2）一定要把内容写清楚，做到一文一事，日期、时间要准确无讹。

（3）书写要规范，注意不要写错别字或不规范的字，写好后要仔细核对，有时一字之错会引起大麻烦。

范文精选一（请假条）

请 假 条

李老师：

因公司领导派我到上海出差，本月5—10日不能到培训班上课，特此请假。

××班学员　×××
×月×日

范文精选二（留言条）

王主任：

最近，我们车间产品质量不够稳定，有可能是前道工序的原料不合格造成的。我明日参加培训班学习，请你安排×××作一次彻底检查。

质检科　×××
×月×日

范文精选三（证明条）

××文化用品商店：

兹有我单位驾驶员×××同志到你店办理提货手续，请按照你店出具的发票和供货清单查验并交付。

谢谢合作！

××大学后勤中心采购部　×××
×月×日

10.2　凭据条

10.2.1　凭据条的定义

凭据条，就是字据条，指便条之类的凭据。它是日常生活或工作中处理钱物关系的文字凭证，也是便利性文书的一种。

凭据条，就是收借钱物、转让和允诺时给对方所立的字据，作为一种简便的交接凭证，以便今后兑现时有据可查。所谓"口说无凭，立据为证"。

10.2.2　凭据条的特点

凭据条的特点是形式简便，内容单一，篇幅很小，多为手迹，书写严格，处置慎重。

10.2.3　凭据条的类型

根据不同的事由和用途，凭据条可分为收借条据、转让和允诺凭据两大类。

10.2.4　凭据条的作用

凭据条在日常生活和工作中，具有其他文书所不能替代的作用，许多事情、很多场合都是少不了条据的。许多人往往因为条据书写不慎，给个人或单位带来麻烦甚至造成不必要损失，也有许多人因为条据在手而握定胜券。

10.2.5　凭据条的写作要领

凭据条的结构格式大致包括标题、正文、结尾、署名、日期五个部分。

1. 标题

凭据条的标题一般是直接以文种名称作标题，如借条、收据或领条等。

标题的位置一般都是居中写,不加标点符号。

2. 正文

正文是凭据条的主体部分,是标题之下的核心内容表述。正文第一行留两个字空格。正文一般只写一段,具体内容根据不同的凭据条的要求,达到正确、明确、准确。如借条、收据、领条。写清钱物的金额、名称、规格、数量、质量(新旧、好坏程度)等款项。借条还应写明归还的日期;如借用钱物未经同意,在借条上还须说明借用的原因及归还的方法。

3. 结尾

结尾另起一行或紧接正文写,借条、收据或领条,可写"此据",也可"此证"。

4. 署名

署名在右下方,与正文空一行。

5. 日期

日期在署名之下,年月日要写全。

6. 凭据条写作要求

(1) 一文一事,内容要清楚明白,在同一张凭据条上不要写两件事情,不能既写收,又写借或领。

(2) 写凭据条前,要认真清点钱物,做到钱物与条据的内容相符,准确无误。

(3) 书写要规范,数目字要用大写,不要用阿拉伯数字,要紧接着前面的文字写,两者之间不要留下空白;多位数不要分开写,写完后要加"整"字;正文与署名之间也不要留下太多的空白,以免被人填写。

(4) 计量单位要规范,应使用法定计量单位。如长度用"米",不用"公尺"或"尺",质量用"千克"不用"斤",并注意法定计量单位与习惯计量单位的换算方法。还要注意名量词的准确搭配,如一"套"设备不能说一"部"设备。

(5) 凭据条应由当事人亲笔写,委托他人代写的,必须有当事人签名盖章;以单位名义写的应加盖公章。条据写好后不要涂改,如已更改,则要在改动处盖章。要用钢笔或毛笔写,并用黑色或蓝色墨水,切不可用铅笔写,防止出岔子。

范文精选一(借条)

借 条

今借到教务处《计算机应用基础》《计算机文字录入员培训教材》共两本附带光盘一张。定于十二月三十日前归还。

英语系　×××
××××年×月×日

范文精选二(欠条)

欠 条

今购买你店计算机两台,已付现金捌仟叁佰拾玖元整,尚欠壹仟陆佰元整。定于

×月×日还清。
此据

×× 大学中文系　×××
××××年×月×日

范文精选三（收据）

收　据

今收到××公司×××同志交来的购车预付款人民币贰万元整。
此据

收款人　×××
××××年×月×日

范文精选四（领条）

领　条

今领到系办公室×××同志代发的餐饮补贴人民币捌佰玖拾元整。

领款人　×××
××××年×月×日

本章思考与练习

一、填空题

1. 便条是日常生活或工作中处理_____的_____文书。
2. 请假条说明请假的_____、请假_____或_____。
3. 凭据条就是字据条，指便条之类的凭据。它是日常生活或工作中_____的文字凭证，也是便利性文书的一种。凭据条，就是_____、_____和允诺时给对方_____，作为一种简便的交接凭证，以便今后兑现时有据可查。

二、选择题

1. 便条的特点包括（　　）。
   A. 方便灵活，用途广泛　　　　B. 形式多样，内容单一
   C. 格式固定，语言严谨　　　　D. 篇幅短小，文字简约
2. 所谓"口说无凭，立据为证"，一般是指（　　）。
   A. 请假条　　B. 留言条　　C. 凭据条　　D. 证明条
3. 以下选项不体现凭据条特点的一项是（　　）。
   A. 形式简便，内容单一　　　　B. 篇幅很小，多为手迹
   C. 书写严格，处置慎重　　　　D. 方便灵活，挥洒随意

三、简答题

1. 留言条怎么写？

2. 证明条怎么写？
3. 便条有哪些类型？
4. 简述凭据条的作用。

四、论述题

1. 阐述便条写作的一般要求。
2. 阐述凭据条的写作及其注意事项。

五、分析题

分析下面的请假条和借条在写作上存在的问题。

请 假 条

老师：

我因感冒不能到校上课，特此请假。

×××
×月×日

借 条

借现金3 000元。定于2月1日前归还。

×××
×月×日

六、作文题

为某同学到食堂去认领自己丢失的饭卡写一张证明条。

参考文献

[1] 饶士奇. 公文写作与处理. 沈阳：辽宁教育出版社，2014.
[2] 孙宝权. 应用语文. 北京：中国经济出版社，2008.
[3] 陈洪. 大学语文. 北京：中国财经出版社，2004.
[4] 邹家梅. 新编应用写作. 广州：暨南大学出版社，2010.
[5] 陈子典. 当代应用公文写作. 广州：暨南大学出版社，2015.
[6] 陶红，邓刚，曾跃林. 现代应用文写作. 重庆：西南师范大学出版社，2003.
[7] 赵福洲，方百祺. 外经贸业务应用文写作. 上海：华东理工大学出版社，2003.
[8] 钟加泰. 商务文书. 广州：暨南大学出版社，2004.
[9] 赵牧. 行政文书. 广州：暨南大学出版社，2004.
[10] 宁致远. 法律文书写作. 北京：北京大学出版社，2006.
[11] 袁智忠，文培林. 应用文写作教程. 重庆：西南师范大学出版社，2002.